Annales 2020

SUJETS & CORRIGÉS

Physique-Chimie
Sciences de la Vie et de la Terre
Technologie
3^{e}

Sous la direction de **Nicolas Coppens**

- **Physique-Chimie**
  Nicolas Coppens
  Olivier Doerler
- **Sciences de la Vie et de la Terre**
  Laurent Lafond
- **Technologie**
  Sébastien Guivarc'h
  Arnaud Lopin

Nathan

PRÉSENTATION

Ces *Annales ABC du Brevet* ont été conçues pour vous aider à préparer efficacement l'épreuve de Physique-Chimie, Sciences de la Vie et de la Terre, et Technologie du **Brevet 2020**.
Vous y trouverez **des sujets des Brevets 2019 et 2018,** et des sujets inédits rédigés par nos auteurs et conformes au nouveau programme du collège qui est entré en application à la rentrée 2016.

→ **En juin 2020**, l'examen du Brevet sera constitué de :
– **4 épreuves écrites :** Mathématiques, Français, Physique-Chimie-SVT-Technologie et Histoire-Géographie-EMC ;
– **1 épreuve orale.**

→ Nous proposons dans ce titre **3 sujets complets** de l'épreuve de Physique-Chimie-SVT-Technologie.

46 sujets de Physique-Chimie, SVT, Technologie corrigés

→ Des **sujets classés par matière** pour permettre un **entraînement efficace** tout au long de l'année.

→ Et en plus, 2 sujets pour préparer l'**épreuve orale.**

Une analyse détaillée de chaque sujet

→ **Une rubrique *Les Clés pour réussir*** pour bien analyser et comprendre l'énoncé avant chaque corrigé.

→ **Un corrigé détaillé** et **entièrement rédigé**, conforme à ce que l'on attend de vous à l'examen.

Des compléments indispensable et pratiques

→ **L'Infos-Brevet** : un dossier complet pour aborder l'épreuve.

→ **Des fiches de révisions** pour retenir les points-clés.

→ **Un lexique** des termes à connaître.

Couverture : Élise Launay – **Schémas** : COREDOC
Coordination éditoriale : Sophie Zeegers – Julie Bocquet
Édition : Fanny Morquin – **Fabrication** : Camille Friquet
Mise en page : Nord Compo – **Conception graphique intérieur** : Julie Lannes

Nathan 2019 - 25, avenue de Coubertin - 75013 Paris - ISBN 978-2-09-157455-4

Dépôt légal : août 2019 - N° de projet : 10252307
Imprimé en France par Maury-Imprimeur
45330 Malesherbes
N° d'imprimeur : 237996

Et en plus, une offre numérique innovante

→ **Gratuitement** avec ce livre, **un abonnement au site abcbrevet.com** vous est offert. Vous y trouverez des exercices et des fiches de révisions, ainsi que des sujets d'annales.

→ Grâce à l'**application gratuite Nathan live**, flashez les pages de votre ouvrage pour avoir accès à **des ressources supplémentaires en direct** :
- des exercices de révisions (p. 267), QCM, textes à trous...
- les fiches de révisions adaptées aux DYS (pp. 268 à 285).

(!) L'application nécessite une connexion Internet

COMMENT FAIRE ? C'EST FACILE !

1. Téléchargez l'application gratuite **Nathan live** disponible dans tous les stores sur votre smartphone ou votre tablette (Appstore, GooglePlay, Windows Store).
2. Ouvrez l'application. Flashez les pages de vos annales où ce logo apparaît en plaçant votre appareil au-dessus de la page.
3. Consultez les ressources !

Crédits photos :

p. 23 BIOSPHOTO/SPL/Andrew Syred ; **p. 37** ht Droits Réservés ; **p. 41** ISTOCK/Julia Jeskova Photography ; **p. 56** ht MNHN ; **p. 56** bas Olivier Bernard, INRIA et Jean-Paul Cadoret, IFREMER ; **p. 62** BRGM ; **p. 63** SHUTTERSTOCK ; **p. 71** VNF/DTBS octobre **2014** ; **p. 87** SHUTTERSTOCK/Marc Bruxelle ; **p. 106** ht http://www.cochlea.eu/pathologie/surdites-neuro-sensorielles/traumatisme-acoustique/R. Pujol, M. Lenoir, J. Wang ; **p. 106** bas INPS, ED **962** ; **p. 117** COSMOS/SPL/A. DOWSETT, PUBLIC HEALTH ENGLAND ; **p. 118** AKG-Images/SPL ; **p. 121** ht ADOBE STOCK PHOTO ; **p. 121** bas ADOBE STOCK PHOTO ; **p. 142** SHUTTERSTOCK ; **p. 152** www.espn.com/ Tom Zikas ; **p. 164** Sécurité Routière ; **p. 168** SHUTTERSTOCK ; **p. 190** SHUTTERSTOCK ; **p. 191** SHUTTERSTOCK ; **p. 206** g BIS / Ph.Silkstock ; **p. 206** d **123**rf/dingo ; **p. 206** m Wikimédia / Ezrdr ; **p. 210** ADOBE STOCK PHOTO ; **p. 211** SHUTTERSTOCK ; **p. 254** ADOBE STOCK PHOTO ; **p. 261** ADOBE STOCK PHOTO ; **p. 262** ISTOCK ; **p. 274** Jean-Claude Mareschal, **2014** ; **p. 279** ISM/Hervé CONGE

Mon planning de révisions,

Ce planning propose une sélection de sujets de difficulté progressive et adaptée à différents besoins.

Choisissez votre parcours en fonction de vos objectifs de révision

Parcours vert — Objectif : REPRENDRE CONFIANCE	Parcours bleu — Objectif : RÉUSSITE ASSURÉE

BREVET – 6 semaines

Lun	
Mar	n° 14 SUJET Un étang envahi par des plantes aquatiques (SVT)
Mer	n° 21 SUJET Le savon de Marseille (PC)
Jeu	n° 39 SUJET Portique automatique de lavage de voiture (Techno)
Ven	n° 26 SUJET Saut en parachute (PC)
Sam	n° 43 SUJET Pilote automatique (Techno)
Dim	

BREVET – 5 semaines

Lun	
Mar	
Mer	n° 7 SUJET Le défi des biocarburants (SVT)
Jeu	n° 16 SUJET L'angine de Léa (SVT)
Ven	
Sam	n° 40 SUJET L'eau : système de captage et de distribution (Techno)
Dim	n° 30 SUJET Énergie et vie quotidienne (PC)

BREVET – 4 semaines

Lun	n° 22 SUJET Des verres correcteurs de plus en plus légers (PC)
Mar	n° 35 SUJET Conditionnement du sirop d'érable (Techno)
Mer	n° 17 SUJET L'origine d'une perte d'audition (SVT)
Jeu	
Ven	
Sam	n° 15 SUJET Le syndrome de Klinefelter (SVT)
Dim	n° 44 SUJET Laboratoire automatisé d'analyse ADN (Techno)

6 semaines avant le BREVET !

Pour choisir votre parcours, vous pouvez vous aider du QUIZ sur www.abcbrevet.com

Parcours rouge — **Objectif : EXCELLENCE**

BREVET – 3 semaines

Lun	n° 31 SUJET Sécurité dans l'habitat (PC)
Mar	
Mer	
Jeu	n° 1-2 SUJET COMPLET France métropolitaine, juillet 2019 (SVT-PC)
Ven	n° 39 SUJET Portique automatique de lavage de voiture (Techno)
Sam	n° 24 SUJET Dessalement de l'eau de mer (PC)
Dim	

BREVET – 2 semaines

Lun	
Mar	n° 3-4 SUJET COMPLET France métropolitaine, juin 2018 (SVT-Techno)
Mer	n° 5-6 SUJET COMPLET Liban, juin 2018 (Techno-PC)
Jeu	n° 9 SUJET Consommation de pétrole et transition énergétique (SVT)
Ven	
Sam	n° 5-6 SUJET COMPLET Liban, juin 2018 (Techno-PC)
Dim	n° 1-2 SUJET COMPLET France métropolitaine, juillet 2019 (SVT-PC)

BREVET – 1 semaine

Lun	
Mar	n° 1-2 SUJET COMPLET France métropolitaine, juillet 2019 (SVT-PC)
Mer	
Jeu	n° 3-4 SUJET COMPLET France métropolitaine, juin 2018 (SVT-Techno)
Ven	
Sam	n° 5-6 SUJET COMPLET Liban, juin 2018 (Techno-PC)
Dim	n° 3-4 SUJET COMPLET France métropolitaine, juin 2018 (SVT-Techno)

SOMMAIRE

à revoir | réussi

à revoir / réussi

Le mouvement, l'énergie, la constitution de la matière et les transformations chimiques

L'énergie, les signaux, l'électricité et les transformations chimiques

SUJETS DE TECHNOLOGIE PAR THÈME

Le design, l'innovation, la créativité et l'évolution d'un objet

La structure, le fonctionnement, la modélisation et l'impact d'un objet

Annexes

Infos-Brevet

Comment obtenir le Brevet

Le DNB (Diplôme National du Brevet)

• Le Brevet permet d'**évaluer les compétences** acquises par l'élève à l'issue du collège et du **cycle 4**.

• Le DNB s'obtient par les notes :

– du **contrôle continu** qui représente **400 points** :

- l'évaluation des huit composantes du socle commun de compétences, de connaissances et de culture entre désormais dans le calcul des points pour l'obtention du brevet,

- la maîtrise de chacune des huit composantes du socle commun est évaluée lors du dernier conseil de classe de 3e ;

– de **l'examen final** qui représente **400 points** :

- 4 épreuves écrites : 300 points,

- 1 épreuve orale : 100 points.

• Pour être déclaré admis au diplôme national du Brevet, il faut cumuler un total de **400 points** sur un total de **800** (soit 10 sur 20).

• Des **mentions sont attribuées** selon le barème suivant :

– mention assez bien pour un total de points au moins égal à 480 sur 800 ;

– mention bien pour un total de points au moins égal à 560 sur 800 ;

– mention très bien pour un total de points au moins égal à 640 sur 800.

Les 4 épreuves écrites

Mathématiques	Français	Sciences	Histoire-Géo-EMC
100 points	100 points	50 points	50 points
2 heures	3 heures	1 heure	2 heures

L'épreuve orale

• D'une durée de 15 minutes, l'épreuve orale évalue votre capacité à exposer un projet et est notée sur 100 points.

• Vous devez présenter un projet, de votre choix, que vous avez étudié lors des EPI (Enseignements pratiques interdisciplinaires), d'un parcours éducatif (Avenir, Citoyen, Éducation culturelle et artistique) ou en histoire des arts.

• L'oral se déroule en deux temps :

– présentation du projet (5 min) ;

– questions du jury (10 min).

• Vous pouvez présenter le projet seul ou en groupe de 2 ou 3.

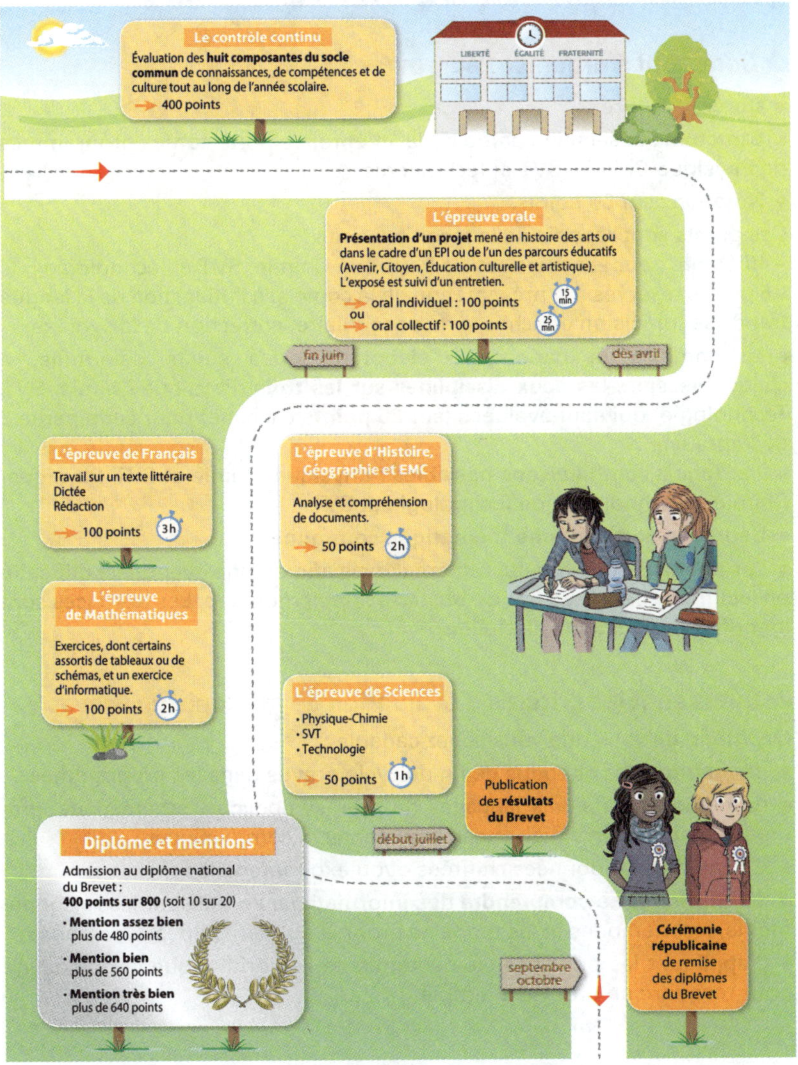
Le contrôle continu
Évaluation des **huit composantes du socle commun** de connaissances, de compétences et de culture tout au long de l'année scolaire.
→ 400 points
LIBERTÉ ÉGALITÉ FRATERNITÉ
L'épreuve orale
Présentation d'un projet mené en histoire des arts ou dans le cadre d'un EPI ou de l'un des parcours éducatifs (Avenir, Citoyen, Éducation culturelle et artistique). L'exposé est suivi d'un entretien.
→ oral individuel : 100 points 15 min
ou
→ oral collectif : 100 points 25 min
dès avril
fin juin
L'épreuve de Français
Travail sur un texte littéraire
Dictée
Rédaction
→ 100 points 3h
L'épreuve de Mathématiques
Exercices, dont certains assortis de tableaux ou de schémas, et un exercice d'informatique.
→ 100 points 2h
L'épreuve d'Histoire, Géographie et EMC
Analyse et compréhension de documents.
→ 50 points 2h
L'épreuve de Sciences
• Physique-Chimie
• SVT
• Technologie
→ 50 points 1h
début juillet
Publication des **résultats du Brevet**
Diplôme et mentions
Admission au diplôme national du Brevet :
400 points sur 800 (soit 10 sur 20)
• **Mention assez bien** plus de 480 points
• **Mention bien** plus de 560 points
• **Mention très bien** plus de 640 points
septembre octobre
Cérémonie républicaine de remise des diplômes du Brevet

L'épreuve de Physique-Chimie - SVT - Techno expliquée

Comment s'organise l'épreuve ?

- **Durée** : 1 heure.
- **Structure :** la seconde partie de la 1re épreuve porte sur les programmes de Physique-Chimie, SVT et Technologie.
- **Notation :** sur 50 points.

Ces points sont répartis de la façon suivante :
– 45 points pour les exercices de Physique-Chimie, SVT et Technologie ;
– 5 points réservés à la présentation de la copie et à l'utilisation de la langue française (précision et richesse du vocabulaire, correction de la syntaxe).

- La commission nationale d'élaboration des sujets détermine, à chaque session, les **deux disciplines sur les trois** (Physique-Chimie, SVT, Technologie) qui sont évaluées (sur **25 points** chacune) pour cette partie 2 de l'épreuve.

Il y a donc **3 combinaisons possibles** : Physique-Chimie et SVT, Physique-Chimie et Technologie, ou Technologie et SVT.

- **L'épreuve porte sur une thématique commune.**
- Les énoncés sont volontairement concis afin qu'une éventuelle difficulté en lecture ne constitue pas un obstacle supplémentaire. Les exercices sont identifiés pour chaque discipline.

Quels sont les critères d'évaluation de ma copie de Brevet ?

On attend de vous que vous soyez capable :

- de **maîtriser** les attendus de fin de cycle prévus dans les programmes ;
- de **pratiquer** différents langages (textuel, symbolique, schématique, graphique) pour observer, raisonner, argumenter et communiquer ;
- d'**exploiter** des données chiffrées et/ou expérimentales ;
- d'**analyser et** de **comprendre** des informations en utilisant les raisonnements, les méthodes et les modèles propres aux disciplines concernées ;
- d'**appliquer** les principes élémentaires de l'algorithmique et du codage pour résoudre un problème simple.

La méthode pour le Brevet

Comment s'organiser le jour de l'épreuve ?

- **Prenez le temps de lire l'intégralité du sujet** avant de commencer.
- **Commencez** par les questions avec lesquelles vous êtes le plus à l'aise.
- **Gérez correctement votre temps.** Prévoyez de garder un peu de temps pour la relecture des copies à la fin de l'épreuve.

Comment aborder les différents exercices ?

- Les questions peuvent demander **une réponse rédigée ou prendre la forme de questionnaires à choix multiples** (dans le cas d'un QCM, chaque question est posée avec au moins une réponse juste).
- Quelle que soit la forme proposée, l'évaluation peut porter sur les **connaissances** et/ou sur leur utilisation, ainsi que sur la mise en œuvre d'un **raisonnement.**

Comment travailler avec un brouillon ?

- Réécrivez précisément au brouillon les différents **termes des questions** et des consignes qui les accompagnent.
- Lorsque des documents sont proposés :

– **repérez les informations qui sont en rapport avec la consigne ;**

– **mettez en relation** les différents documents lorsque cela est possible ;

– **reliez les informations** du ou des documents **avec vos connaissances.**

- Lorsque des calculs sont demandés, **vérifiez plusieurs fois vos calculs,** en faisant attention aux unités utilisées.

L'astuce du prof

Dans le cas d'un QCM, lisez bien la consigne pour savoir s'il y a une ou plusieurs bonnes réponses acceptées.

Comment rédiger sa copie ?

- **Si la question nécessite uniquement l'utilisation de documents,** présentez d'abord les informations précises qui vous serviront d'arguments et terminez par votre interprétation.
- **Si la question exige une mise en relation des documents avec des connaissances,** utilisez d'abord les documents en les décrivant précisément, puis interprétez-les à l'aide de vos connaissances.

Gagnez des points !

Ne récitez pas systématiquement votre cours pour étoffer votre réponse. Les réponses aux questions posées sont souvent courtes, cela évite d'être hors sujet.

- **Si la question est une restitution de connaissances** ou **nécessite un raisonnement sans s'appuyer sur des documents**, soyez le plus clair et le plus précis possible.

Comment présenter sa copie ?

Les contraintes

- **Rédigez chaque partie de l'épreuve** sur une **copie distincte par discipline**, car des enseignants de trois matières différentes corrigent cette épreuve.
- **Indiquez le titre de la partie traitée et précisez bien le numéro de la question** (surtout si vous n'avez pas répondu aux questions dans l'ordre) afin d'éviter les erreurs.

Le soin

- **Écrivez lisiblement**. Si votre écriture est difficile à lire, essayez d'aérer votre devoir, de soigner votre écriture et de bien séparer les lettres.
- **Soulignez à la règle les mots importants**. Vous pouvez utiliser des stylos de couleur pour faire ressortir les idées importantes de la copie, mais attention à la copie arc-en-ciel avec trop de couleurs !
- **Tracez les schémas à la règle.**
- **Construisez des phrases simples et assez courtes. Si la réponse est longue, créez des paragraphes** qui regrouperont des ensembles d'idées (ne créez pas de paragraphes au hasard de votre copie, juste pour l'aspect esthétique).
- **Faites attention à la syntaxe, à la grammaire et à l'orthographe**, notamment lors de la relecture : pas de phrase sans verbe conjugué, sans sujet, etc.

Les clés de la réussite !

- **Prenez le temps** de bien comprendre les termes du sujet et de la consigne.
- **Reliez les informations pertinentes** des documents à vos connaissances.
- Même si vous n'arrivez pas à trouver le résultat final, **détaillez les démarches suivies et vos essais de calcul sur votre copie**. Cela valorisera votre copie et vous pourrez gagner des points.

Les programmes

Les programmes de cycle

Les programmes de Physique-Chimie, SVT et Technologie ont été conçus pour le cycle 4, qui regroupe les classes de 5e, 4e et 3e. À la fin de la classe de 3e, l'élève devra maîtriser les **attendus de fin de cycle** propres à chaque discipline et détaillés ci-dessous.

Le programme de Physique-Chimie

Thèmes	Attendus de fin de cycle
Organisation et transformation de la matière	**Décrire la constitution et les états de la matière :** – caractériser les changements d'état de la matière ; – distinguer les corps purs et les mélanges ; – déterminer une masse volumique, une valeur de solubilité ; – connaître la composition de l'air...
	Décrire et expliquer des transformations chimiques : – savoir utiliser la classification périodique des éléments ; – étudier les transformations et les mélanges ; – utiliser une équation de réaction chimique ; – étudier le caractère acide ou basique d'une solution...
	Décrire l'organisation de la matière dans l'Univers : – décrire la structure de l'Univers et ses éléments ainsi que les constituants de l'atome ; – étudier des distances astronomiques...
Mouvement et interaction	**Caractériser un mouvement :** – étudier la relativité du mouvement ; – utiliser la relation liant vitesse, distance et durée...
	Modéliser une interaction par une force caractérisée par un point d'application, une direction, un sens et une valeur : – identifier les interactions et les associer à la notion de force ; – étudier la gravitation universelle et la force de pesanteur...
L'énergie et ses conversions	**Identifier les sources, les transferts, les conversions et les formes d'énergie, et utiliser la conservation de l'énergie :** – établir un bilan énergétique ; – utiliser la relation liant puissance, énergie et durée...
	Réaliser des circuits électriques simples et exploiter les lois de l'électricité : – exploiter les lois d'additivité de tensions et d'intensités, la loi d'Ohm ; – étudier la puissance électrique et effectuer des calculs de consommations d'énergie électrique...
Des signaux pour observer et communiquer	**Caractériser différents types de signaux (lumineux, sonores, radio...) et utiliser les propriétés de ces signaux :** étudier l'émission, la propagation et la réception d'un signal et faire le lien avec le transport d'informations...

Le programme de SVT

Thèmes	Attendus de fin de cycle
La planète Terre, l'environnement et l'action humaine	**Explorer et expliquer certains phénomènes géologiques liés au fonctionnement de la Terre :** – étudier la tectonique des plaques ; – connaître les ères géologiques...
	Explorer et expliquer certains éléments de météorologie et de climatologie : – comprendre la différence entre météo et climat ; – étudier les changements climatiques passés et actuels...
	Identifier les principaux impacts de l'action humaine, bénéfices et risques, à la surface de la planète Terre : analyser l'exploitation de quelques ressources naturelles par l'être humain...
	Envisager ou justifier des comportements responsables face à l'environnement et à la préservation des ressources limitées de la planète : – expliquer comment une activité humaine peut modifier l'organisation et le fonctionnement des écosystèmes ; – proposer des argumentations sur les impacts des actions de l'être humain sur l'environnement...
Le vivant et son évolution	**Expliquer l'organisation du monde vivant, sa structure et son dynamisme à différentes échelles d'espace et de temps.**
	Mettre en relation différents faits et établir des relations de causalité pour expliquer : – la nutrition des organismes ; – la dynamique du vivant ; – la classification du vivant ; – la biodiversité (diversité des espèces) ; – la diversité génétique des individus ; – l'évolution des êtres vivants.
Le corps humain et la santé	**Expliquer quelques processus biologiques impliqués dans le fonctionnement de l'organisme humain, jusqu'au niveau moléculaire :** – activité musculaire ; – activités nerveuse et cardiovasculaire ; – activité cérébrale ; – alimentation et digestion ; – relations avec le monde microbien ; – reproduction et sexualité...
	Relier la connaissance de ces processus biologiques aux enjeux liés aux comportements responsables individuels et collectifs en matière de santé : – argumenter l'intérêt des politiques de prévention et de lutte contre la contamination et/ou l'infection ; – expliquer sur quoi reposent les comportements responsables dans le domaine de la sexualité...

Le programme de Technologie

Thèmes	Attendus de fin de cycle
Le design, l'innovation, la créativité	**Imaginer des solutions en réponse aux besoins, matérialiser des idées en intégrant une dimension design :** – identifier un besoin et énoncer un problème technique ; – identifier les conditions, les contraintes et les ressources correspondantes, et étudier les performances d'un objet technique ; – imaginer des solutions pour produire des objets et des éléments de programme en réponse au besoin (design...) ; – utiliser un cahier des charges ; – synthétiser et formaliser une procédure, un protocole...
	Réaliser, de manière collaborative, le prototype d'un objet communicant : – réaliser un prototype pour valider une solution ; – effectuer un prototypage de structures et de circuits de commande à partir de cartes standard...
Les objets techniques, les services et les changements induits dans la société	**Comparer et commenter les évolutions des objets et des systèmes :** – regrouper des objets en familles et en lignées ; – relier les évolutions technologiques aux inventions et aux innovations ; – comparer et commenter les évolutions des objets...
	Exprimer sa pensée à l'aide d'outils de description adaptés.
	Développer les bonnes pratiques de l'usage des objets communicants : – utiliser des croquis, des schémas, des graphes, des diagrammes, des tableaux ; – lire, utiliser et produire, à l'aide d'outils de représentation numérique, des choix de solutions sous forme de dessins ou de schémas...
La modélisation et la simulation des objets techniques	**Analyser le fonctionnement et la structure d'un objet :** – associer des solutions techniques à des fonctions ; – identifier les entrées et les sorties d'un objet ; – identifier le(s) matériau(x), les flux d'énergie et d'information sur un objet et décrire les transformations qui s'opèrent...
	Utiliser une modélisation et simuler le comportement d'un objet : – utiliser une modélisation pour comprendre, formaliser, partager, construire, investiguer, prouver ; – interpréter le comportement d'un objet technique et le communiquer en argumentant...
L'informatique et la programmation	**Comprendre le fonctionnement d'un réseau informatique :** – analyser les composants et l'architecture d'un réseau ; – étudier les notions de protocole, d'organisation de protocoles en couche, d'algorithme de routage ; – comprendre le fonctionnement d'Internet...
	Écrire, mettre au point et exécuter un programme : – structurer un programme de commande ; – écrire et exécuter un programme commandant un système réel et vérifier le comportement attendu...

Sujets complets

Sujets 1 à 2

50 pts — 1 heure

France métropolitaine, juillet 2019

SVT

→ corrigé p. 28

Des bactéries au service des plantes

30 min **25 pts**

L'eau et les sels minéraux comme l'azote, le phosphore et le potassium sont indispensables pour satisfaire les besoins nutritifs des végétaux.
Dans ce sujet, on s'intéresse au lieu de prélèvement de l'eau et des sels minéraux au niveau d'un végétal.

Doc. 1 Organisation générale d'un végétal avec ses principaux organes

La feuille capte un maximum de lumière et prélève du dioxyde de carbone, ce qui permet de fabriquer de la matière organique (sucres) grâce à la photosynthèse.

La tige porte les feuilles. Elle est également le lieu de transport de la sève brute et de la sève élaborée.

La racine permet d'ancrer le végétal dans le sol, de prélever l'eau et les sels minéraux (azote, potassium…) et de stoker des réserves.

D'après les sites snv.jussieu.fr et svt.ac-dijon.fr/schéma

1 Recopier le schéma ci-dessous et relier chaque substance minérale à l'organe qui la prélève en utilisant le *document 1*.

Substances minérales	**Organes du végétal**
L'eau •	• La feuille
Le dioxyde de carbone •	• La tige
L'azote •	• La racine

On s'intéresse à l'absorption racinaire par la plantule.

Doc. 2 **Expériences permettant de déterminer le lieu d'absorption de l'eau et des sels minéraux**

a. Observation d'une plantule à la loupe binoculaire

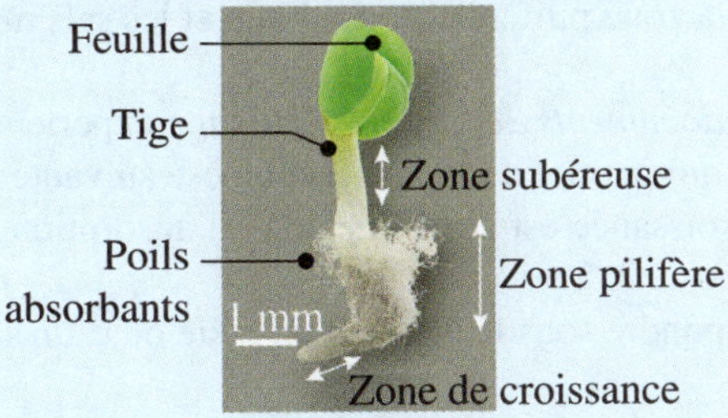

La racine est constituée de trois zones distinctes.

Pour déterminer quelle(s) zone(s) de la racine absorbe(nt) l'eau et les sels minéraux, les différentes parties de la racine sont placées dans l'eau minéralisée ou dans l'huile selon l'hypothèse testée (voir le tableau ci-dessous).

b. Expérience permettant de rechercher la (les) zone(s) d'absorption racinaire

Précisions :

→ L'huile et l'eau ne se mélangent pas, il n'y a pas d'échanges entre ces deux fluides.
→ L'huile est moins dense que l'eau ; ainsi, elle se trouve au-dessus de l'eau dans le récipient.
→ L'huile ne peut pas être absorbée par la plante et n'est pas toxique.
→ L'huile ne contient ni eau ni sels minéraux.

Conditions expérimentales et résultats :

	Tube 1	Tube 2	Tube 3
Début de l'expérience	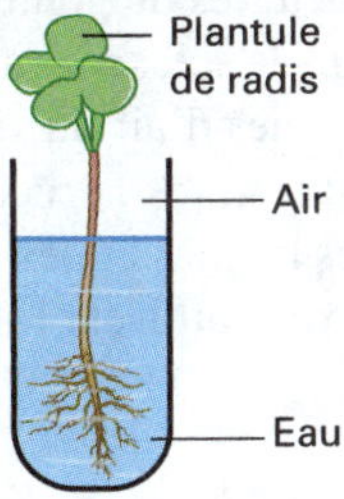	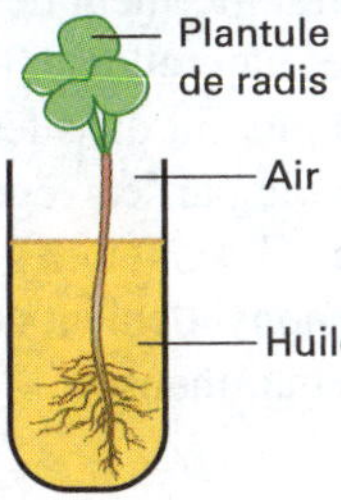	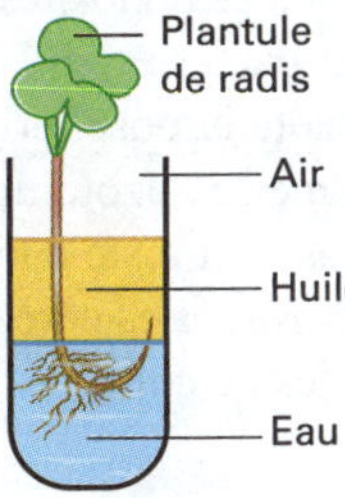
Fin de l'expérience	Le végétal vit et se développe.	Le végétal meurt au bout de quelques jours.	Le végétal vit et se développe.

2 À partir des *documents 2a* et *2b*, choisir parmi les trois propositions suivantes l'hypothèse testée dans l'expérience précédente.
Hypothèse 1 : la zone subéreuse absorbe l'eau et les sels minéraux.
Hypothèse 2 : la zone de croissance absorbe l'eau et les sels minéraux.
Hypothèse 3 : la zone pilifère absorbe l'eau et les sels minéraux.

3 À partir des *documents 2a* et *2b*, décrire une expérience constituée de plusieurs tubes qui permet de tester l'hypothèse suivante :
« La zone de croissance est aussi une zone d'absorption d'eau et de sels minéraux. »
Vous pouvez répondre sous la forme d'un texte ou d'un schéma.

On s'intéresse maintenant à l'absorption de l'azote par les végétaux et à l'amélioration de la production des cultures. L'azote est indispensable pour la croissance des végétaux.

Doc. 3 **Présentation de deux pratiques agricoles pour satisfaire les besoins d'une plante non légumineuse (céréale comme le blé) en azote**

• Pratique agricole n° 1 : ajout d'engrais chimique azoté
De l'engrais chimique azoté peut être apporté chaque année dans les cultures de céréales. Quand l'apport est trop important, le surplus, qui n'est pas absorbé par le végétal, se retrouve dans les cours d'eau, ce qui peut perturber les écosystèmes et engendrer des pollutions.

• Pratique agricole n° 2 : utilisation des bactéries *Rhizobium*
Une alternative à l'ajout d'engrais consiste à cultiver des légumineuses l'année qui précède la culture de céréales. En effet, la racine de légumineuses (pois chiche, luzerne, etc.) possède des structures sphériques, appelées nodosités, qui renferment des bactéries du genre *Rhizobium*.
Ces bactéries, présentes naturellement dans le sol, sont capables de capter l'azote atmosphérique présent dans les poches d'air du sol et de le transformer en azote utilisable par les végétaux. Après la récolte des légumineuses, il reste dans le sol des feuilles, des racines et des nodosités riches en azote. Les céréales nouvellement cultivées utilisent l'azote issu de ces restes de cultures de légumineuses.

Doc. 4 **Cultures de pois chiche (légumineuse) dans trois conditions culturales différentes**

La matière sèche produite par la plante permet d'évaluer la production de pois chiche.

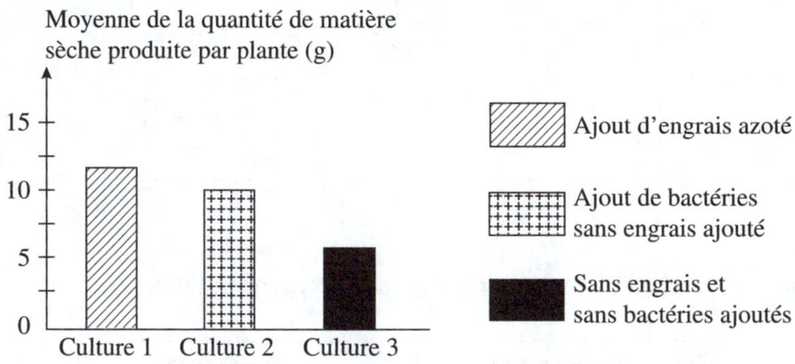

Graphique montrant la quantité de matière sèche produite par le pois chiche dans trois conditions de cultures différentes

4 À partir des *documents 3* et *4*, comparer les deux pratiques agricoles utilisées pour améliorer la production des cultures.
Pour répondre, rédiger un paragraphe. Des valeurs chiffrées sont attendues.

PHYSIQUE-CHIMIE

→ corrigé p. 30

Analyse de l'atmosphère terrestre

30 min **25 pts**

Des cylindres de glace, de formule chimique H_2O, appelés « carottes », sont prélevés dans les régions polaires et dans les glaciers des montagnes ; ils contiennent des renseignements précieux pour l'étude du climat.
L'élément oxygène se trouve notamment sous la forme de trois atomes stables nommés oxygène 16, oxygène 17 et oxygène 18. À partir de la proportion d'oxygène 18 par rapport à l'oxygène 16 dans la glace, les chercheurs déterminent la température de l'atmosphère au moment de la formation de la glace.

Doc. 1 Un modèle de l'atome d'oxygène

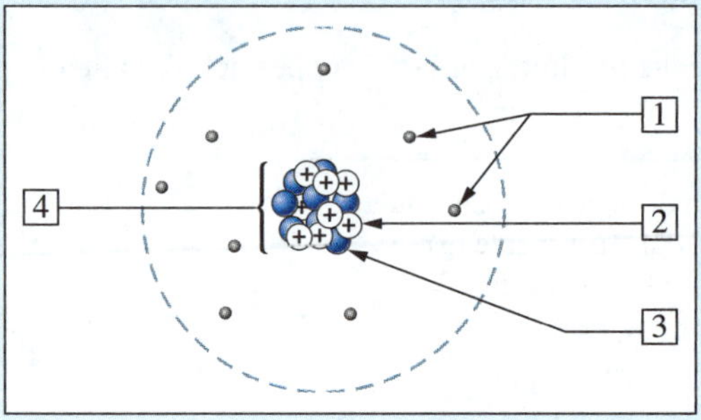

Doc. 2 Fiches d'identité des atomes d'oxygène stables

Oxygène 16

Symbole : $^{16}_{8}O$

Numéro atomique : 8
Nombre d'électrons : 8
Nombre de nucléons : 16
Masse de l'atome :
$2,67 \times 10^{-26}$ kg
Abondance : 99,76 %

Oxygène 17

Symbole : $^{17}_{8}O$

Numéro atomique : 8
Nombre d'électrons : 8
Nombre de nucléons : 17
Masse de l'atome :
$2,84 \times 10^{-26}$ kg
Abondance : 0,04 %

Oxygène 18

Symbole : $^{18}_{8}O$

Numéro atomique : 8
Nombre d'électrons : 8
Nombre de nucléons : 18
Masse de l'atome :
$3,01 \times 10^{-26}$ kg
Abondance : 0,20 %

1 **a.** Légender le *document 1* en affectant à chaque numéro un nom parmi les propositions suivantes : noyau, électrons, proton, neutron.
b. Quel est le nombre de protons présents dans chacun des trois atomes d'oxygène ? Justifier vos réponses par une phrase.

L'analyse des bulles d'air piégées dans la glace permet de déterminer la quantité de dioxyde de carbone CO_2 contenu dans l'atmosphère du passé.

Doc. 3 Évolution du pourcentage en volume de CO_2 dans l'air au cours des années

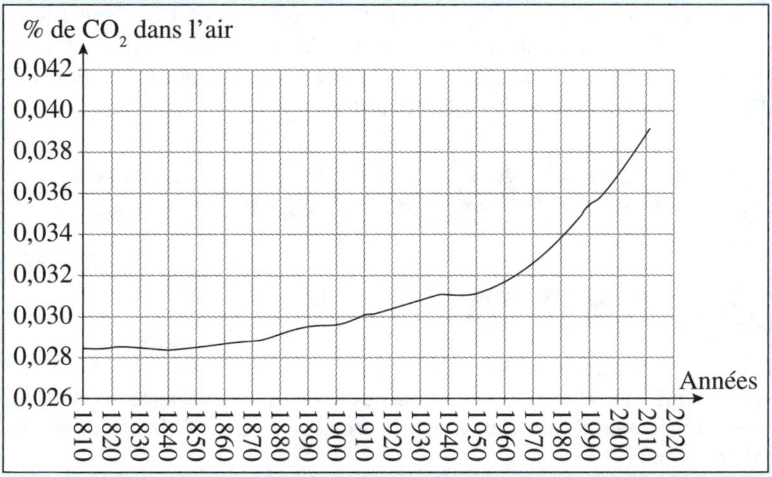

Données : https://www.eea.europa.eu/data-and-maps/figures/atmospheric-concentration-of-co2-ppm-1

2 **a.** En utilisant le graphique du *document 3*, indiquer le pourcentage en volume de dioxyde de carbone présent dans l'air en 1910.

b. En quelle année ce pourcentage a-t-il atteint 0,037 % ?

c. Comparer, en citant des données du graphe, l'évolution du pourcentage de CO_2 en volume dans l'air, entre 1810 et 1950, puis entre 1950 et 2010.

d. Quelle valeur pourrait atteindre ce pourcentage en 2020 ? Décrire et critiquer la méthode utilisée.

Le projet Ice Memory est un programme scientifique dont l'objectif est de constituer la première archive glaciaire du monde. Des carottes provenant des glaciers les plus en danger seront conservées à – 54 °C dans une cave creusée sous la neige de l'Antarctique.

Doc. 4

Lieu de prélèvement de carottes glaciaires	Intensité de pesanteur *g* du lieu
Glacier du Mont Illimani (Bolivie). Altitude 6 300 m	g = 9,76 N/kg
Glacier du Col du Dôme (France). Altitude 4 236 m	g = 9,79 N/kg
Base de Vostok (Antarctique). Altitude 3 800 m	g = 9,82 N/kg

3 a. À la base de Vostok qui se situe en Antarctique, on extrait une carotte de glace de 3 mètres de long, le poids du cylindre de glace est $P = 236$ N. Schématiser le cylindre de glace en position verticale et représenter le poids de la glace par un segment fléché en prenant pour échelle 1 cm pour 100 N.
b. Utiliser les données du *document 4* et de la question **3 a.** pour calculer la masse du cylindre de glace de Vostok en kilogrammes. Expliquer la démarche suivie et écrire la relation utilisée.

Sujets 1 à 2 Corrigé

SVT

→ énoncé p. 22

Les clés pour réussir

L'essentiel à connaître

- Les végétaux chlorophylliens se **nourrissent de matières** exclusivement **minérales** : eau, dioxyde de carbone et sels minéraux présents dans l'eau.
- Les **feuilles** sont les organes responsables de l'**absorption du dioxyde de carbone** de l'atmosphère.
- Les **racines** sont responsables de l'**absorption de l'eau et des sels minéraux** qu'elle contient.
- En **agriculture**, les Hommes apportent des **engrais** aux végétaux cultivés : ce sont des sels minéraux, essentiellement sources d'**azote** (N), de **phosphore** (P) et de **potassium** (K).

Analyser l'énoncé et les documents

- Lisez attentivement les informations du *document 1*, car il récapitule les connaissances que vous devez maîtriser à propos du sujet.
- Repérez la différence entre les zones de croissance et subéreuse et la zone pilifère de la jeune racine (*document 2a*).
- Identifiez précisément les zones de la racine immergées dans l'eau ou dans l'huile dans les expériences (*document 2b*).
- Comparez la manière dont l'azote est apporté aux végétaux dans les deux pratiques agricoles (*document 3*).
- Relevez les valeurs de matières sèches du graphique, car elles indiquent comment les végétaux ont grandi (*document 4*).

Bien comprendre les questions

Question 1

- Soulignez le verbe « prélever » dans le *document 1* pour bien repérer ce que chaque organe absorbe comme matière minérale.

Question 2

- Utilisez les résultats des expériences pour rejeter les hypothèses l'une après l'autre et conservez celle qui « résiste ».

Question 3

- Proposez une expérience dans laquelle seule la zone de croissance trempe dans l'eau.

Question 4

- Repérez le rôle des bactéries *Rhizobium* dans l'apport d'azote et leur effet sur la croissance du pois chiche.

1

Substances minérales — **Organes du végétal**

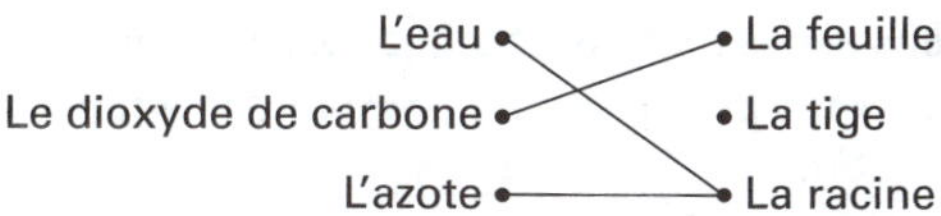

L'astuce du prof

Un organe peut prélever plusieurs substances minérales en même temps.

2 On retient l'**hypothèse 3** : la **zone pilifère** absorbe l'eau et les sels minéraux.

Vocabulaire

Pilifère signifie « qui porte des poils », en l'occurrence des poils absorbants.

3 Deux formes de réponse sont possibles :

– par un schéma légendé (voir ci-dessous) ;

– par un texte : on place une plantule de radis dans un tube contenant de l'eau surmontée par une couche d'huile. On **immerge** la plantule de manière à ce que la **zone de croissance** soit **dans l'eau** et que les **zones subéreuse et pilifère** soient **dans l'huile**.

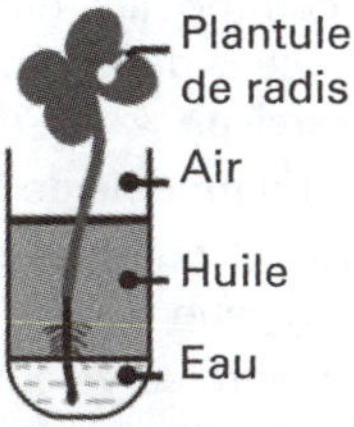

Gagnez des points !

Quelle que soit la forme de la réponse, précisez bien où se situe chaque partie de la racine.

4 On constate que la production de matière sèche par le pois chiche est meilleure avec ajout d'**engrais (12 g par plante)** qu'avec ajout de **bactéries (10 g par plante)**. Dans ces deux cas, la production de matière est bien meilleure que celle obtenue **sans engrais, ni bactéries** (environ **5 g par plante**).

Cependant, on sait que le **surplus d'engrais azoté** n'est pas absorbé par les plantes et **se retrouve dans les cours d'eau** qui deviennent **pollués**. Dans le cas de l'utilisation des bactéries, l'**azote** de l'air est **fixé dans le sol** et il est utilisé totalement par les plantes ; il ne se retrouve pas dans les cours d'eau.

Par conséquent, l'utilisation des bactéries est **écologiquement** plus **responsable** que l'utilisation des engrais, même si la production de matière végétale est un peu plus faible.

L'astuce du prof

Comparez deux pratiques agricoles en examinant les bénéfices pour la production des cultures, mais aussi pour l'environnement.

PHYSIQUE-CHIMIE

→ *énoncé p. 25*

Les clés pour réussir

L'essentiel à connaître

- Un **atome** est constitué d'**électrons**, chargés négativement, et d'un noyau. Ce noyau comporte des **neutrons** et des **protons**, chargés positivement.
- Le **numéro atomique** d'un atome correspond au **nombre de protons** présents dans le noyau de cet atome.
- Sur un graphique, une relation de **proportionnalité** entre les valeurs de l'axe des abscisses et de l'axe des ordonnées peut être représentée par une droite passant par l'origine.
- En première approximation, le **poids** d'un objet correspond à la force à distance exercée par la Terre sur cet objet.
- La valeur du poids P d'un objet de masse m est égale à : $\boldsymbol{P = m \times g}$, avec g l'intensité de pesanteur du lieu où se trouve l'objet.

Analyser l'énoncé et les documents

- Certaines informations, comme les différentes formes stables de l'atome d'oxygène, sont données dans l'énoncé, mais elles ne sont pas utiles à la résolution de l'exercice.
- Le *document 1* représente un modèle de l'atome d'oxygène.
- Le *document 2* permet de retrouver le nombre d'entités contenues dans les atomes stables d'oxygène.
- Dans le *document 3*, lisez bien les valeurs données sur les axes des abscisses et des ordonnées, car elles ne commencent pas à zéro.
- Le *document 4* permet de connaître les valeurs de l'intensité de pesanteur d'un lieu, car l'intensité de pesanteur dépend de l'altitude du lieu.

Bien comprendre les questions

Question 1

- Faites le lien entre vos connaissances et les *documents 1* et *2* pour répondre aux premières questions.

Question 2

• Rappelez-vous que la formule du dioxyde de carbone est CO_2 pour bien comprendre le *document 3*, qui est essentiel à la résolution de ces questions.

Question 3

• Gardez du temps pour répondre à ces questions, car la réalisation d'un calcul est demandée.

1 a. Le modèle de l'atome d'oxygène représenté dans le *document 1* doit être légendé de la manière suivante.

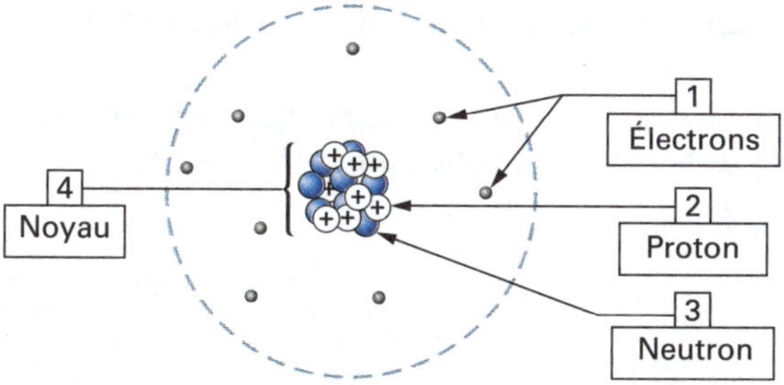

b. Le numéro atomique d'un atome correspond au nombre de protons présents dans le noyau de cet atome.

D'après le *document 2*, l'oxygène 16, l'oxygène 17 et l'oxygène 18 contiennent donc chacun **8 protons dans leur noyau**.

Gagnez des points !

N'oubliez pas de justifier votre réponse, car c'est demandé dans l'énoncé.

2 a. D'après le *document 3*, le pourcentage en volume de dioxyde de carbone présent dans l'air en 1910 est égal à **0,030 %**.

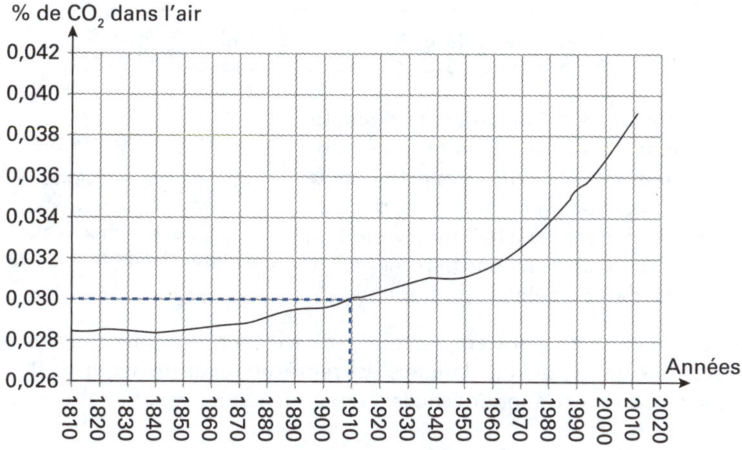

b. D'après le *document 3*, le pourcentage en volume de dioxyde de carbone présent dans l'air a atteint 0,037 % en **2000**.

c. D'après le *document 3*, le pourcentage en volume de dioxyde de carbone présent dans l'air est égal :

– en 1810 à **0,0285 %** ;

– en 1950 à **0,031 %** ;

– en 2010 à **0,039 %**.

Le pourcentage en volume de dioxyde de carbone présent dans l'air a augmenté de 0,031 – 0,0285 = **0,003 % en 140 ans entre 1810 et 1950** et il a augmenté de 0,039 – 0,031 = **0,008 % en 60 ans entre 1950 et 2010.**

Ainsi, le pourcentage en volume de dioxyde de carbone présent dans l'air a **augmenté beaucoup plus rapidement entre 1950 et 2010 qu'entre 1810 et 1950.**

d. Si on prolonge le graphe sur le *document 3*, le pourcentage en volume de dioxyde de carbone pourrait atteindre **0,041 %** en 2020.

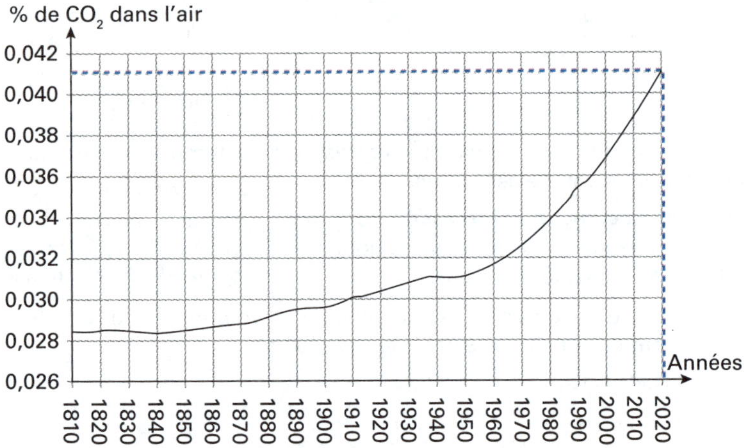

Cette méthode de prévision est **critiquable**, car prolonger la droite sur le graphe sous-entend une **relation de proportionnalité** entre le pourcentage en volume de dioxyde de carbone et le temps. Or, l'observation du graphique du *document 3* ne permet pas du tout de prévoir une telle proportionnalité.

Gagnez des points !
Reproduisez le graphe rapidement sur votre feuille pour mieux expliquer votre méthode.

3 a. Un cylindre de glace en position verticale est représenté ci-après par un rectangle, et le poids de la glace est représenté par un segment fléché de 2,36 cm, en prenant pour échelle 1 cm pour 100 N.

L'astuce du prof

Vérifiez que le segment fléché est orienté vers le bas et que son origine est au milieu du rectangle.

b. La valeur du poids P d'un cylindre de glace de masse m est égale à : $P = m \times g$, avec g l'intensité de pesanteur du lieu où se trouve l'objet.

La masse m du cylindre de glace de Vostok est donc égale à :

$$m = \frac{P}{g}$$

$$m = \frac{236}{9{,}82} = \mathbf{24{,}0\ kg}.$$

L'astuce du prof

Le résultat du calcul de la masse est donné directement dans la bonne unité, en kilogrammes.

Sujets 3 à 4 — France métropolitaine, juin 2018

50 pts — 1 heure

SVT

→ corrigé p. 40

Le tétanos

30 min — 25 pts

Dans ce sujet, on s'intéressera à une maladie, le tétanos.

Un médecin reçoit aux urgences hospitalières un patient qui s'est sérieusement blessé avec un outil de jardinage. Dans un premier temps, la plaie est nettoyée et désinfectée. Le médecin décide de prévenir rapidement le risque de tétanos.

Le tétanos est une maladie provoquée par une toxine, produite par une bactérie : *Clostridium tetani*. La vaccination contre le tétanos protège de cette maladie.

Doc. 1 Calendrier simplifié permettant de se tenir à jour* dans ses vaccinations

Vaccins \ Âge approprié	1 mois	2 mois	4 mois	5 mois	11 mois	12 mois	16-18 mois	6 ans	11-13 ans	25 ans	45 ans	65 ans	Tous les 10 ans : 75 ans, 85 ans…
BCG	X												
Diphtérie – Tétanos – Poliomyélite		X	X		X			X	X	X	X	X	X
Rougeole – Oreillons – Rubéole						X	X						

X : injection d'un vaccin

*Être à jour dans ses vaccinations, signifie avoir reçu les vaccins recommandés selon son âge et avec le bon nombre d'injections pour être protégé.

D'après le site http://inpes.santepubliquefrance.fr, 2017

1 Le carnet de santé du patient indique qu'il a été vacciné contre le tétanos à 2 mois, 4 mois, 11 mois, 6 ans et 13 ans. À partir du *document 1*, justifier

que le patient, actuellement âgé de 33 ans, n'est plus à jour dans sa vaccination contre le tétanos.
Dans le cas d'un patient qui n'est plus à jour dans sa vaccination contre le tétanos, le médecin prescrit un test de dosage sanguin des anticorps spécifiques anti-toxine tétanique**. Le résultat du dosage permet de déterminer le traitement à lui appliquer sans tarder.

** Anticorps spécifiques anti-toxine tétanique : molécules produites par les lymphocytes (cellules impliquées dans les défenses immunitaires) suite à une vaccination contre le tétanos. Ces anticorps neutralisent la toxine tétanique, l'empêchant d'exercer son action.

Doc. 2 Protocole du dosage rapide des anticorps spécifiques anti-toxine tétanique dans le sang d'un patient

- Une goutte de sang prélevée au niveau du doigt est déposée sur une plaquette-test, puis quelques gouttes d'un diluant sont ajoutées.
- Dix minutes plus tard, une ou deux bandes colorées apparaissent dans la zone de lecture.
  – si une seule bande se colore, le patient n'est pas ou est insuffisamment protégé contre le tétanos, le test est dit négatif ;
  – si deux bandes se colorent, la personne est immunisée contre le tétanos, le test est dit positif.

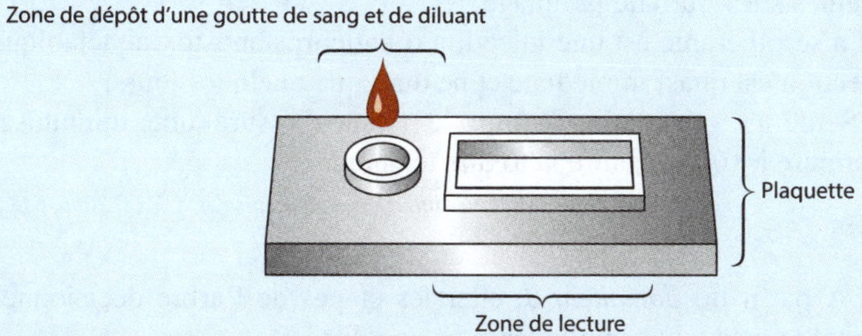

Plaquette utilisée pour le dosage rapide des anticorps anti-toxine tétanique

2 À partir du *document 2*, réaliser le schéma légendé d'une plaquette-test correspondant à un résultat négatif de dosage des anticorps, obtenu pour un patient qui n'est plus immunisé contre le tétanos.

Doc. 3 Arbre décisionnel des étapes à suivre pour un patient blessé par un outil de jardinage

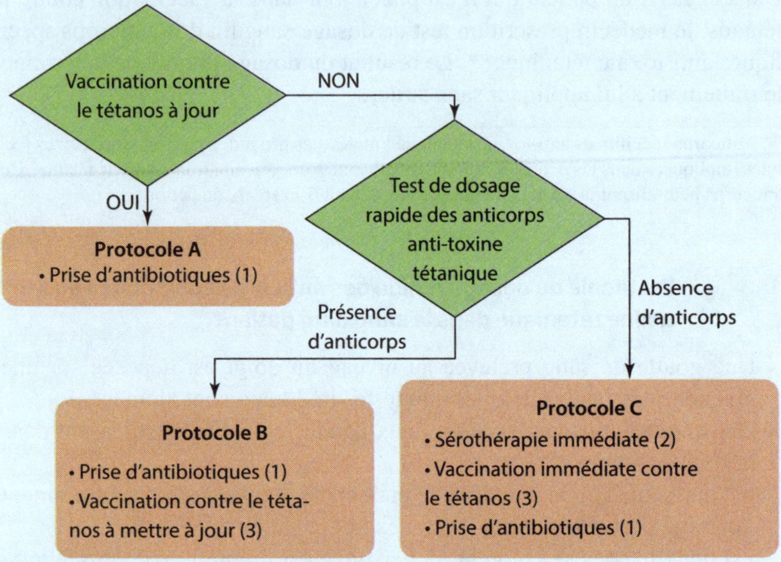

(1) Les antibiotiques stoppent l'infection due aux nombreuses bactéries présentes sur l'outil de jardinage.
(2) La sérothérapie est une injection d'anticorps anti-toxine tétanique, la protection est quasi immédiate et ne dure que quelques jours.
(3) Seule la vaccination contre le tétanos assure une immunisation supérieure à 10 ans contre la toxine tétanique.

D'après E. Pilly, Maladies infectieuses et tropicales, CMIT, 2016, 648 pages

3 **a.** À partir du *document 3*, citer les étapes de l'arbre décisionnel qui amènent le médecin à appliquer le protocole C.
b. Les trois éléments du protocole C sont : la sérothérapie immédiate, la vaccination immédiate et la prise d'antibiotiques. À partir du *document 3*, justifier la nécessité des trois éléments du protocole C à appliquer à ce patient qui s'est blessé avec un outil de jardinage.

TECHNOLOGIE

→ corrigé p. 42

L'échographie

30 min **25 pts**

L'échographie est une technologie d'imagerie 2D qui permet de visualiser certaines parties du corps humain, non visibles à l'œil nu.

Un constructeur d'échographes souhaite intégrer une transmission des résultats d'une vidéo de l'échographie en haute définition (HD). Afin de garantir une bonne disponibilité de cet appareil, il est nécessaire d'améliorer l'autonomie de la batterie et d'indiquer l'état de sa charge électrique.

1 À l'aide du *document 1* qui décrit le principe de fonctionnement d'un échographe ainsi que les flux (information et énergie) représentés par les flèches, compléter le tableau de la page suivante en mettant, pour chaque flèche numérotée, une croix pour identifier la nature et le type de flux de chaque liaison.

Doc. 1 **Principe de fonctionnement d'un échographe portable**

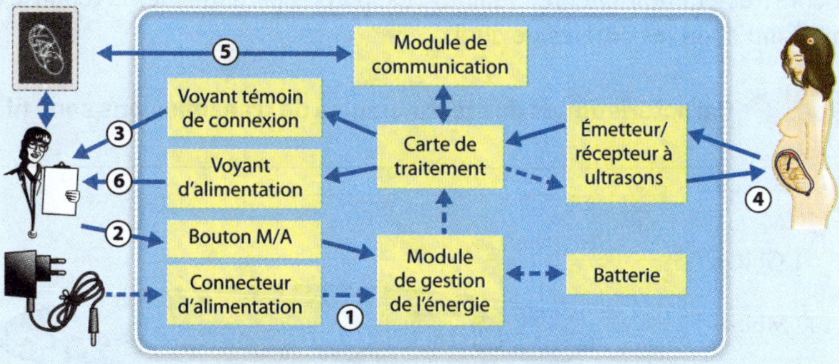

Diagramme simplifié des blocs internes

Lorsque le médecin appuie sur le bouton marche/arrêt (flèche ②), la carte de traitement est alimentée. Un voyant témoin de connexion avec la tablette est allumé (flèche ③).

La consigne de début et de fin d'acquisition des images, ainsi que sa visualisation, se font sur la tablette tactile. La tablette transmet les consignes (flèche ⑤) au module de communication qui les transmet à la carte de traitement.

La carte de traitement alimente l'émetteur à ultrasons en énergie électrique. L'émetteur à ultrasons convertit l'énergie électrique en signal sonore (flèche ④) qui se propage au sein du corps du patient. L'écho du signal sonore est capté par le récepteur, qui le convertit en signal électrique transmis à la carte de traitement puis au module de communication. Celui-ci renvoie les résultats du traitement (flèche ⑤) à la tablette pour l'affichage des images.

Lien	Nature de l'interaction					Type de flux	
Flèche	Signal sonore	Signal lumineux	Courant électrique	Ondes radio (sans fil)	Consigne utilisateur	Flux d'énergie	Flux d'information
①							
②							
③							
④							
⑤							
⑥		X					X

Pour une transmission de vidéo en HD, il est nécessaire d'adapter la solution technique pour le module de communication.

2 À l'aide des données du *document 2*, choisir la solution technique que le constructeur doit intégrer au nouvel appareil et argumenter la réponse en précisant le ou les critères de choix.

Doc. 2 **Caractéristiques des technologies de transmissions sans fil**

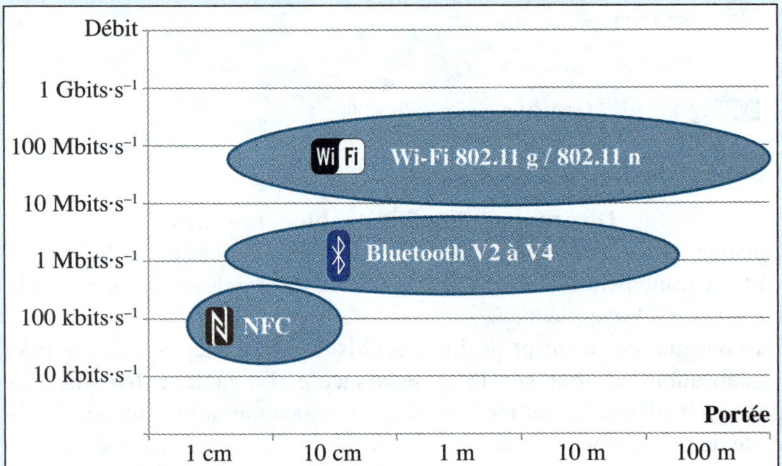

Comparaison de la portée et du débit de 3 normes de connectivité sans fil

Débits nécessaires pour une transmission :
- d'une image d'échographie en 1 s → 128 $kbits \cdot s^{-1}$ (kilobits par seconde).
- d'une vidéo d'échographie haute définition → 10 $Mbits \cdot s^{-1}$ (mégabits par seconde).

Afin de répondre aux exigences du cahier des charges, le constructeur remplace la batterie utilisée de type Ni-Cd par une batterie de type Li-ion.

3 À l'aide du *document 3*, préciser les exigences qui ont été déterminantes dans le choix du constructeur. Argumenter la réponse.

Doc. 3 Caractéristiques des batteries

Type batterie / Critère	Plomb	Ni-Cd	Ni-Mh	Li-ion
Rapport énergie stockée/masse	40 Wh·kg^{-1}	60 Wh·kg^{-1}	85 Wh·kg^{-1}	170 Wh·kg^{-1}
Prix pour 1 Wh	0,15 €	0,60 €	0,65 €	0,70 €
Source de pollution	Élevée	Élevée	Faible	Faible
Durée de vie (ans)	4 à 5	2 à 3	2 à 4	2 à 3

Pour informer l'utilisateur sur l'état de charge de la batterie, le constructeur étudie la possibilité d'intégrer un module d'information et de gestion de la charge au sein de l'appareil.

4 À l'aide du *document 4*, compléter la modélisation du programme de gestion du voyant d'alimentation de l'appareil d'échographie situé sur la page suivante.

Doc. 4 Gestion de la charge de la batterie

Un module de gestion gère la charge de la batterie et communique les informations suivantes à la carte de traitement :

- charge en cours – état vrai ou faux ;
- batterie déchargée – état vrai ou faux ;
- batterie chargée – état vrai ou faux.

L'information de l'utilisateur est réalisée à l'aide d'une LED tricolore respectant en permanence, le principe de fonctionnement suivant :

- lorsque la batterie est en charge, la LED clignote en orange (1 s allumée, 1 s éteinte) ;
- lorsque la batterie est en charge et qu'elle a atteint son niveau chargé, la LED s'allume en vert ;
- si la batterie est déchargée, la LED s'éclaire en rouge.

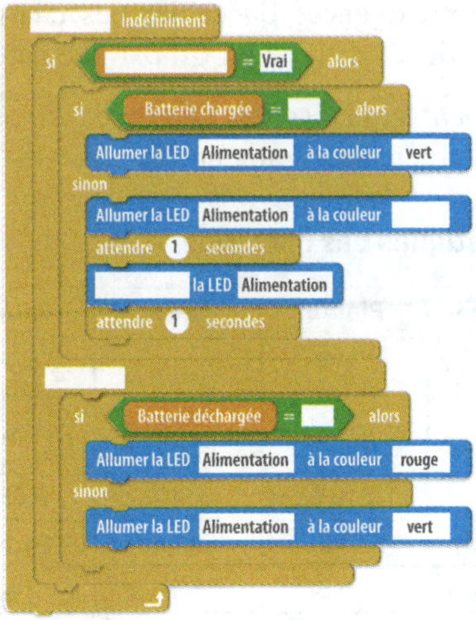

Sujets 3 à 4 Corrigé

SVT

→ énoncé p. 34

Les clés pour réussir

L'essentiel à connaître

- Dès le premier contact avec un microbe infectieux, **des cellules spécialisées** sont mises en jeu et protègent l'organisme : ce sont les **cellules immunitaires.**
- Lorsqu'elles sont soumises à un **deuxième contact avec le même microbe**, les cellules immunitaires réagissent plus vite et plus fortement : c'est la **mémoire immunitaire.**
- La **vaccination** consiste à **stimuler** la mémoire immunitaire en mettant en contact l'organisme avec des antigènes ou des microbes tués ou atténués.
- Certaines cellules immunitaires, les **lymphocytes**, produisent des **anticorps** qui neutralisent les microbes ou les toxines qu'ils produisent.

Analyser l'énoncé et les documents

- Utilisez toutes les informations du *document 1* pour comprendre la signification des croix dans le tableau.
- Déterminez précisément ce que veulent dire les deux résultats possibles du test présenté dans le *document 2*.
- Utilisez l'arbre décisionnel du *document 3* pour envisager les trois protocoles possibles et comprendre les gestes médicaux.

Bien comprendre les questions

Question 1

- Comparez les âges de vaccination et de rappels du patient avec le tableau de vaccination du *document 1*.

Question 2

- Utilisez les informations du *document 2* pour recopier la plaquette-test présentée et complétez-la avec une ou deux bandes.

Question 3

- Utilisez les informations numérotées du *document 3* pour justifier les gestes médicaux du protocole C appliqués au patient.

1 Le carnet de santé du patient, actuellement âgé de 33 ans, indique qu'il a été vacciné contre le tétanos à 2 mois, 4 mois, 11 mois, 6 ans et 13 ans. Or, d'après le *document 1*, il n'a **pas** eu **de rappel de vaccination à 25 ans** comme préconisé. Il n'est donc plus immunisé contre le tétanos.

2 Le schéma de la plaquette-test est le suivant :

L'astuce du prof
N'oubliez pas les légendes !

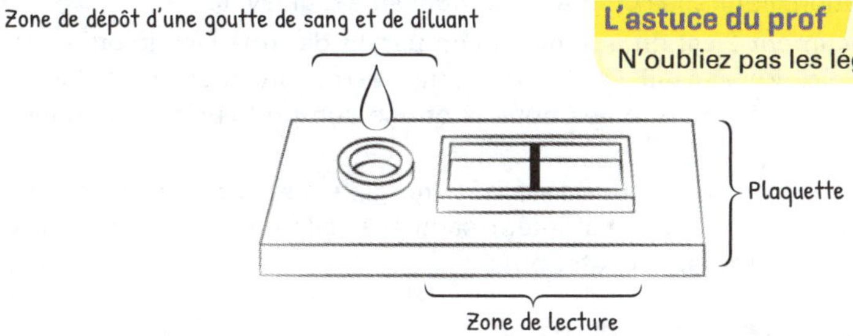

3 a. Les étapes de l'arbre décisionnel qui conduisent le médecin à mettre en œuvre le protocole C sont :

– le **contrôle du carnet de vaccination** contre le tétanos : le carnet n'est **pas à jour ;**

– le **test de recherche des anticorps** anti-toxine tétanique : le résultat est **négatif**.

b. Le protocole C comprend trois gestes médicaux qui **protégeront immédiatement et durablement** le patient. Les antibiotiques **détruiront les microbes tétaniques** qui ont infecté le patient et stopperont ainsi la production de nouvelles toxines tétaniques. La sérothérapie permettra de **neutraliser les toxines tétaniques** grâce aux anticorps. Enfin, la vaccination immédiate déclenchera une réaction des cellules immunitaires qui **produiront des anticorps anti-toxine tétanique**. Cette production d'anticorps sera suffisante pour protéger le patient **pendant 10 ans.**

Gagnez des points !
Reformulez les éléments tirés des documents.

TECHNOLOGIE

→ énoncé p. 36

Les clés pour réussir

L'essentiel à connaître

- Dans un système, un **flux** est un **déplacement d'énergie, de matière ou d'information**. Ce flux a une origine, une destination et suit un trajet.
- Le **bit** (0 ou 1) est l'unité de base de l'information numérique.
- Le débit d'une communication s'exprime en **bits par seconde** : plus le débit est élevé, plus la communication est performante.
- Une **solution technique** est un ensemble de composants qui permet de réaliser une fonction technique.
- Pour **respecter les contraintes**, le choix de la solution peut être réalisé suivant **plusieurs critères** : le fonctionnement, le coût, la durée de vie, l'impact écologique...

Analyser l'énoncé et les documents

- Le *document 1* est un diagramme de bloc interne simplifié. Ce type de schéma est utilisé pour expliquer les échanges (énergie, matière ou informations) entre les différents composants d'un système.
- Le *document 2* est un graphique comparatif de trois technologies de communication sans fil. Les informations se trouvant sous le graphique sont également importantes pour la bonne compréhension des questions.
- Dans le *document 3*, plus le rapport énergie stockée/masse est important, plus la technologie est intéressante, car elle permet de créer des objets alliant légèreté et autonomie.

Bien comprendre les questions

Question 1

- Pour chaque ligne, la première croix à placer concerne la nature de l'interaction entre les éléments du système, et la seconde le type de flux.

Question 2

- Procédez par élimination, en fonction des performances exigées, pour comparer les trois technologies de transmission sans fil.

Question 3

- Expliquez pourquoi le constructeur a décidé de passer d'une batterie de technologie Ni-Cd à une batterie Li-Ion.

Question 4

- Le *document 4* correspond au cahier des charges du programme.

1 D'après le *document 1* qui décrit le principe de fonctionnement d'un échographe, ainsi que les flux représentés par les flèches, la **nature et le type de flux** de chaque liaison sont les suivants :

Gagnez des points !
Même si vous hésitez, tentez votre chance en plaçant deux croix dans chaque ligne du tableau.

Lien	Nature de l'interaction					Type de flux	
Flèche	Signal sonore	Signal lumineux	Courant électrique	Ondes radio (sans-fil)	Consignes utilisateur	Flux d'énergie	Flux d'information
①			X			X	
②					X		X
③		X					X
④	X						X
⑤				X			X
⑥		X					X

2 Seule la **technologie Wi-Fi** a une portée et un débit suffisants. Les critères de choix sont la **portée (distance entre l'échographe et la tablette)** et le **débit** qui permet de **transmettre une vidéo en haute définition**.

3 Les batteries Li-Ion ont une **quantité d'énergie stockée environ trois fois plus importante** pour une même masse. De plus, elles ont un **impact environnemental plus faible**. Leur inconvénient est un prix plus élevé, mais le constructeur a jugé ce critère moins important.

4 D'après le *document 4*, la modélisation du programme de gestion du voyant d'alimentation de l'appareil d'échographie est la suivante :

L'astuce du prof
Vérifiez que les trois états de la batterie peuvent être exécutés : chargée, en charge, déchargée.

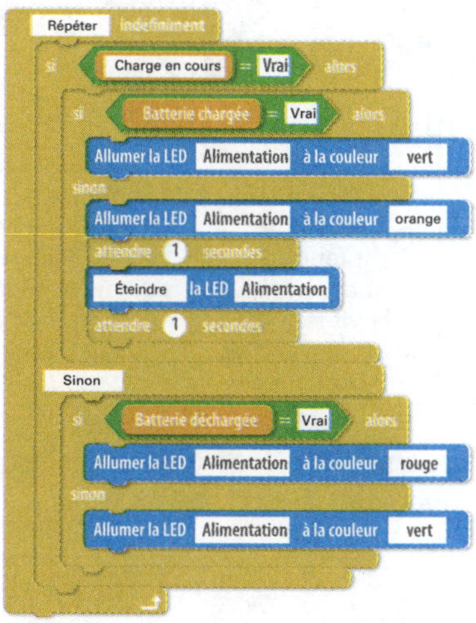

Sujets 5 à 6

Liban, juin 2018

50 pts — 1 heure

PHYSIQUE-CHIMIE

→ *corrigé p. 50*

Le saut à l'élastique

30 min **25 pts**

Le saut à l'élastique consiste à se jeter depuis un point situé en hauteur, en étant accroché à un élastique.

Dans ce sujet, nous nous intéresserons au mouvement d'un sauteur et à ses sensations, puis nous nous concentrerons sur le choix des élastiques.

Doc. 1 Les quatre phases du saut à l'élastique

Un saut à l'élastique comporte principalement 4 phases :

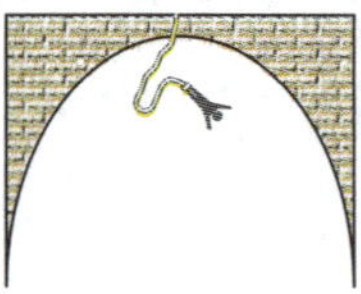	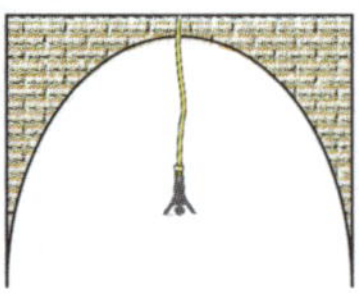	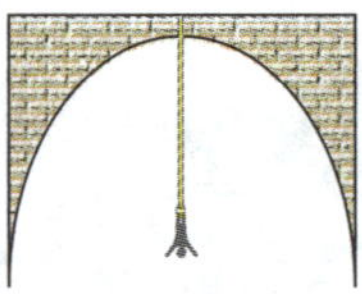	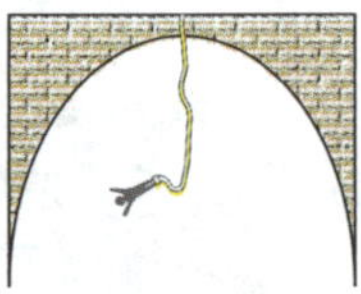
Phase 1 chute libre durant laquelle la vitesse augmente	**Phase 2** l'élastique commence à se tendre, le sauteur ralentit	**Phase 3** l'élastique est tendu au maximum, la vitesse du sauteur s'annule un bref instant	**Phase 4** l'élastique se contracte, le sauteur remonte en reprenant de la vitesse

Une fois ces 4 phases passées, le sauteur subit encore quelques oscillations avant de s'immobiliser définitivement.

Doc. 2 **Représentation graphique des variations de la vitesse du sauteur en fonction du temps**

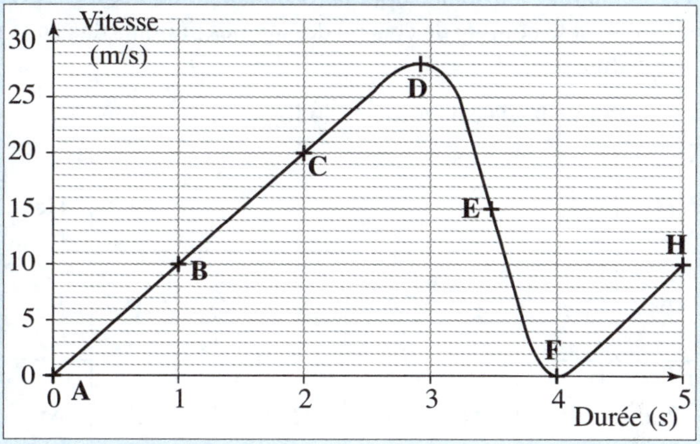

1 Mouvement du sauteur

a. Repérer la partie du graphique du *document 2* qui correspond à la phase 1. Justifier brièvement.

b. Indiquer la phase du saut qui correspond au point F.

c. La force de pesanteur (le poids du sauteur) modélise l'une des actions mécaniques s'exerçant sur le sauteur lors de sa chute. Préciser la direction et le sens de cette force.

2 Énergie du sauteur et conversion

a. En utilisant les termes « énergie potentielle » et « énergie cinétique », décrire la conversion d'énergie qui a lieu lors de la phase 1 du saut.

b. À l'aide du *document 2*, déterminer la valeur maximale de la vitesse atteinte par le sauteur.

c. En déduire, par un calcul, que la valeur maximale de l'énergie cinétique du sauteur de 78 kg (équipement inclus) est de l'ordre de 30 000 J.

d. Le *document 3* donne l'énergie cinétique de différents véhicules à une vitesse donnée.

En comparant la valeur maximale de l'énergie cinétique obtenue à la question **c.** à celle d'un véhicule en mouvement, préciser le rôle de l'élastique.

Doc. 3 **Énergie cinétique de différents véhicules à une vitesse donnée**

Objet	Vitesse	Énergie cinétique
Camion + chauffeur	30 km/h	120 550 J
Moto + motard	65 km/h	26 000 J
Vélo + cycliste	12 km/h	425 J

3 Sensation lors du saut

Durant le saut, le sauteur éprouve des sensations qui sont associées à la production d'adrénaline, substance dont la formule chimique est $C_9H_{13}O_3N$. Préciser le nom et le nombre de chacun des atomes présents dans une molécule d'adrénaline.

Donnée : extrait de la classification périodique

1 **H** HYDROGÈNE							2 **He** HÉLIUM
3 **Li** LITHIUM	4 **Be** BÉRYLLIUM	5 **B** BORE	6 **C** CARBONE	7 **N** AZOTE	8 **O** OXYGÈNE	9 **F** FLUOR	10 **Ne** NÉON
11 **Na** SODIUM	12 **Mg** MAGNÉSIUM	13 **Al** ALUMINIUM	14 **Si** SILICIUM	15 **P** PHOSPHORE	16 **S** SOUFRE	17 **Cl** CHLORE	18 **Ar** ARGON

4 Choix de l'élastique

Il existe différents modèles d'élastique, adaptés au sauteur et aux conditions de saut. Le *document 4* donne quelques modèles d'élastique disponibles dans un club :

Doc. 4 Modèles d'élastique

Modèle d'élastique	Poids du sauteur	Longueurs disponibles pour chaque modèle	Longueur maximale
XS	250 N à 450 N	15 m ; 30 m ; 50 m	3 fois la longueur initiale
S	400 N à 700 N		
M	650 N à 950 N		
L	900 N à 1200 N		

Pour concilier sensations fortes et sécurité, les clubs fixent généralement une distance d'au moins 10 m entre le sol et le point le plus bas atteint lors de la chute.

Parmi les modèles disponibles, choisir un élastique qui convient, pour un sauteur de 78 kg (équipement inclus), s'élançant du pont de Ponsonnas haut de 103 m.

Préciser le modèle et la longueur de l'élastique retenu. Justifier.

Toute démarche sera valorisée.

Donnée : l'intensité de la pesanteur sur Terre a pour valeur $g = 9{,}8$ N/kg.

TECHNOLOGIE

→ corrigé p. 52

Le barrage de navigation

30 min **25 pts**

Barrage de Chatou-VNF

Les phénomènes de fortes précipitations ainsi que les périodes de sécheresse ont un impact important sur le niveau d'eau des fleuves et des rivières.

Les barrages de navigation servent à réguler le niveau d'eau des fleuves et des rivières, permettant ainsi le transport fluvial tout en tenant compte des risques de crues.

Ils contribuent également à fiabiliser l'alimentation en eau potable des populations ainsi que les besoins des industries et de l'agriculture.

1 Quelle est la fonction principale d'un barrage de navigation ?

2 Donner au moins trois raisons qui justifient la nécessité de réguler le niveau d'eau des fleuves et des rivières.

Doc. 1 Fonctionnement du barrage à clapet

Le système est composé d'un volet métallique appelé clapet ③ qui pivote sur une semelle en béton.

La position du clapet varie selon la mesure du niveau d'eau amont.

Lors des crues, le clapet est complètement couché afin de ne pas créer d'obstacle à l'écoulement de l'eau.

Dans la salle de commande du barrage, un voyant de couleur s'affiche sur l'écran de visualisation pour indiquer la position du clapet.

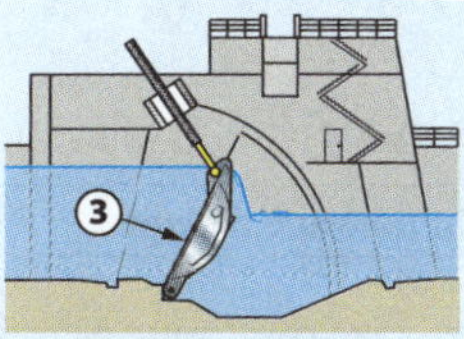

Position 1 du clapet :
niveau d'eau bas
voyant orange

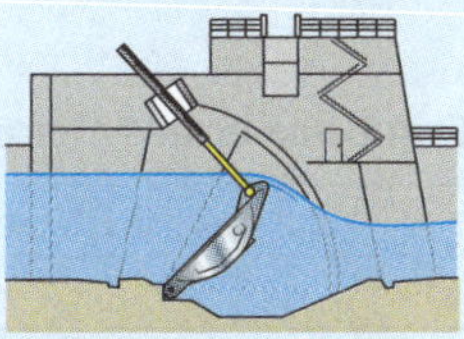

Position 2 du clapet :
niveau d'eau normal
voyant vert

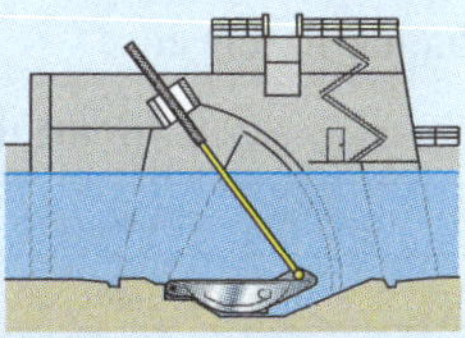

Position 3 du clapet :
niveau d'eau haut (crues)
voyant rouge

Doc. 2 Principe de fonctionnement d'un barrage à clapet

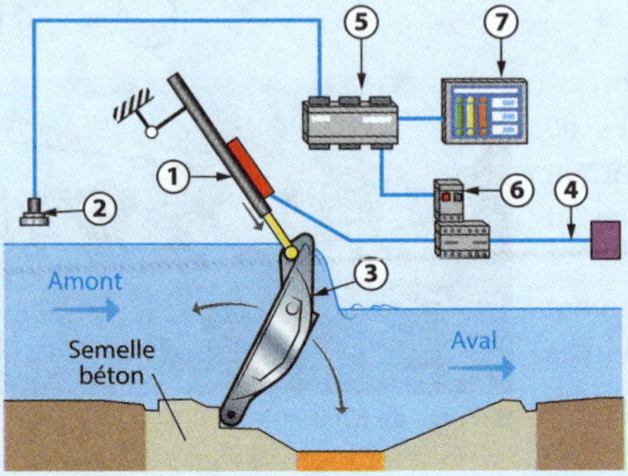

①	Ensemble hydraulique (moteur et pompe électriques + vérin)
②	Capteur de niveau d'eau amont
③	Clapet
④	Réseau électrique 230 V
⑤	Automate de gestion
⑥	Relais électrique de distribution
⑦	Écran de visualisation

L'ensemble hydraulique, alimenté par le réseau électrique, pousse ou tire le clapet.
L'automate de gestion analyse les informations reçues par le capteur de niveau d'eau afin de définir les consignes de position du clapet, ce qui permet de maintenir le niveau d'eau constant en amont du barrage.

Doc. 3 Le fonctionnement automatique d'un barrage à clapet

Le niveau d'eau est maintenu automatiquement en fonction des paramètres de gestion du barrage.
Le programme est écrit en boucle, il se répète indéfiniment suivant la logique ci-après.
Si le niveau d'eau est normal, le clapet est en position 2 et le voyant est vert.
Si le niveau d'eau est haut, le clapet est couché en position 3 et le voyant est rouge.
Si le niveau d'eau est bas, le clapet se met en position 1 et le voyant est orange.

3 Compléter le tableau ci-dessous en indiquant l'élément correspondant à chaque fonction.

Tableau des fonctions et des éléments associés

Fonction	Élément du barrage à clapet
Retenir l'eau en amont	
Détecter le niveau d'eau amont	
Gérer la position du clapet	
Alimenter le barrage en électricité	
Afficher des informations	

4 À l'aide du *document 2*, compléter les chaînes d'information et d'énergie du barrage à clapet ci-dessous.

Chaînes d'information et d'énergie du barrage à clapet

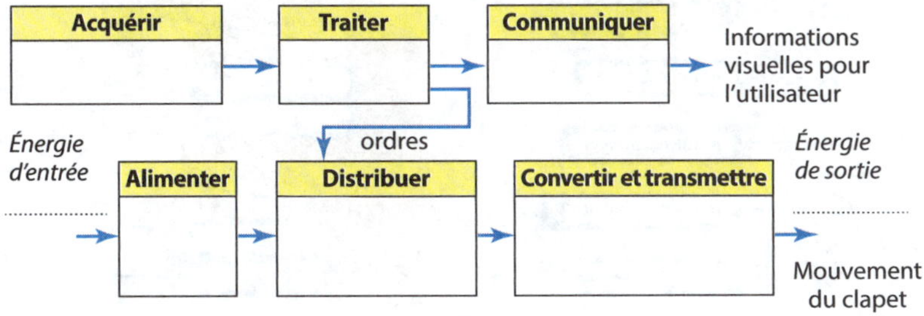

5 À l'aide des *documents 1* et *3*, compléter le logigramme ci-dessous et l'extrait du programme par blocs du barrage ci-après.

Programmation de la régulation du niveau de l'eau du barrage
Logigramme

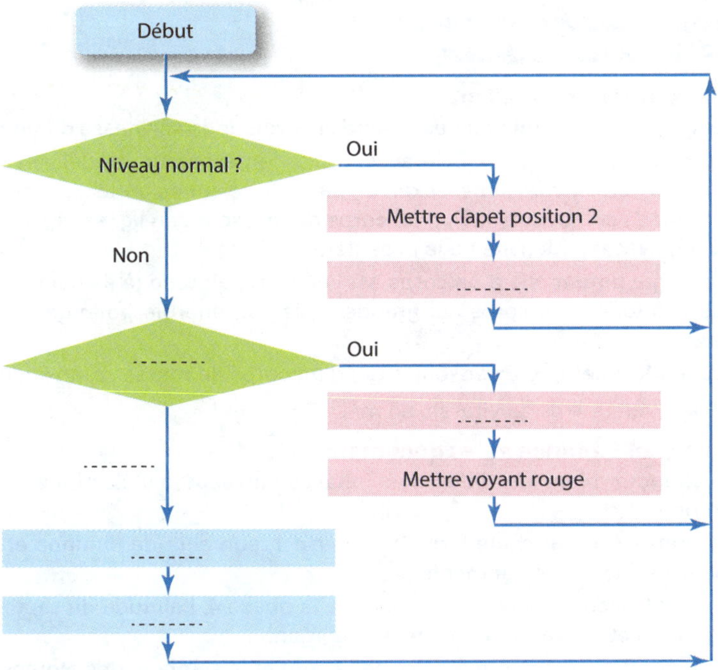

Extrait du programme par blocs
décrivant le même fonctionnement

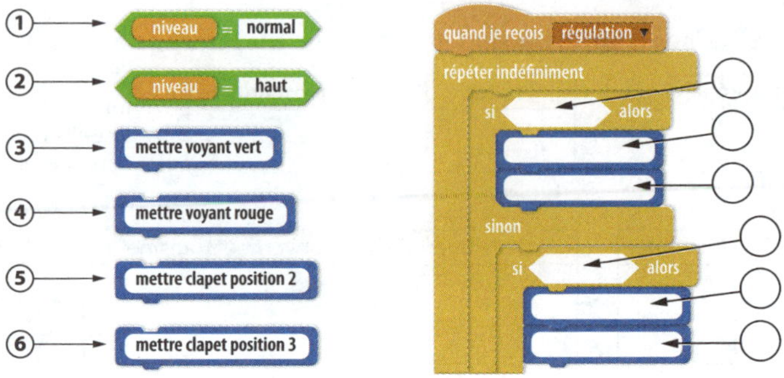

Sujets 5 à 6 Corrigé

PHYSIQUE-CHIMIE

→ *énoncé p. 44*

Les clés pour réussir

L'essentiel à connaître

- Le mouvement d'un objet est **ralenti** si la valeur de sa vitesse **diminue**.
- Le **poids** d'un corps, appelé aussi force de pesanteur, modélise l'action, verticale et vers le bas, exercée par la Terre sur ce corps. La valeur du **poids** P, en newtons (N), d'un corps de masse m, en kg, est égale à : $\boldsymbol{P = mg}$ avec g l'intensité de la pesanteur, en N/kg.
- L'**énergie potentielle** d'un corps est liée à son altitude (à sa hauteur) : plus l'altitude d'un corps est grande, plus son énergie potentielle est élevée.
- L'**énergie cinétique** E_c, en joules (J), d'un corps de masse m, en kg, est liée à la valeur v de sa vitesse, en m/s : $\boldsymbol{E_c = \frac{1}{2} mv^2}$.

Analyser l'énoncé et les documents

- Distinguez bien les différentes phases du saut à l'élastique, par exemple :
  – quand le sauteur chute lors de la phase 1, son altitude diminue et la valeur de sa vitesse augmente ;
  – quand l'élastique se contracte lors de la phase 4, l'altitude du sauteur augmente et la valeur de sa vitesse augmente.
- La classification périodique donne le nom et le symbole des atomes.

Bien comprendre les questions

Question 1

- Comparez l'évolution de la valeur de la vitesse indiquée sur le graphique avec les indications données pour chaque phase du saut.

Question 2

- Étudiez l'évolution de l'altitude et de la vitesse du sauteur.
- Utilisez la formule reliant l'énergie cinétique et la valeur de la vitesse pour réaliser le calcul demandé.

Question 3

- Relevez la formule chimique de l'adrénaline pour déterminer la composition de la molécule.

Question 4

- Cette question est une tâche complexe. Toute tentative est valorisée même si vous n'arrivez pas à résoudre totalement le problème.

1 **a.** La partie du graphique qui correspond à la phase 1 est la partie du graphique **entre les points A et D**. En effet, la phase 1 correspond au début du saut à l'élastique ($t = 0$) : elle débute donc sur le graphique au niveau du point A. De plus, la valeur de la vitesse augmente durant la phase 1, alors qu'elle diminue lors de la phase 2. La fin de la phase 1 correspond donc au point D, car c'est à cet instant que la valeur de la vitesse commence à diminuer.

Gagnez des points !
N'oubliez pas de justifier votre réponse.

b. La phase du saut qui correspond au point F est la **phase 3**, car la vitesse est nulle au point F.

c. La force de pesanteur (le poids du sauteur) modélise l'action exercée par la Terre sur le sauteur. Cette force a une **direction verticale** et un **sens vers le bas**.

L'astuce du prof
Ne confondez pas direction (verticale, horizontale) et sens (vers la droite, vers la gauche, vers le haut, vers le bas).

2 **a.** Lors de la phase 1 du saut à l'élastique, l'altitude (la hauteur) du sauteur diminue, et la valeur de sa vitesse augmente. Comme l'énergie potentielle du sauteur est liée à son altitude et que son énergie cinétique est liée à la valeur de sa vitesse, **l'énergie potentielle du sauteur diminue** et **son énergie cinétique augmente** lors de la phase 1. Ainsi, il y a **conversion de l'énergie potentielle en énergie cinétique** lors de la phase 1.

b. D'après le graphique, la valeur maximale de la vitesse atteinte par le sauteur est égale à **28 m/s**.

c. La valeur maximale E_c de l'énergie cinétique du sauteur de masse m est de l'ordre de 30 000 J :

$$E_c = \frac{1}{2} mv^2 = \frac{1}{2} \times 78 \times 28^2 = \mathbf{3{,}1 \times 10^4\ J}.$$

d. La valeur maximale de l'énergie cinétique du sauteur est du **même ordre de grandeur que l'énergie cinétique d'une moto et d'un motard à 65 km/h.** Cette énergie cinétique est importante : le rôle de l'élastique est de **diminuer l'énergie cinétique du sauteur en le ralentissant.**

3 La formule chimique de l'adrénaline est : $\mathbf{C_9H_{13}O_3N}$. Une molécule d'adrénaline comporte donc **9 atomes de carbone (C), 13 atomes d'hydrogène (H), 3 atomes d'oxygène (O)** et **1 atome d'azote (N).**

4 La valeur du poids P du sauteur de masse m est égale à :
$P = mg = 78 \times 9{,}8 = \mathbf{7{,}6 \times 10^2\ N}$.
La valeur du poids du sauteur est donc d'environ 760 N, ce qui signifie qu'il faut utiliser le **modèle d'élastique M.**
De plus, le sauteur s'élance du pont de Ponsonnas, haut de 103 m. Comme il faut une distance d'au moins 10 m entre le sol et le point le plus bas atteint lors de la chute et que la longueur maximale d'un élastique est égale à trois fois sa longueur initiale, la longueur maximale L de l'élastique est telle que :
$3 \times L + 10 = 103$
$3 \times L = 103 - 10 = 93$
$L = \frac{93}{3} = 31$ m.
L'élastique peut donc avoir une longueur de **15 m ou** de **30 m.** Toutefois, pour que le sauteur ait un maximum de sensations et fasse le plus grand saut possible en toute sécurité, il est préférable d'utiliser un élastique de **30 m** de long.

TECHNOLOGIE

→ *énoncé p. 47*

Les clés pour réussir

L'essentiel à connaître

- Pour définir la **fonction principale** (qui peut être également ici nommée la fonction de service ou la fonction d'usage) d'un système, d'un objet technique, il faut se demander : À quoi sert-il ? Quel service rend-il ?
- Le système peut être décomposé en **fonctions techniques :** elles expriment ce qui doit être fait dans un objet technique, dans un système, pour qu'il fonctionne. Ces fonctions font appel à des **solutions techniques** réalisées par des composants du système.
- On appelle **chaîne d'énergie** la représentation, sous forme de diagramme, du parcours de l'énergie dans l'objet.

- On appelle **chaîne d'information** la représentation, sous forme de diagramme, du parcours des différentes données et informations circulant dans le système.
- Ces deux chaînes sont généralement combinées sur un même diagramme.
- Un **programme informatique** est une suite d'actions et de conditions qui peut être représentée par un logigramme (représentation graphique d'un algorithme). Le système peut être piloté ou simulé par un programme par blocs (de type Scratch).

Analyser l'énoncé et les documents

- Le *document 1* décrit le fonctionnement (mécanique) du barrage : essayez de repérer, sur les petites images, le clapet. C'est un élément important du système.
- Les *documents 2* et *3* présentent le fonctionnement (électrique et informatique) du système. Prenez votre temps pour analyser le système en repérant ses différents composants.

Bien comprendre les questions

Question 1

- Relisez de façon approfondie le premier encadré qui donne des informations sur l'utilité d'un barrage de navigation. Évitez de recopier le texte mot pour mot, préférez une reformulation de la fonction principale.

Question 2

- Une réponse sous forme de liste avec 3 tirets est envisageable.

Question 3

- Pour compléter ce tableau, associez les éléments du système aux différentes fonctions (techniques). Aidez-vous de la liste des composants (① à ⑦) du *document 2*.
- Attention, seulement 5 éléments sont à placer ici, procédez par élimination si vous avez des difficultés.

Question 4

- N'oubliez pas de compléter notamment les pointillés avec les énergies d'entrée et de sortie.

Question 5

- Complétez le losange avec une question et les rectangles avec des affirmations.

1 La fonction principale d'un barrage de navigation est de **réguler le niveau d'eau des fleuves et des rivières.**

2 Plusieurs raisons justifient la nécessité de réguler le niveau d'eau des fleuves et des rivières :
– **permettre le transport fluvial tout en tenant compte des risques de crue** ;
– **fiabiliser l'alimentation en eau potable des populations** ;
– **assurer l'approvisionnement en eau des industries et de l'agriculture.**

3 Le tableau des fonctions et des éléments associés peut être complété de la façon suivante :

Fonction	Élément du barrage à clapet
Retenir l'eau en amont	Clapet
Détecter le niveau d'eau en amont	Capteur de niveau d'eau en amont
Gérer la position du clapet	Automate de gestion
Alimenter le barrage en électricité	Réseau électrique 230 V
Afficher des informations	Écran de visualisation

Remarque : on peut aussi considérer que l'élément du barrage à clapet qui permet de gérer la position du clapet est l'ensemble hydraulique (moteur et pompe électriques + vérin).

L'astuce du prof
Les réponses sont données dans le *document 2.*

4 La chaîne d'information et d'énergie du barrage à clapet peut être complétée ainsi :

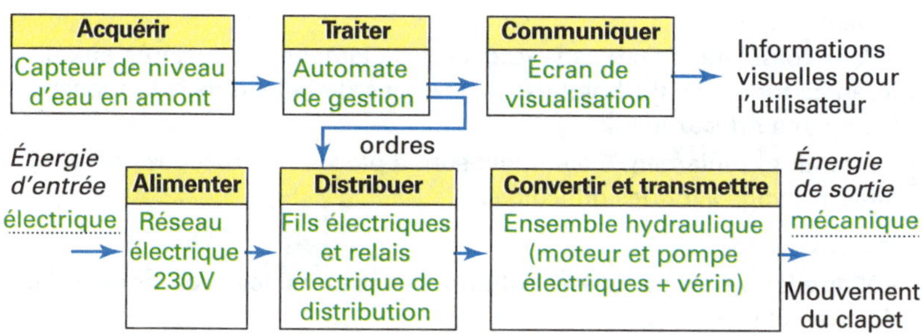

5 Voici le logigramme de la régulation du niveau de l'eau du barrage, ainsi que l'extrait du programme par blocs complétés :

Gagnez des points !
Ne vous trompez pas dans la position du clapet ou la couleur du feu.

Logigramme

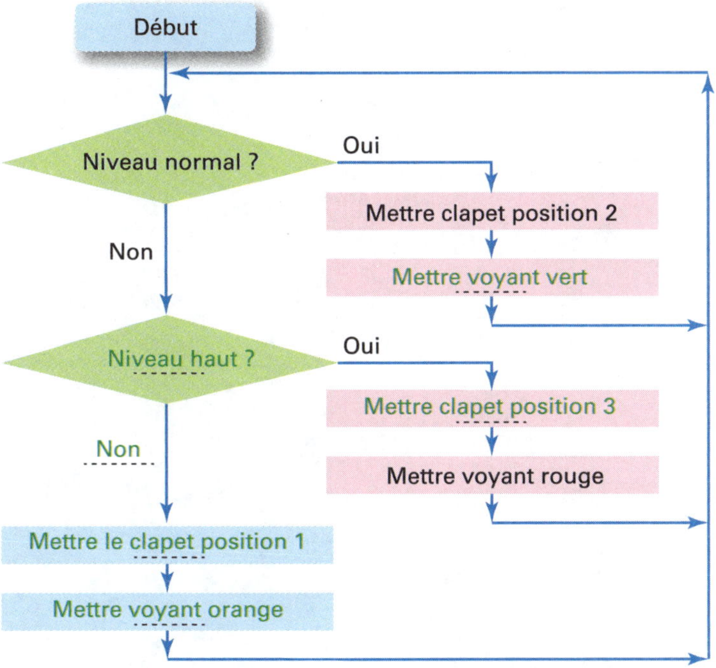

Extrait du programme par blocs
décrivant le même fonctionnement

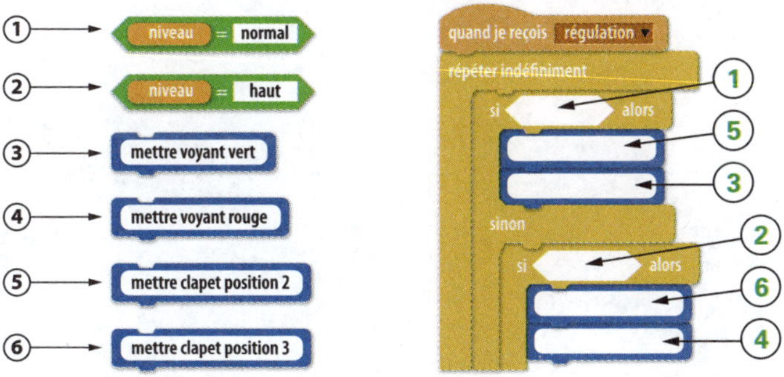

Sujets par matière

Sujet 7 — Le défi des biocarburants

25 pts — 30 min

Centres étrangers, juin 2019

Le mercredi 6 septembre 2017, le ministre de la Transition écologique et solidaire a présenté en conseil des ministres le projet de loi mettant fin à la recherche ainsi qu'à l'exploitation des hydrocarbures. La production de carburants à partir de végétaux (appelés biocarburants) est donc désormais l'un des enjeux du XXIe siècle. On se propose d'étudier quelques aspects de cette production d'avenir.

Doc. 1 L'algue *Haematococcus pluvialis*

a. Observation microscopique

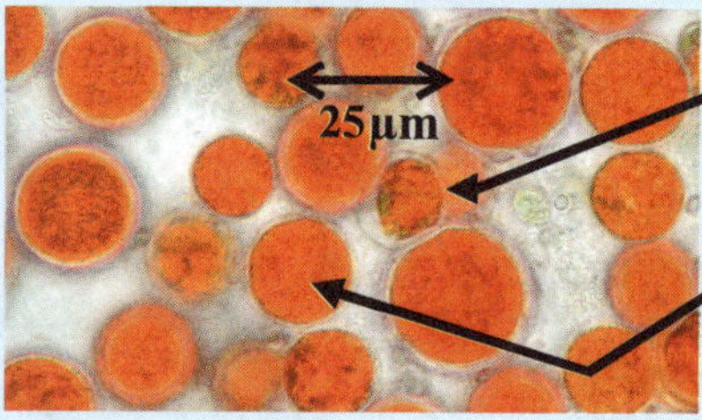

Site internet du Muséum national d'histoire naturelle

b. Système de culture

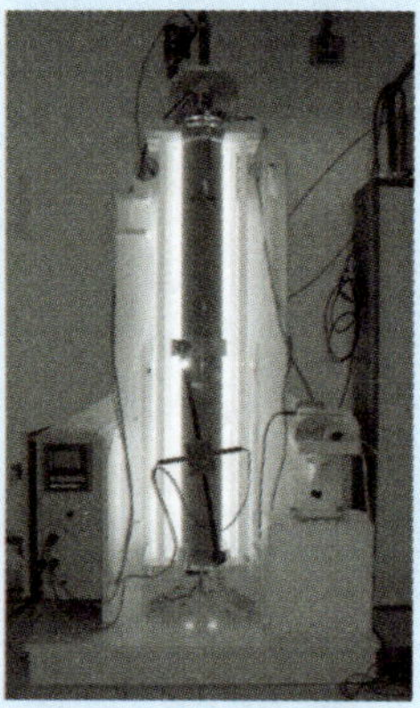

Pour pouvoir cultiver *Haematococcus pluvialis*, il faut utiliser un dispositif comme celui qui est photographié ci-contre afin d'obtenir une production d'huile nécessaire à la synthèse de biocarburants. Ce dispositif permet de contrôler les différents facteurs permettant la croissance rapide d'*Haematococcus pluvialis* :

- la lumière ;
- le CO_2 dissous dans l'eau de mer ;
- la température ;
- l'agitation du milieu.

D'après Journal de la Société de Biologie, *202 (3), 201-211 (2008), « La production de biocarburant lipidique avec des microalgues : promesses et défis »*

1 À l'aide du *document 1*, identifier la substance qui est exploitée par l'être humain pour fabriquer des biocarburants à partir d'*Haematococcus pluvialis*.

Doc. 2 **Productivité en huile obtenue à partir de différentes cultures agricoles alimentaires (colza, tournesol) et d'algues**

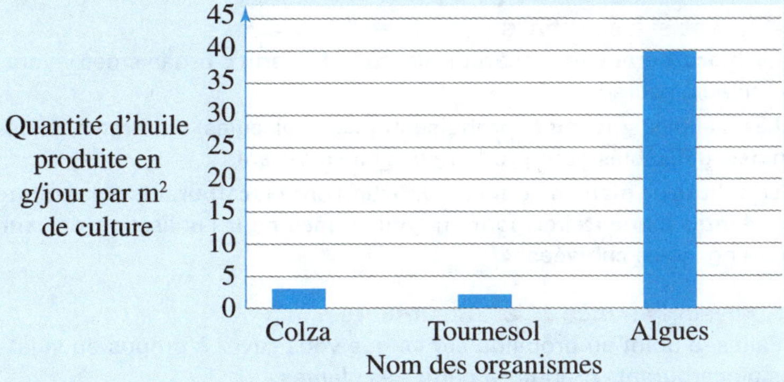

D'après Journal de la Société de Biologie, *202 (3), 201-211 (2008), « La production de biocarburant lipidique avec des microalgues : promesses et défis »*

2 À partir du *document 2*, comparer la productivité des différentes cultures, en vous appuyant sur des valeurs chiffrées.

Doc. 3 **Différentes générations de biocarburants**

Au cours des dernières années, on a successivement obtenu plusieurs générations de biocarburants, en utilisant de la matière d'origine variée.

Type de biocarburant	Première génération	Dernière génération
Origine de la matière	Production agricole alimentaire (blé, maïs, colza, tournesol...)	Algues
Partie du végétal utilisée	Essentiellement les graines	Toute l'algue

D'après Rapport du sénat « Le défi alimentaire à l'horizon 2050 », 2011-2012

Doc. 4 **Tableau comparant les pourcentages de surfaces nécessaires pour produire les deux types de biocarburants**

Génération de biocarburant	**Pourcentage de la surface agricole nécessaire à la production de 10 % des besoins en carburant**
Première génération	72
Dernière génération	4,2

3 À partir des *documents 3* et *4*, expliquer l'intérêt de la dernière génération de biocarburants. Justifier avec des valeurs chiffrées.

Sujet 7 Corrigé

Les clés pour réussir

L'essentiel à connaître

- Un **biocarburant** est un carburant produit à partir d'organismes vivants (végétaux, bactéries...).
- Les cellules vivantes produisent des molécules, notamment des **lipides**, utilisables pour produire des biocarburants.
- La culture de **plantes** pour la production des **biocarburants** et la culture de **plantes alimentaires** sont en concurrence pour l'utilisation des **surfaces agricoles cultivées**.

Analyser l'énoncé et les documents

- Faites le point au brouillon sur ce que vous savez à propos du sujet : les biocarburants produits à partir des plantes.
- Repérez les aspects originaux de la culture d'algues par rapport à une culture classique de plantes (*document 1*).
- Identifiez l'unité de productivité des végétaux utilisée dans le graphique (*document 2*).
- Listez les caractéristiques utilisées pour comparer les biocarburants issus de l'algue *Haematococcus pluvialis* avec les biocarburants issus des plantes alimentaires (*document 3*).

Bien comprendre les questions

Question 1

- Recherchez dans le *document 1* (parties *a* et *b*) des termes équivalents au mot fabrication : production, synthèse, etc.

Question 2

- Citez des valeurs de quantité d'huile produite par chaque culture pour établir votre comparaison.

Question 3

- Comparez les caractéristiques des biocarburants de première et de dernière génération dans chaque domaine proposé par les *documents 3* et *4*.

1 Dans la photographie des cellules de l'algue, on constate la présence d'une **zone qui produit de l'huile** (partie a du *document 1*). On constate également que le dispositif qui permet la **synthèse du biocarburant** (partie b du *document 1*) repose sur la production d'huile.

Donc, la substance exploitée par l'être humain est de l'huile contenue dans les bactéries *Haematococcus pluvialis*.

2 La quantité d'huile produite par le colza ou le tournesol est **inférieure à 5 g/jour/m²** de culture. La quantité d'huile produite par les algues est **égale à 40 g/jour/m²** de culture.

Donc, la productivité des algues **est 8 fois plus forte** que celle des autres cultures.

3 La deuxième génération de biocarburants présente un intérêt car :
– elle n'utilise pas des plantes **alimentaires** (ce sont des algues) ;
– **tout le végétal est utilisé** (pas seulement les graines) ;
– elle **nécessite une surface agricole plus faible** que la première génération pour produire la même quantité de biocarburants : seulement **4,5 %** de la surface agricole suffirait pour produire 10 % des besoins en carburants, alors qu'il faudrait y consacrer **72 %** des surfaces agricoles avec les carburants de première génération.

L'astuce du prof

Citez une information extraite de chaque partie du *document 1* (*a* et *b*).

Piège à éviter

Juxtaposer des données ne suffit pas. Indiquez des rapports entre les données pour les comparer.

Gagnez des points !

La deuxième génération de biocarburants présente un intérêt pour plusieurs raisons.

SVT

Sujet 8 L'exploitation de la chaleur de la Terre

25 pts — 30 min

Amérique du Sud, novembre 2017

La planète Terre produit de la chaleur. Des mesures de températures en profondeur sont reportées sur la carte ci-dessous.

Doc. 1 La température des roches à 500 mètres de profondeur

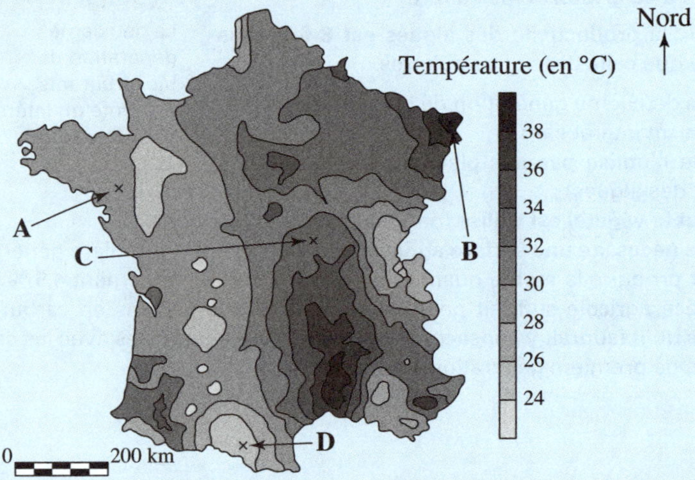

Source : BRGM, site www.access.ens-lyon.fr

1 À partir du *document 1*, pour chacune des affirmations suivantes, cocher la (ou les) bonne(s) réponse(s).

a. Cette carte représente :

☐ la température atmosphérique
☐ le relief
☐ la température des roches en profondeur
☐ la densité de population

b. La température des roches à 500 mètres de profondeur est plus élevée :

☐ au point A
☐ au point B
☐ au point C
☐ au point D

c. La température maximale des roches à 500 mètres de profondeur en France est d'environ :
☐ 80 °C à 100 °C
☐ 36 °C à 40 °C
☐ 24 °C à 26 °C
☐ 0 °C à 2 °C

Doc. 2 Le fonctionnement d'une centrale géothermique

Constatant que la chaleur produite par la Terre est naturelle et inépuisable, les scientifiques ont tenté de l'exploiter. C'est ainsi qu'ils ont conçu une centrale géothermique installée dans l'Est de la France (point B sur la carte du *document 1*).
Le principe de cette centrale est d'utiliser la chaleur des couches de roches profondes. En effet, plus les roches sont profondes, plus leur température est élevée. De l'eau est injectée en profondeur, entre 3 000 et 7 000 mètres. Elle circule ensuite par des fractures dans la roche et remonte en surface à plus de 150 °C sous forme de vapeur d'eau. Celle-ci alimente un système fermé qui produit de l'électricité. Cette nouvelle centrale permet de réduire l'utilisation d'énergies fossiles pour la production d'électricité.

2 **a.** En utilisant le *document 2*, citer la source d'énergie que l'on utilise pour produire de l'électricité dans une centrale géothermique.
b. En utilisant les *documents 1* et *2*, justifier en une phrase le choix du point B pour l'installation d'une centrale géothermique.

Doc. 3 Les réserves d'énergies fossiles

Énergies fossiles	 **Charbon**	 **Pétrole**	 **Gaz**
Réserves*	183 ans	44 ans	64 ans

(*) Nombre d'années d'utilisation que peuvent couvrir les réserves actuellement connues, en tenant compte des évolutions futures de la consommation. Il s'agit d'estimations moyennes.

Source : BP Statistical Review of World Energy 2009

3 Expliquer pourquoi l'énergie produite par une centrale géothermique, comme d'autres énergies renouvelables, est amenée à se développer pour les générations futures. Un texte construit est attendu, il devra s'appuyer sur des arguments tirés des *documents 2* et *3*.

Sujet 8 Corrigé

Les clés pour réussir

L'essentiel à connaître

- La **Terre** produit sa propre énergie thermique principalement à cause de réactions nucléaires ayant lieu dans son manteau et son noyau.
- **L'énergie thermique** de la Terre est libérée à sa surface en particulier dans les zones géologiques actives (volcanisme par exemple).
- Une partie de l'énergie thermique libérée par la Terre est **exploitable par l'Homme** pour se chauffer ou produire de l'électricité.
- L'exploitation de l'énergie thermique de la Terre, appelée **géothermie,** est une **source d'énergie renouvelable**, car elle ne s'épuise pas à l'échelle de temps de l'espèce humaine.
- Les ressources de la Terre en gaz, pétrole, charbon ou **combustibles fossiles** sont des **sources d'énergie non renouvelable**, car leurs stocks sont limités à l'échelle de temps de l'espèce humaine.

Analyser l'énoncé et les documents

- Lisez attentivement les titres des documents et leur légende, car ils comportent des informations capitales.
- Reliez les différentes teintes de gris sur la carte avec la légende dans le *document 1*.
- Soulignez ou surlignez les parties du *document 2* qui expliquent le fonctionnement d'une centrale géothermique.

Bien comprendre les questions

Question 1

- Commencez par repérer les données que vous allez devoir comparer.
- Utilisez l'unité de mesure fournie par le tableau de données lors de votre comparaison et ne cochez qu'une seule proposition par phrase.

Question 2

a. Recherchez ce qui est à l'origine de l'énergie utilisée : c'est la notion de source.

b. Comparez les températures des roches aux quatre points repérés sur la carte pour justifier votre réponse.

Question 3

- Utilisez les documents pour définir ce que signifie « énergie renouvelable » et expliquez pour quelle raison la géothermie prendra plus d'importance à l'avenir face aux énergies fossiles.

1 **a.** Cette carte représente la **température des roches en profondeur**.

b. La température des roches à 500 m de profondeur est plus élevée **au point B**.

c. La température maximale des roches à 500 m de profondeur en France est d'**environ 36 à 40 °C.**

2 **a.** La source d'énergie utilisée est « la **chaleur des couches de roches profondes** ». C'est donc une énergie thermique.

b. La production d'électricité par géothermie nécessite de l'eau à **150 °C**, donc la centrale doit être installée dans une zone où les roches en profondeur ont une température **la plus élevée possible** comme au point **B**.

L'astuce du prof

La question précise qu'il faut répondre en une phrase. Il faut se conformer à cette exigence.

Réponse plus détaillée pour mieux comprendre (non attendue dans ce sujet) :
Au point B, la température des roches à 500 m de profondeur est de plus de 36 °C (*document 1*). Or, on sait que plus les roches sont profondes, plus leur température est élevée. En injectant de l'eau très profondément (entre 3 000 et 7 000 m), la température obtenue sera suffisante pour vaporiser l'eau et utiliser cette vapeur afin de produire de l'électricité (*document 2*).

3 L'énergie thermique produite et libérée par la Terre est **inépuisable**.
Son exploitation par la **géothermie** permet de produire de l'**électricité** comme avec la combustion des sources d'énergies **fossiles**. Cependant, ces dernières ont des **réserves limitées** : les réserves de pétrole, par exemple, **seront épuisées dans 44 ans** si on tient compte de l'évolution de son utilisation.
Ainsi, les énergies renouvelables comme la géothermie sont **amenées à se développer** pour remplacer progressivement les énergies fossiles dont les réserves sont **amenées à disparaître**.

Gagnez des points !

Ne confondez pas « température » et « chaleur ». Par ailleurs, l'expression « transfert d'énergie thermique » est préférable au mot « chaleur ».

Sujet 9 — Consommation de pétrole et transition énergétique

25 pts — 30 min

France métropolitaine, juin 2017

L'augmentation de la population mondiale et des différents besoins en énergie s'accompagne d'une consommation de pétrole de plus en plus forte. L'augmentation de l'exploitation des ressources en pétrole entraîne un appauvrissement rapide de celles-ci.

Doc. 1 Productions énergétiques mondiales en 2012

(en Mtep : Mégatonne équivalent pétrole*).

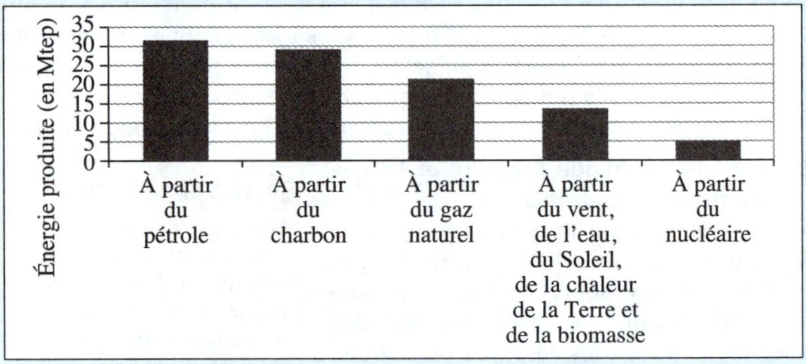

(*) La Mégatonne équivalent pétrole est une unité de mesure de l'énergie utilisée en économie et dans l'industrie.

D'après les données du Key World Energy Statistics 2014 de l'AIE

Une énergie non renouvelable désigne l'énergie que l'on produit à partir de la combustion de matières premières fossiles d'origine organique (issues d'êtres vivants) : le pétrole, le charbon et le gaz naturel. Elle n'est pas renouvelable à l'échelle d'une vie humaine.

Une énergie renouvelable est une ressource énergétique dont le renouvellement naturel est assez rapide pour qu'elle puisse être considérée comme inépuisable à l'échelle d'une vie humaine. L'énergie solaire, l'énergie éolienne, l'énergie hydraulique et l'énergie biomasse** sont des types d'énergies renouvelables.

(**) L'énergie biomasse provient de la combustion de matières vivantes (bois, végétaux, déchets agricoles, ordures ménagères organiques) ou du biogaz issu de la fermentation de ces matières, dans des centrales.

1 En utilisant les données du *document 1*, comparer la part des sources d'énergies renouvelables à celle des sources d'énergies non renouvelables en 2012 dans les productions énergétiques mondiales.

Doc. 2 **Évolution de la production et de la consommation mondiale de pétrole (en millions de barils par jour) entre 1975 et 2035**

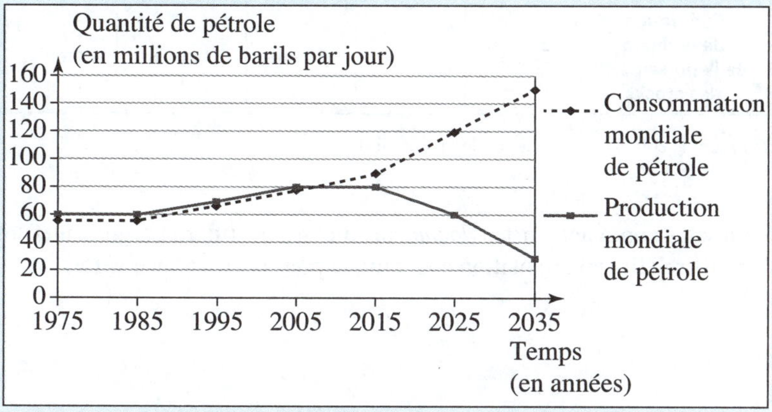

2 **a.** Comparer les courbes de la production mondiale et de la consommation mondiale de pétrole depuis 2005.
b. Formuler le problème auquel l'être humain est confronté depuis 2015.

Doc. 3 **La transition énergétique pour la croissance verte** (croissance économique respectueuse de l'environnement naturel)

La loi du 17 août 2015 relative à la transition énergétique pour la croissance verte est une loi qui engage le pays tout entier : citoyens, entreprises, territoires, pouvoirs publics. Elle va permettre à la France de renforcer son indépendance énergétique […] et donne à tous des outils concrets pour accélérer la croissance verte.
Le discours de Ségolène Royal* du 25 avril 2016 fixe : « … l'objectif d'augmenter de 50 % la capacité installée** des énergies renouvelables d'ici 2023. »

(*) Ministre de l'Environnement, de l'Énergie et de la Mer.
(**) Installations technologiques permettant de produire de l'énergie renouvelable (éoliennes, panneaux solaires…).

D'après http://www.gouvernement.fr/action/la-transition-energetique-pour-la-croissance-verte

SVT

Doc. 4 **Estimation de l'épuisement des ressources énergétiques disponibles** (en prenant en compte le rythme actuel de consommation et de production)

Énergies/ ressources	Pétrole	Gaz	Charbon	Éolienne*	Solaire
Estimation de la durée de l'épuisement des stocks	54 ans	63 ans	112 ans	Jamais	Jamais

(*) Énergie éolienne : énergie produite à partir du vent.

3 En vous appuyant sur les *documents 3* et *4*, identifier et argumenter les objectifs relatifs à la transition énergétique pour la croissance verte.

Sujet 9 Corrigé

Les clés pour réussir

L'essentiel à connaître

- Les gisements de pétrole, de charbon, de gaz et d'uranium sont des sources **d'énergie fossiles** donc limitées. Ce sont des sources d'énergie **non renouvelables** à l'échelle de temps de la vie humaine.
- L'énergie solaire, l'énergie thermique de la Terre, l'énergie hydraulique (déplacement d'eau), l'énergie éolienne (vent) et l'énergie de la biomasse (matière organique comme le bois) sont des sources d'énergie **presque illimitées**. Elles sont **renouvelables** à l'échelle d'une vie humaine.
- L'Homme met en place une **transition énergétique** qui vise à remplacer progressivement les sources d'énergie non renouvelables par l'utilisation de sources d'énergie renouvelables.

Analyser l'énoncé et les documents

- Sur le *document 1*, mettez en relation les informations présentées par le graphique avec celles contenues dans le texte.
- Sur le *document 2*, repérez les unités utilisées dans le graphique et identifiez les variables représentées par les deux courbes.
- Sur le *document 3*, définissez l'idée de transition énergétique.
- Sur le *document 4*, comparez les durées d'épuisement des ressources énergétiques avec la durée d'une vie humaine.

Bien comprendre les questions

Question 1

- Utilisez les définitions du texte du *document 1* pour classer les productions énergétiques du graphique dans les deux catégories : « renouvelables » et « non renouvelables ». Additionnez les productions énergétiques non renouvelables entre elles et comparez-les à la part des sources d'énergie renouvelables.

Question 2

a. Tracez un trait vertical passant par l'année 2005 et déterminez l'évolution de chaque courbe depuis cette année.

b. Rédigez une phrase sous forme interrogative qui commence par « comment » et qui s'appuie sur la comparaison que vous venez de faire.

Question 3

- Identifiez les trois objectifs de la loi de transition énergétique dans le *document 3* et repérez, dans les *documents 3* et *4*, ce qui motive ces objectifs.

SVT

1 La part des sources d'énergies renouvelables est d'**environ 13 Mtep** (Mégatonne équivalent pétrole), alors que la part des énergies non renouvelables est de **plus de 80 Mtep**. Ainsi, **la part des sources d'énergies non renouvelables** dans la production énergétique mondiale est **largement supérieure** à celle des sources d'énergies renouvelables.

2 **a.** En 2005, la production et la consommation mondiales de pétrole **étaient égales** (autour de 80 millions de barils par jour). Depuis 2005, la **consommation** mondiale de pétrole **augmente** : elle est **supérieure** à la **production** mondiale de pétrole, qui **diminue**.

Pensez-y !

Une comparaison doit s'appuyer sur des valeurs chiffrées les plus précises possibles.

b. Le problème auquel l'être humain est confronté depuis 2015 peut être formulé de la manière suivante : comment couvrir les **besoins énergétiques croissants** de l'humanité, alors que la production mondiale de pétrole diminue ?

3 Les trois objectifs de la transition énergétique sont :
- permettre une **croissance verte** ;
- renforcer l'**indépendance énergétique** de la France ;
- **augmenter de 50 %** la capacité des énergies renouvelables.

L'augmentation de la part des sources d'énergies renouvelables permet une croissance verte, car elle réduit le recours aux **combustibles fossiles** dont l'utilisation est **polluante** pour l'environnement. De plus, contrairement aux combustibles fossiles, les sources d'énergies renouvelables sont **disponibles en France**, ce qui permet d'accroître l'indépendance énergétique du pays. Enfin, les ressources de pétrole, de gaz et de charbon **seront épuisées** dans un peu plus d'**un siècle**. Il faut donc augmenter la part des sources d'énergies renouvelables pour anticiper l'épuisement des sources d'énergies non renouvelables.

L'astuce du prof

Argumenter, c'est donner des raisons, des preuves ou des indices qui permettent d'appuyer une affirmation.

Sujet 10 L'impact de la pollution du sol

25 pts — 30 min

Asie, juin 2017

Suite à une activité industrielle, dans une région française, un sol a été fortement pollué par du plomb (plusieurs grammes par kilogramme de sol). À sa surface, une épaisseur anormale de litière[1] a été constatée. Une équipe d'étudiants cherche à comprendre le lien entre cette pollution par le plomb et la diminution de la dégradation de la litière.

[1] Litière : partie du sol située en surface et constituée de débris (fragmentés) végétaux et animaux en cours de dégradation.

Doc. 1 Nombre d'animaux dans un sol sain et dans un sol pollué

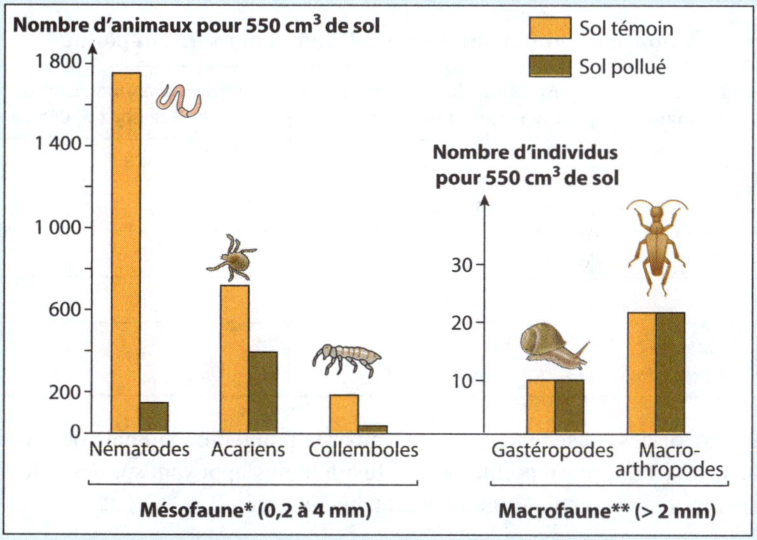

(*) Mésofaune : ensemble d'animaux de tailles comprises entre 0,2 et 4 mm.
(**) Macrofaune : ensemble d'animaux de tailles supérieures à 2 mm.

D'après svt.acdijon/schemassvt - Source INRA (Mrs Lacassin et Schvartz)

Doc. 2 **Les micro-organismes du sol**

Les micro-organismes (champignons, bactéries…) n'appartiennent pas à la mésofaune ni à la macrofaune. Ils ne sont observables qu'au microscope et terminent la dégradation de la litière. Celle-ci doit être préalablement finement fragmentée par les animaux du sol.

Doc. 3 **Étude complémentaire sur un sol pollué**

On a constaté une diminution du nombre de certains animaux appartenant à la mésofaune (collemboles, nématodes) qui participent à la fragmentation de la litière. Les débris de la litière ne sont plus fragmentés aussi finement que dans un site non pollué. Malgré la forte pollution du sol, les micro-organismes restent vivants mais leur action de dégradation est ralentie.

Modifié d'après http://www.gissol.fr

1 Compléter le tableau suivant à partir du *document 1*.

Nombre d'animaux dans un sol sain et dans un sol pollué

Populations animales	Nombre d'animaux dans le sol témoin pour 550 cm^3	Nombre d'animaux dans le sol pollué pour 550 cm^3
....	1 750	180
Acariens	780	....
Collemboles	....	20
....	10	10
Macro-arthropodes	20	20

2 À partir des *documents 1* et *3*, nommer la population animale qui diminue le plus dans le sol pollué étudié. Justifier en s'appuyant sur des valeurs chiffrées (calcul, estimation, pourcentage ou autre…).

3 Proposer une explication à l'épaisseur anormale de litière sur un sol pollué. Un texte construit est attendu, il devra s'appuyer sur des arguments tirés des **deux** *documents 2* et *3*.

Sujet 10 Corrigé

Les clés pour réussir

L'essentiel à connaître

- **Le sol** est la partie superficielle de la croûte terrestre. Il est constitué par le mélange de **matière organique** en décomposition et de **particules minérales.**
- Les particules minérales proviennent de la dégradation de la **roche mère** située sous le sol.
- La matière organique en décomposition provient de la dégradation de la **litière** formée essentiellement par les débris de végétaux morts.
- La litière est le premier maillon d'un **réseau alimentaire** formé par de **très nombreux êtres vivants** (animaux, champignons et bactéries).
- Le fonctionnement de ce réseau alimentaire permet la dégradation de la litière et assure ainsi le **recyclage** de la matière.

Analyser l'énoncé et les documents

- Lisez attentivement le titre et l'introduction présentée dans l'encadré pour déterminer le sujet abordé : l'impact d'une pollution du sol sur la dégradation de la litière.
- Sur le *document 1*, repérez les légendes des deux figurés utilisés pour les histogrammes et reliez ces informations au titre du graphique.
- Dans le texte du *document 2*, repérez les particularités des micro-organismes par rapport aux autres êtres vivants du sol.
- Sur le *document 3*, identifiez l'effet de la pollution d'un sol sur les êtres vivants qui le peuplent.

Bien comprendre les questions

Question 1

- Commencez par compléter les lignes du tableau pour lesquelles on vous donne le nom des populations animales en repérant le plus précisément possible leur nombre dans le graphique.
- Nommez ensuite les deux populations animales manquantes en vous servant des nombres d'animaux très différents.

Question 2

- Utilisez d'abord le *document 3* pour repérer les animaux dont le nombre diminue lors d'une pollution. Ensuite, utilisez des valeurs chiffrées tirées du graphique du *document 1* pour montrer quelle est la population animale qui diminue le plus.

Question 3

• Rappelez le problème que vous devez résoudre, puis mettez en relation les informations sur le rôle de la faune du sol (*document 2*) avec celles sur les effets d'une pollution (*document 3*).

1 Le tableau complété est le suivant :

Nombre d'animaux dans un sol sain et dans un sol pollué

Populations animales	Nombre d'animaux dans le sol témoin pour 550 cm³	Nombre d'animaux dans le sol pollué pour 550 cm³
Nématodes	1 750	180
Acariens	780	**500**
Collemboles	**200**	20
Gastéropodes	10	10
Macro-arthropodes	20	20

2 D'après le *document 3*, on constate une **diminution du nombre d'animaux de la mésofaune** lorsque le sol est pollué. L'analyse du graphique du *document 1* montre que trois populations animales appartiennent à la mésofaune : **les nématodes, les acariens et les collemboles**. Cependant, on remarque que **seulement la moitié des acariens** disparaît dans un sol pollué, alors que les nombres des deux autres populations diminuent fortement. En effet, le nombre de nématodes dans un sol pollué passe de 1 750 animaux pour 550 cm³ de sol témoin **à seulement 180 animaux** dans le sol pollué. La **diminution est encore plus forte pour les collemboles** puisqu'il ne reste plus que 10 % de la population initiale lorsque le sol est pollué (20 animaux pour 550 cm³ de sol pollué contre 200 animaux dans le sol témoin). **Ainsi, c'est la population des collemboles qui diminue le plus dans un sol pollué.**

Gagnez des points !

Pourcentage d'animaux restant après pollution = 100 × nombre d'animaux dans le sol pollué/nombre d'animaux dans le sol témoin.

3 Dans un sol sain, les micro-organismes **terminent la dégradation** de la litière, mais ils ne peuvent intervenir que sur des **débris** de litière **très fins**. Or, ce sont les animaux du sol qui sont responsables de la **fragmentation** de la litière en débris fins, en particulier ceux de la mésofaune (collemboles, nématodes...). On sait par ailleurs que **la plupart de ces animaux disparaissent** en cas de **pollution** du sol. Par conséquent, la litière **n'est plus** fragmentée, les micro-organismes **ne peuvent** pas terminer sa dégradation, et la litière **s'accumule** et devient anormalement **épaisse**.

L'astuce du prof

Sur votre brouillon, construisez une chaîne d'événements reliés logiquement entre eux par une relation cause-conséquence par exemple.

Sujet 11

30 min

25 pts

Approvisionnement énergétique de quelques villes françaises

Pondichéry, mai 2017

On s'intéresse à l'approvisionnement énergétique de quelques villes françaises.

Doc. 1 Quelques définitions concernant les trois types d'énergie

Une énergie non renouvelable désigne l'énergie que l'on produit à partir de la combustion de matières premières fossiles d'origine organique (issues d'êtres vivants) : le pétrole, le charbon et le gaz naturel. Elle n'est pas renouvelable à l'échelle d'une vie humaine.
Une énergie renouvelable est une ressource énergétique dont le renouvellement naturel est assez rapide pour qu'elle puisse être considérée comme inépuisable à l'échelle d'une vie humaine. L'énergie solaire (produite à partir du Soleil), l'énergie éolienne (produite à partir du vent), l'énergie géothermique (produite par l'activité interne de la Terre), l'énergie provenant de la biomasse (produite à partir de la matière organique des êtres vivants) et l'énergie hydraulique (produite à partir de la force de l'eau) sont des types d'énergie renouvelable.
L'énergie nucléaire est une énergie qui provient du noyau des atomes.

Doc. 2 Estimation de la part de différents types d'énergie dans l'approvisionnement énergétique mondial

Types d'énergie		2010	2020	2035
Énergies non renouvelables	Pétrole Charbon Gaz	81 %	80 %	74 %
Énergie nucléaire	Nucléaire	6 %	5 %	6 %
Énergies renouvelables	Géothermique Solaire Provenant de la biomasse Hydraulique	13 %	15 %	20 %

1 En vous appuyant sur les données du *document 2*, comparer l'évolution de la part des différents types d'énergie dans l'approvisionnement énergétique entre 2010 et 2035.

SVT

Doc. 3 **Cartes de la répartition du débit d'énergie géothermique, de la moyenne de l'ensoleillement et de la vitesse des vents en France**

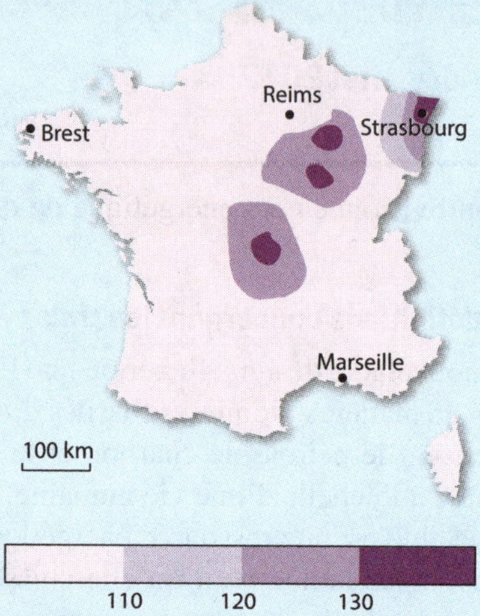

Carte de la répartition du débit moyen d'énergie géothermique issue des profondeurs de la Terre, mesurée en surface de la Terre pour 1 m² (en mW)

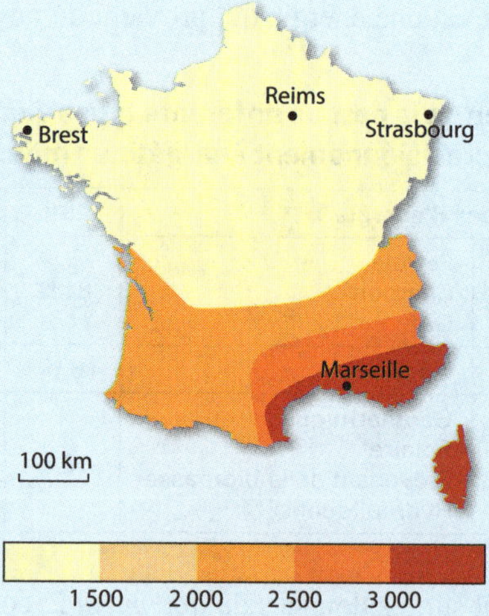

Carte de la moyenne de l'ensoleillement (en heures par année)

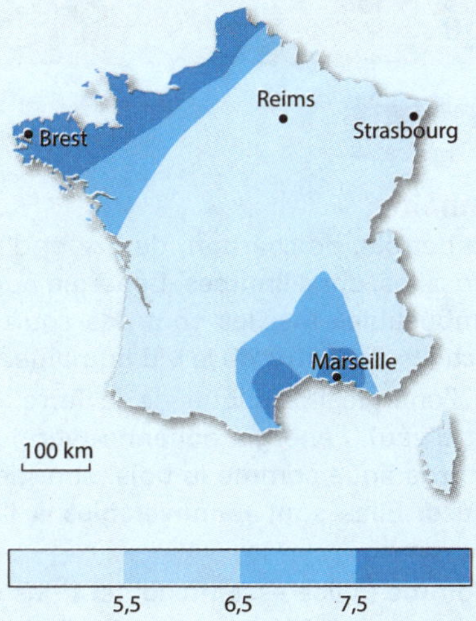

Carte de la vitesse moyenne des vents (en m/s)

Doc. 4 **Les avantages et les inconvénients de trois énergies renouvelables**

Énergie	Géothermique	Solaire	Éolienne
Avantage	Ressource inépuisable à l'échelle d'une vie humaine		
Inconvénients	Une centrale géothermique n'est installée qu'à partir d'un débit d'énergie en surface suffisant (supérieur à 120 mW/m^2).	Certains panneaux solaires ne sont pas rentables si la durée d'ensoleillement ne dépasse pas 1 800 heures de soleil par an.	Une éolienne ne produit pas d'électricité si la vitesse du vent est inférieure à 7,5 m/s.

2 À partir des informations des *documents 3* et *4*, citer (sans justifier) la ou les énergies renouvelables les plus pertinentes pour les trois villes françaises suivantes : Strasbourg, Brest et Marseille.

3 À partir des *documents 1* à *4*, proposer une solution à l'approvisionnement énergétique de la ville de Reims. Justifier votre réponse.

Sujet 11 Corrigé

Les clés pour réussir

L'essentiel à connaître

- Les gisements de pétrole, de charbon, de gaz et d'uranium sont des sources d'énergie fossiles, donc **limitées.** L'énergie nucléaire et les énergies tirées des combustibles fossiles sont des sources d'énergie **non renouvelables** à l'échelle de temps de la vie humaine.
- L'énergie solaire, l'énergie thermique de la Terre, l'énergie hydraulique (déplacement d'eau), l'énergie éolienne (vent) et l'énergie de la biomasse (matière organique comme le bois) sont des sources d'énergie **presque illimitées**. Elles sont **renouvelables** à l'échelle d'une vie humaine.
- Actuellement, l'Homme utilise **essentiellement** des sources d'énergie non renouvelables qui s'épuiseront un jour. Il essaie donc de **développer** l'utilisation des sources d'énergie renouvelables.

Analyser l'énoncé et les documents

- Prenez le temps de lire attentivement le *document 1*, car il comporte des définitions des types d'énergie. Comparez ces définitions avec celles que vous connaissez en vous concentrant sur les points communs.
- Identifiez l'objectif du tableau du *document 2* : il vous montre la part de chaque type d'énergie et l'évolution de ces parts entre 2010 et 2035. Il permet de savoir si la part d'un type d'énergie va stagner, baisser ou augmenter.
- Repérez le point commun aux trois cartes du *document 3* : elles permettent de repérer géographiquement quelles sources d'énergie sont les plus intéressantes. Identifiez les unités utilisées pour quantifier chaque source d'énergie en soulignant chacune d'elles avec une couleur différente.
- Relevez les valeurs indiquées dans le tableau du *document 4* en les soulignant avec les mêmes couleurs que celles utilisées pour le *document 3.*

Bien comprendre les questions

Question 1

- Pour chaque type d'énergie, comparez la part en pourcentage prévue en 2035 avec la part connue en 2010 et indiquez si cette part a augmenté, baissé ou stagné.

Question 2

- Localisez chaque ville sur la carte du *document 3*, notez les valeurs de débit d'énergie thermique, de durée d'ensoleillement et de vitesse de vent indiquées pour cette ville. Comparez ces valeurs avec celles indiquées par le *document 4*.

Question 3

- Localisez Reims sur la carte du *document 3*, notez les valeurs de débit d'énergie thermique, de durée d'ensoleillement et de vitesse de vent indiquées pour cette ville. Comparez ces valeurs avec celles indiquées par le *document 4*. Proposez une source d'énergie utilisable à Reims qui remplit toutes les attentes indiquées dans les *documents 1* à *4*.

1 Entre 2010 et 2035, la part des énergies non renouvelables dans l'approvisionnement énergétique mondial devrait baisser (de 81 à 74 %), alors que celle des énergies renouvelables devrait augmenter (de 13 à 20 %). La part de l'énergie nucléaire ne devrait pratiquement pas changer.

L'astuce du prof

Maîtrisez la langue française : utilisez des expressions tirées de la question et du document.

2 À **Strasbourg**, l'énergie renouvelable la plus pertinente est l'**énergie géothermique**.
À **Brest**, l'énergie renouvelable la plus pertinente est l'**énergie éolienne**.
À **Marseille**, les énergies renouvelables les plus pertinentes sont l'**énergie solaire** et l'**énergie éolienne**.

3 À Reims, l'utilisation de l'énergie éolienne n'est pas pertinente, car la vitesse moyenne des vents est inférieure à 7,5 m/s ; les éoliennes ne fonctionnent pas.
L'utilisation de l'énergie solaire n'est pas pertinente, car la durée moyenne d'ensoleillement est inférieure à 1 500 heures par an ; les panneaux solaires ne sont pas rentables.
Enfin, l'utilisation de l'énergie géothermique n'est pas pertinente, car le débit géothermique inférieur à 110 mW/m^2 n'est pas suffisant pour installer une centrale (*documents 3* et *4*).
De plus, le charbon, le gaz et le pétrole étant des sources d'énergie non renouvelables, il n'est pas souhaitable de les exploiter (*document 1*).
Enfin, l'utilisation du nucléaire ne devrait pas se développer d'ici 2035, car il s'agit d'une énergie non renouvelable.
En revanche, l'exploitation de la biomasse serait une solution pour l'approvisionnement énergétique de la ville de Reims (*document 2*).

L'astuce du prof

Indiquez entre parenthèses le document qui a servi à justifier votre réponse.

SVT

Sujet 12 L'implant contraceptif

25 pts — 30 min

Asie, juin 2019

Un jeune couple ne souhaite pas d'enfant dans l'immédiat. Il consulte un médecin qui leur présente les différentes méthodes contraceptives. Le couple fait le choix d'utiliser l'implant contraceptif qui agit sur les quantités d'hormones sexuelles de la femme.

Doc. 1 Une communication hormonale entre le cerveau et les ovaires

Différentes hormones entraînent des modifications au sein du système reproducteur féminin en vue d'une éventuelle fécondation.
Des glandes situées à la base du cerveau fabriquent puis libèrent des hormones cérébrales qui vont agir sur les ovaires.
Ces derniers vont alors produire des hormones ovariennes qui provoqueront l'ovulation (émission d'un ovule par l'ovaire).

D'après www.passeportsante.net/fr/grossesse

1 À partir du *document 1*, compléter le schéma fonctionnel ci-dessous, montrant comment la communication entre le cerveau et les ovaires permet le contrôle de l'ovulation.

Titre : ....

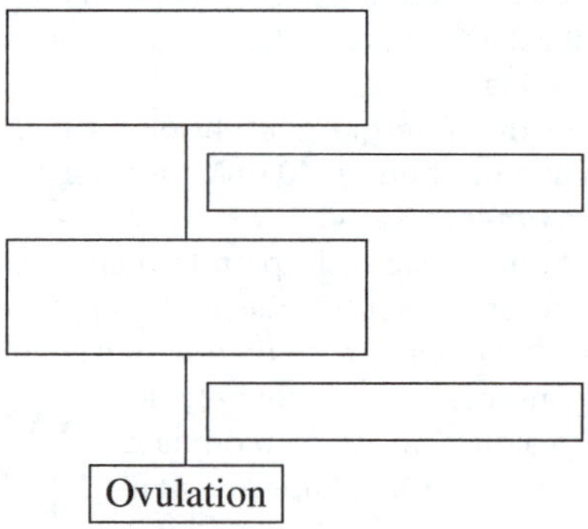

Doc. 2 L'implant contraceptif

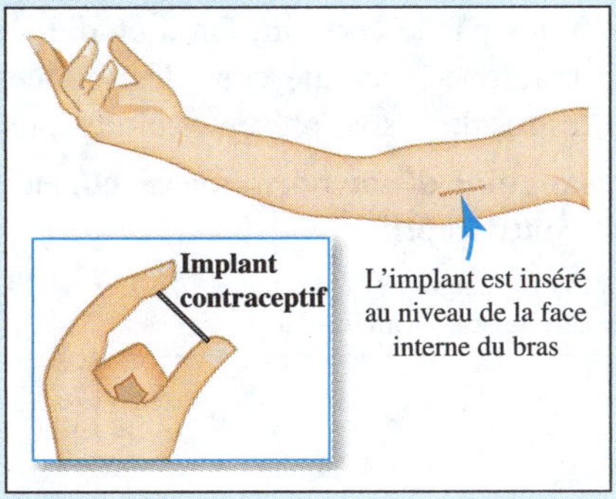

L'implant contraceptif se présente sous la forme d'un bâtonnet souple de 4 cm de longueur et 2 mm de diamètre. Inséré au niveau du bras, il libère de manière continue pendant trois ans une hormone de synthèse (hormone fabriquée en laboratoire).

D'après http//:agence-prd.ansm.sante.fr et http//:www.choisirsacontraception.fr

2 **a.** À l'aide de vos connaissances, rappeler ce qu'est la contraception.
b. À l'aide de vos connaissances, citer trois moyens de contraception.

3 En utilisant les *documents 3a* et *3b*, cocher la bonne réponse pour chaque proposition.

a. Le graphique du *document 3a* représente l'évolution de la concentration sanguine :
☐ d'une hormone cérébrale au cours d'un cycle, avec un implant contraceptif.
☐ d'une hormone ovarienne au cours d'un cycle, avec un implant contraceptif.
☐ d'une hormone cérébrale au cours d'un cycle, sans implant contraceptif.
☐ d'une hormone ovarienne au cours d'un cycle, sans implant contraceptif.

b. D'après le *document 3a*, le pic de concentration des hormones cérébrales a lieu le :
☐ 10e jour du cycle.
☐ 14e jour du cycle.
☐ 20e jour du cycle.

c. D'après les *documents 3a* et *3b*, on peut conclure que :
☐ l'ovulation a lieu juste avant un pic de l'hormone LH.
☐ l'implant contraceptif permet un pic de l'hormone LH au 14e jour du cycle.
☐ il n'y a pas d'ovulation s'il n'y a pas de pic de l'hormone LH juste avant.

d. D'après les *documents 3a* et *3b*, la présence d'un implant :
☐ favorise l'ovulation.
☐ n'a pas d'effet sur l'ovulation.
☐ empêche l'ovulation.

4 À l'aide de l'ensemble des documents et de vos connaissances, expliquer comment l'implant contraceptif empêche une fécondation, et donc une grossesse.

SVT

Doc. 3 **Le mode d'action de l'implant contraceptif**

La LH est une des hormones produites par le cerveau. On a étudié les concentrations sanguines de cette hormone cérébrale chez des femmes avec et sans implant contraceptif. Les résultats sont présentés ci-dessous.

a. Évolution de la concentration sanguine d'une hormone cérébrale au cours d'un cycle sans implant contraceptif

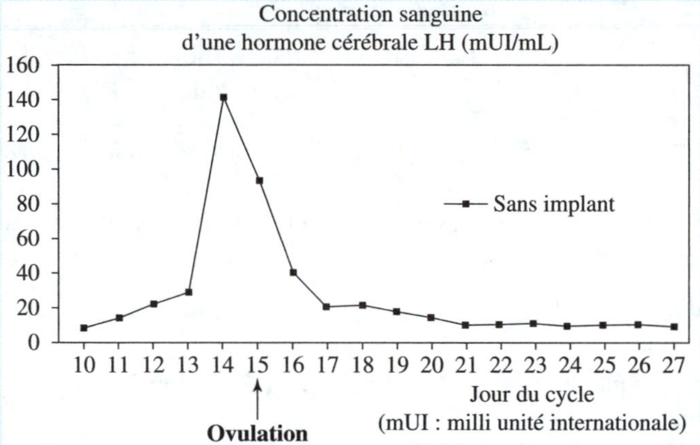

b. Évolution de la concentration sanguine d'une hormone cérébrale au cours d'un cycle avec implant contraceptif

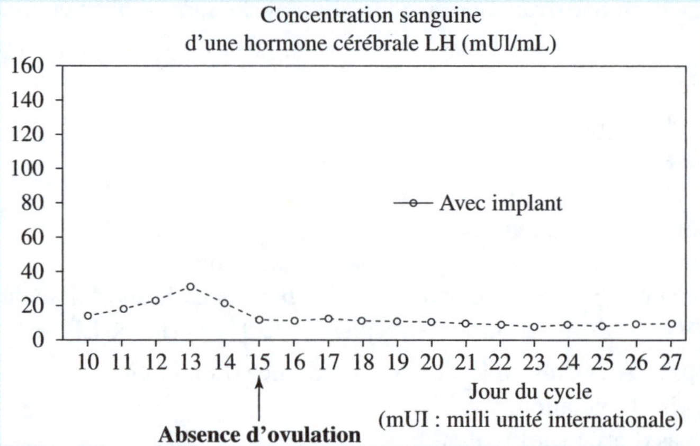

Source : Alvarez F., Brache V., Tejada AS., et al : Abnormal endocrine profile among women with confirmed or presumed ovulation during long-term Norplant use. Contraception 33:111, 1986.

Remarque : on appelle pic d'hormone une augmentation importante rapide et brève de la concentration hormonale.

Sujet 12 Corrigé

Les clés pour réussir

L'essentiel à connaître

- La **contraception** désigne l'ensemble des **méthodes** dont le but est d'**empêcher** la **fécondation** et/ou l'**implantation de l'embryon** et donc d'**éviter une grossesse**.
- Les **ovaires** produisent et libèrent des **hormones** qui provoquent indirectement l'**ovulation**. Une **hormone** est une substance produite et libérée dans le **sang** par une glande et qui a une action sur des **organes cibles**.
- Des **glandes** situées à la base du cerveau (**hypothalamus** et **hypophyse**) produisent et libèrent des hormones qui **contrôlent l'activité des ovaires**.
- L'**hypophyse** produit et libère un pic de concentration d'hormone (**LH**) qui provoque l'ovulation **24 heures plus tard**.

Analyser l'énoncé et les documents

- Lisez l'ensemble des documents et des questions avant de répondre à la question **1** afin de mesurer l'étendue du sujet et sa progression.
- Repérez dans le texte les glandes et les hormones qu'elles produisent (*document 1*).
- Identifiez le type de contraception illustrée : mécanique ou chimique (*document 2*).
- Comparez l'évolution des concentrations de LH avec et sans implant contraceptif, et repérez la conséquence sur l'ovulation (*document 3*).

Bien comprendre les questions

Question 1

- Complétez les cadres reliés entre eux avec le nom des glandes et les autres cadres avec le nom des hormones.

Question 2

a. Précisez comment la contraception permet d'éviter une grossesse.
b. Indiquez seulement le nom précis de trois moyens de contraception sans détailler leur mode d'action.

Question 3

- Procédez par élimination pour ne conserver que la bonne proposition.

Question 4

- Rédigez une explication en citant au moins un élément extrait de chaque document et en mettant ces éléments en relation entre eux et avec vos connaissances.

SVT

1 Une communication hormonale entre le cerveau et les ovaires

Glandes situées à la base du cerveau

↓ Hormones cérébrales

Ovaire

↓ Hormones ovariennes

Ovulation

L'astuce du prof

Recopiez des extraits précis du texte de référence pour compléter le schéma.

2 a. La contraception est l'**ensemble des moyens utilisés volontairement par un couple pour éviter une grossesse lors d'un rapport sexuel.** Il peut s'agir de moyens mécaniques ou chimiques qui empêchent la fécondation et/ou l'implantation de l'embryon.

b. Citons trois moyens de contraception :
- le **préservatif** (masculin ou féminin) ;
- la **pilule contraceptive** ;
- le **dispositif intra-utérin.**

Vocabulaire

Contraception vient de l'association des mots contre et conception (sous-entendu la conception d'un enfant). C'est un mot-valise.

Gagnez des points !

Évitez de citer l'implant contraceptif mentionné dans un des documents.

3 a. Le graphique du *document 3a* représente l'évolution de la concentration sanguine d'une **hormone cérébrale** au cours d'un cycle **sans implant contraceptif.**

b. D'après le *document 3a*, le pic de concentration des hormones cérébrales a lieu **le 14e jour** du cycle.

c. D'après les *documents 3a* et *3b*, on peut conclure qu'il n'y a **pas d'ovulation s'il n'y a pas de pic de l'hormone LH juste avant.**

d. D'après les *documents 3a* et *3b*, la présence d'un implant **empêche l'ovulation.**

4 L'implant contraceptif contient une **hormone de synthèse** (*document 2*) qui diffuse dans le corps de la femme grâce au sang. En présence de cet implant, les glandes situées à la base du cerveau **modifient leur activité.** Or, on sait que les hormones cérébrales **contrôlent l'activité des ovaires** (*document 1*). On constate, en outre, que **la présence de l'implant** entraîne **l'absence de pic** de concentration de l'hormone LH et que cette **absence de pic** provoque une **absence d'ovulation** (*document 3*). Or, on sait que **sans ovulation**, il n'y a **pas de fécondation possible** et donc **pas de grossesse.**

L'astuce du prof

Distinguez bien ce qui vient des documents (par exemple en les citant entre parenthèses) et ce qui vient de vos connaissances (par exemple en le soulignant en couleur).

Sujet 13 L'origine du sirop d'érable

25 pts · 30 min

Pondichéry, mai 2018

Dans ce sujet, on s'intéresse à la synthèse et au transport de matières organiques chez les végétaux.

1 À partir du *document 1*, répondre aux questions suivantes :

a. L'absorption de l'eau et des sels minéraux correspond-elle à la lettre A, B, C ou D ?

b. La synthèse de la matière organique à partir de matières minérales correspond-elle à la lettre A, B, C ou D ?

c. Le stockage de la matière organique dans un organe souterrain correspond-il à la lettre A, B, C ou D ?

d. Le transport de la matière organique sous forme de saccharose correspond-il à la lettre A, B, C ou D ?

2 À partir des *documents 1* et *2*, expliquer pourquoi il ne peut pas y avoir d'amidon dans la sève élaborée d'un végétal.

Doc. 1 Production et transport de matière au sein d'une plante

Les plantes chlorophylliennes synthétisent dans leurs feuilles de la matière organique à partir de matières minérales (eau, sels minéraux et CO_2) en présence de lumière.
La matière organique produite au niveau des feuilles peut être utilisée immédiatement pour les besoins de la feuille ou transportée sous forme de saccharose puis stockée sous forme de réserves (amidon) dans différents organes (tronc, branches, organes souterrains).
La sève brute, constituée d'eau et de sels minéraux, circule des racines vers l'ensemble des organes de la plante.
La sève élaborée contenant de l'eau et du saccharose circule des feuilles vers les différents organes de la plante.

Remarque : par souci de simplification, la respiration du végétal n'est pas mentionnée dans le schéma ci-après.

SVT

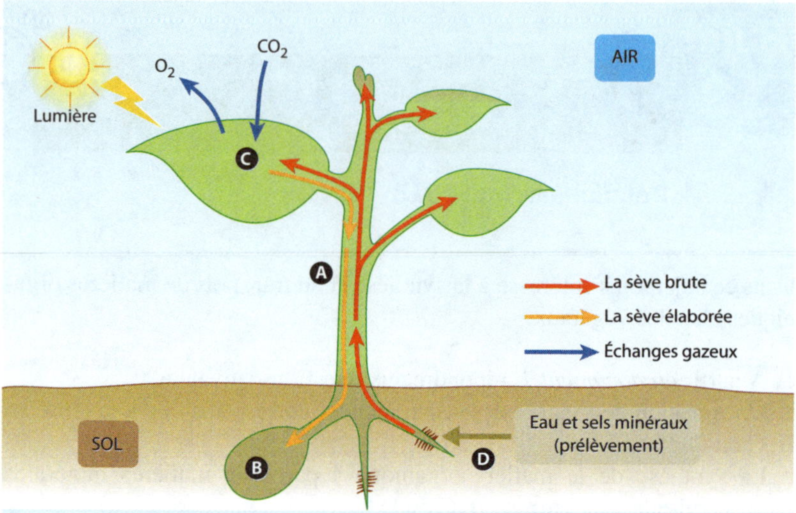

Schéma bilan de la production, du transport et du stockage de matière au sein d'une plante chlorophyllienne

Doc. 2 Propriétés de quatre molécules organiques présentes chez les végétaux

Nom de la molécule	Glucose	Fructose	Saccharose	Amidon
Schéma	●	●	●–●	····●●–●●····
Taille	Petite taille		Grande taille	
Propriété	Soluble dans l'eau		Insoluble dans l'eau	

Intéressons-nous maintenant à l'érable, un arbre utilisé pour produire du sirop d'érable.

Les producteurs de sirop d'érable collectent l'eau d'érable au début du printemps. Une entaille dans le tronc de l'arbre permet de récupérer l'eau d'érable qui contient 2 % à 3 % de saccharose.

3 À partir des *documents 1* et *3*, nommer la sève ayant la composition la plus proche de l'eau d'érable. Justifier votre réponse.

Doc. 3 Récolte de l'eau d'érable

D'après https://fr.wikipedia.org/wiki/Sirop_derable

Chez l'érable au printemps, le gel et le dégel provoquent la transformation de l'amidon stocké dans le tronc en saccharose. Celui-ci peut alors passer dans la sève.

Doc. 4 Tableau de comparaison de la composition des deux sèves et des lieux de stockage des sucres dans un érable en fonction des saisons

	Composition et mouvements des sèves		Matières et lieu de stockage des sucres
	Sève brute	**Sève élaborée**	
Été	Circulation d'eau et de sels minéraux	Circulation d'eau et de saccharose	Stockage d'amidon dans le tronc et les branches
Début du printemps	Circulation d'eau, de sels minéraux et de saccharose	Elle n'est pas produite jusqu'à l'apparition des feuilles.	Transformation de l'amidon stocké dans le tronc en saccharose

4 À partir des *documents 3* et *4*, expliquer que le saccharose de l'eau d'érable récoltée au début du printemps provient de la sève brute et non pas de la sève élaborée comme on pourrait le penser. Vous expliquerez l'origine du saccharose dans la sève brute seulement au début du printemps.

Sujet 13 Corrigé

Les clés pour réussir

L'essentiel à connaître

- Les **végétaux verts (chlorophylliens)** produisent leur propre matière à partir de matières exclusivement minérales : CO_2, eau et ions minéraux dissous dans l'eau. L'eau et les ions minéraux circulent dans la **sève brute**.
- La matière produite par les végétaux est de la **matière organique**, car constituée de molécules organiques : **protides, lipides et glucides.**
- La matière organique est produite dans les **feuilles**. Il s'agit **essentiellement** de **saccharose** (un glucide).
- Le saccharose produit est utilisé sur place ou **exporté** vers les autres organes du végétal grâce à la **sève élaborée.**
- Pendant l'hiver, de nombreux végétaux **stockent** des réserves de **glucides** dans des organes souterrains (racines, bulbes, tubercules...).
- Au **printemps**, les glucides des réserves sont **mobilisés et distribués** dans tout le végétal pour fabriquer les nouvelles feuilles.

Analyser l'énoncé et les documents

- Lisez attentivement le *document 1* sur la nutrition des végétaux chlorophylliens. Faites le lien entre le texte et les éléments du schéma.
- Identifiez les propriétés des glucides présentées dans le *document 2* et associez-les entre elles.
- Déterminez à quelle sève pourrait correspondre l'eau d'érable présentée par le *document 3.*
- Relevez des informations sur la composition de l'eau d'érable et des sèves pour les comparer dans les *documents 1* et *3.*
- Expliquez deux phénomènes qui ont lieu au début du printemps chez l'érable :
  – la sève brute contient du saccharose ;
  – le saccharose ne provient pas des feuilles puisque l'arbre n'en a pas encore.

Bien comprendre les questions

Question 1

- Associez chaque fonction (production de matière, transport...) à sa localisation dans la plante (feuilles, tiges, racines, organe de stockage).

Question 2

- Utilisez vos connaissances sur les termes « soluble » et « insoluble ».

Question 3

- Nommez la sève qui contient de l'eau et du saccharose comme l'eau d'érable.

Question 4

- Utilisez toutes les informations de la dernière ligne du tableau du *document 4*.

1 **a.** L'absorption de l'eau et des sels minéraux correspond à la lettre **D**.

b. La synthèse de matière organique à partir de matières minérales correspond à la lettre **C**.

c. Le stockage de la matière organique dans un organe souterrain correspond à la lettre **B**.

d. Le transport de la matière organique sous forme de saccharose correspond à la lettre **A**.

2 Le *document 2* indique que l'**amidon** est un enchaînement de molécules de glucose. Il s'agit d'une molécule de grande taille qui est **insoluble** dans l'eau. Or, la sève élaborée est essentiellement faite d'eau, donc elle ne peut pas contenir d'amidon. Le *document 1* précise que la sève élaborée contient du **saccharose**, un glucide **soluble** dans l'eau.

L'astuce du prof

Les noms des glucides se terminent souvent en -ose, sauf pour l'amidon.

3 La sève ayant la composition la plus proche de l'eau d'érable est **la sève élaborée**, car elle contient de l'eau et du saccharose (*document 1*), et l'eau d'érable contient 2 à 3 % de saccharose (*document 3*).

4 On pourrait penser que le saccharose de l'eau d'érable provient de la sève élaborée, mais ce n'est pas le cas. En effet, **au début du printemps**, lors de la récolte de l'eau d'érable, il n'y a **pas de production de sève élaborée** (*document 4*). Au contraire, à cette période, la sève brute circule et contient du saccharose. Le **saccharose de l'eau d'érable provient bien de la sève brute** (*document 3*).

Par ailleurs, le saccharose contenu dans la sève brute provient de la **transformation de l'amidon contenu dans le tronc et les branches**. Cet amidon (glucide) a été mis en réserve pendant tout l'été et est utilisé au début du printemps pour nourrir les organes qui en ont besoin.

Gagnez des points !

Lors d'une explication, reprenez à votre compte les expressions utilisées dans l'intitulé de la question.

Sujet 14 — Un étang envahi par des plantes aquatiques

25 pts — 30 min

Sujet zéro, janvier 2018

En été, certains étangs sont envahis par une plante, l'élodée de Nutall. En 2009, la prolifération a été si forte que plusieurs journaux ont produit des articles décrivant ce phénomène dans la région des Hauts-de-France.

Pour comprendre comment les élodées peuvent envahir l'étang, on s'intéresse d'abord à leurs besoins nutritifs. Les élodées étant des végétaux verts, on suppose qu'elles fabriquent leur propre matière organique en présence de lumière et en utilisant le dioxyde de carbone et de la matière minérale. On réalise les expériences décrites dans le tableau ci-dessous (*document 1*). La recherche de la matière organique produite par l'élodée se fait par une coloration à l'eau iodée : une coloration noirâtre révèle la présence d'amidon. L'amidon fait partie de la matière organique.

Doc. 1 Cultures d'élodées dans différentes conditions et recherche de matière organique

	Élodées placées à la lumière et dans une eau riche en dioxyde de carbone	**Élodées placées à la lumière et dans une eau appauvrie en dioxyde de carbone**
Observations au microscope des feuilles d'élodées au début de l'expérimentation après coloration à l'eau iodée		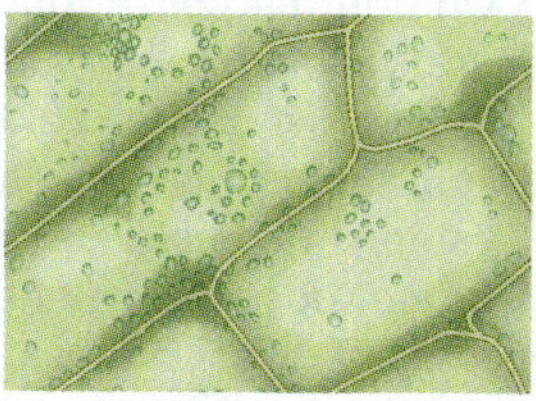
Observations au microscope des feuilles d'élodées à la fin de l'expérimentation après coloration à l'eau iodée	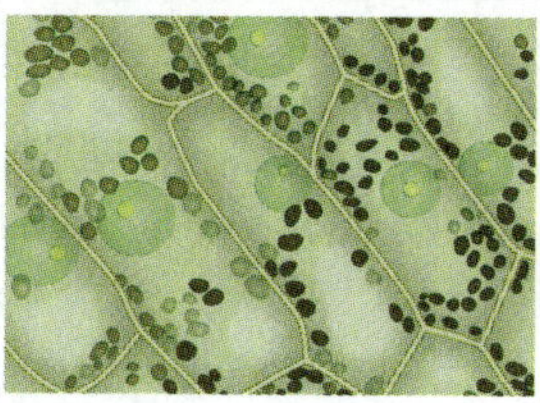	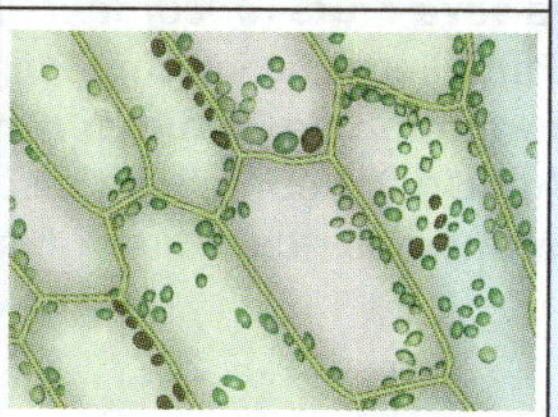

	Élodées placées à la lumière et dans une eau riche en dioxyde de carbone	Élodées placées à la lumière et dans une eau appauvrie en dioxyde de carbone
Détail d'une cellule	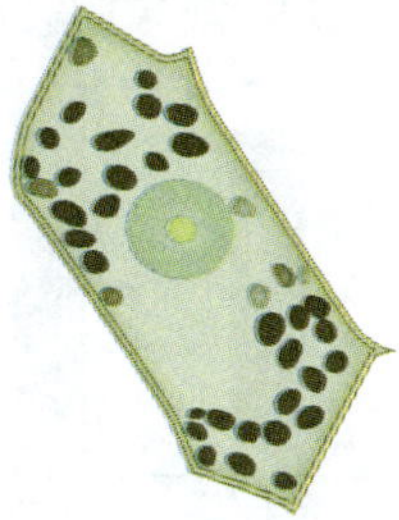	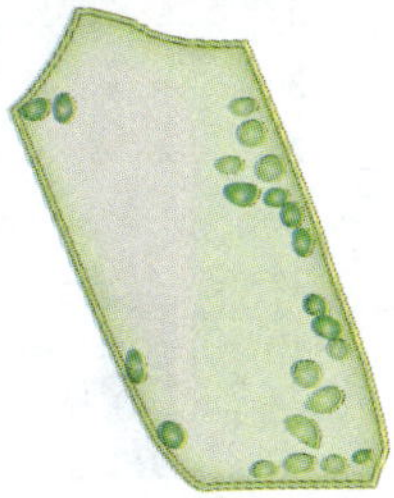

1 À partir du *document 1*, cocher la (ou les) bonne(s) réponse(s).
L'expérience réalisée et présentée permet :

☐ de tester le rôle de la lumière dans la production de matière organique et de montrer que la lumière est indispensable pour cette production.

☐ de tester le rôle de la lumière dans la production de matière organique et de montrer que la lumière n'a pas de rôle dans cette production.

☐ de tester le rôle du dioxyde de carbone dans la production de matière organique et de montrer que le dioxyde de carbone est indispensable pour cette production.

☐ de tester le rôle du dioxyde de carbone dans la production de matière organique et de montrer que le dioxyde de carbone n'a pas de rôle dans cette production.

2 Pour comprendre comment les élodées ont pu envahir l'étang, on cherche le rôle d'un composé chimique, l'azote, contenu dans l'eau de l'étang.
On cultive six lots d'élodées de Nutall en contrôlant pour chacun des lots la concentration en azote dans le liquide apporté aux plantes. Le graphique ci-après (*document 2*) présente les résultats obtenus en 7 jours.

Déduire de cette expérience le rôle de l'azote dans la croissance des élodées.

Doc. 2 Taille de l'élodée et quantité d'azote

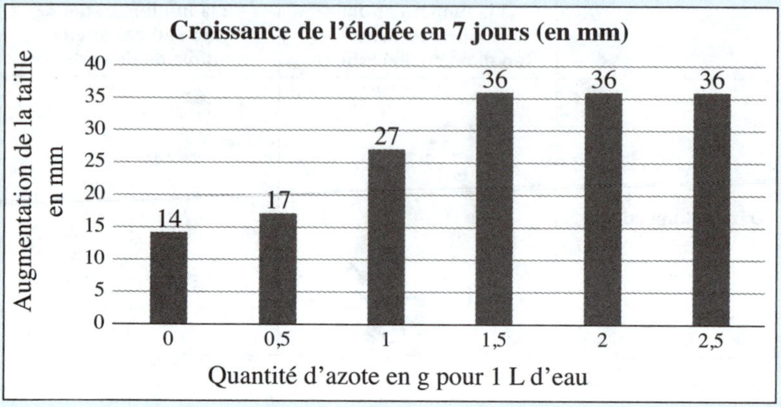

À partir de Sciences-project.com et du site de SVT de l'académie de Toulouse

3 La prolifération de l'élodée de Nutall dans les étangs gêne les activités nautiques et aquatiques et a un impact économique fort sur le tourisme. Or certaines villes, comme celle dont il est question ci-dessous, réussissent à les éliminer en un an. On cherche à comprendre selon quel procédé.
En 2009, les analyses de l'eau des étangs de cette ville où prolifèrent les élodées de Nutall ont mis en évidence la présence de taux anormalement élevés de composés chimiques qui stimulent la croissance des élodées. On sait que ces substances minérales peuvent avoir plusieurs origines mais qu'elles proviennent essentiellement des champs cultivés et sont apportées par les eaux de ruissellement qui se déversent dans les étangs.

Pour l'un des étangs envahis, la ville a décidé :
– de concevoir et de fabriquer un bateau qui est une tondeuse subaquatique d'élodée de Nutall ;
– d'informer les agriculteurs sur les bons dosages d'engrais à utiliser ;
– de traiter certaines des eaux d'écoulement qui arrivent dans les étangs.

Expliquer comment les trois actions entreprises par la ville ont pu permettre d'éliminer l'élodée de Nutall en un an.

Sujet 14 Corrigé

Les clés pour réussir

L'essentiel à connaître

- Les **végétaux verts** se nourrissent exclusivement de **matières minérales** prélevées dans leur milieu de vie : eau, dioxyde de carbone, ions minéraux.
- Grâce à ces matières minérales et à l'énergie solaire, les végétaux verts produisent leur propre **matière organique**.
- La matière organique des végétaux est constituée d'**assemblages de cellules** qui forment les feuilles, les tiges, les racines, etc.
- Les organes des végétaux sont eux-mêmes constitués de molécules de **protides**, de **lipides** et de **glucides**.
- Plus la quantité de matières minérales disponible est importante, plus les végétaux produisent de la matière organique (il existe des limites).
- Les **engrais** sont des mélanges de matières minérales destinés à doper la croissance des végétaux verts.

Analyser l'énoncé et les documents

- Prenez le temps de bien lire l'énoncé et les titres des documents pour relier leurs informations à vos connaissances à propos de la nutrition des végétaux verts.
- Observez attentivement les photographies du *document 1* en les comparant deux par deux, et en gardant à l'esprit l'intérêt du test à l'eau iodée.
- Repérez la croissance des élodées dans le graphique du *document 2*. Sur quel axe apparaît-elle ? Dans quelle unité est-elle exprimée ?
- Lisez attentivement le texte du *document 3* et soulignez les mots ou les expressions en rapport avec le sujet.

Bien comprendre les questions

Question 1

- Vérifiez les deux parties de chaque affirmation (séparées par « **et** ») et ne cochez qu'une seule case.

Question 2

- Décrivez précisément l'évolution de la taille des élodées en fonction de la quantité d'azote apportée.

Question 3

- Chaque action de la ville doit être mise en relation avec les résultats présentés dans le *document 2* et si possible avec vos connaissances.

1 Les deux colonnes du tableau du *document 1* indiquent que la **variable testée** est la présence ou l'absence de dioxyde de carbone dans la culture d'élodée. Le **test réalisé** (eau iodée) a pour but la recherche de production de matière organique par les élodées. Ainsi, la bonne réponse est la troisième proposition : « l'expérience, réalisée et présentée dans le *document 1*, permet de tester le rôle du dioxyde de carbone dans la production de matière organique **et** de montrer que le dioxyde de carbone est indispensable à cette production ».

2 L'examen du graphique du *document 2* révèle que les élodées de Nutall grandissent **même en l'absence d'azote** (+ 14 mm en une semaine), mais il révèle aussi que plus il y a d'azote dans le milieu de culture, plus la croissance des élodées est importante. En effet, pour 1,5 g d'azote par litre d'eau, la croissance des élodées est de 36 mm, **soit 2,5 fois plus forte qu'en l'absence d'azote.**

L'azote stimule donc fortement la **croissance** des élodées : c'est un engrais. Cependant, il existe une **limite** à l'effet de l'azote, puisqu'on constate qu'au-delà de 1,5 g d'azote par litre, la croissance des élodées n'est pas plus forte.

> **Gagnez des points !**
> Face à un graphique, efforcez-vous d'utiliser tous les résultats présentés.

3 La tondeuse subaquatique utilisée par la ville permet de **détruire** les élodées en croissance et éventuellement de les **retirer** de l'étang si elle possède un panier de ramassage.

L'information des agriculteurs locaux permet de **réduire** la quantité d'engrais utilisé dans les champs et ainsi de **diminuer** la quantité d'**engrais** présent dans les **eaux de ruissellement** qui parviennent à l'étang.

Le traitement des eaux d'écoulement, surtout en période touristique, permet aussi de **réduire la quantité de composés chimiques** qui parviennent à l'étang.

Sachant que des matières minérales stimulent la croissance des élodées, la réduction de la quantité de ces matières dans les eaux qui s'écoulent vers l'étang a permis de limiter la croissance des élodées de Nutall et de s'en débarrasser en une seule année.

> **L'astuce du prof**
> Explicitez le rôle de chaque action menée et terminez par une conclusion pour répondre à la question posée.

Sujet 15 Le syndrome de Klinefelter

25 pts
30 min

Amérique du Nord, juin 2017

Le syndrome de Klinefelter est une anomalie chromosomique caractérisée par un caryotype comprenant 47 chromosomes, dont 3 chromosomes sexuels XXY.

Doc. 1 Le syndrome de Klinefelter

Ce syndrome affecte en particulier le développement physique d'individus de sexe masculin. Les individus atteints ont généralement des petits testicules qui ne produisent pas autant de testostérone que la normale [...] La testostérone est l'hormone qui est impliquée dans le développement sexuel masculin avant la naissance. Pendant la puberté, elle intervient également en moyenne entre 10 et 18 ans chez les garçons. Le manque de testostérone chez les individus atteints va conduire à une puberté tardive et anormale. Chez eux, le développement des seins, la réduction des poils du visage et du corps seront associés à une incapacité à avoir des enfants (infertilité) [...].

D'après https://www.nlm.nih.gov/U.S. National Library of Medicine.

1 À partir du *document 1*, cocher pour chaque phrase **la** proposition exacte.

a. Le syndrome de Klinefelter :
☐ trouve son origine dans une infection bactérienne.
☐ est dû à la présence d'un chromosome sexuel supplémentaire.
☐ est dû à l'absence totale de testicules.

b. La puberté :
☐ est anormale chez le garçon atteint du syndrome de Klinefelter.
☐ intervient avant 6 ans chez l'enfant atteint du syndrome de Klinefelter.
☐ ne s'accompagne pas de modification physique.

c. Un manque de testostérone peut conduire à :
☐ un développement des poils chez une fille.
☐ l'apparition de seins chez le garçon.
☐ une puberté avant l'âge de 5 ans.

SVT

Doc. 2 **Évolution du taux de testostérone dans le sang en fonction de l'âge chez le garçon et l'adolescent (entre 5 et 18 ans)**

Âge en années	Taux moyen de testostérone plasmatique en ng*/dL Individu non atteint du syndrome de Klinefelter	Taux moyen de testostérone plasmatique en ng*/dL Individu atteint du syndrome de Klinefelter
5 ans	Traces	Traces
10 ans	Traces	Traces
12 ans	10	3
13 ans	120	3
18 ans	520	4

Sources : http://acces. ens-lyon.fr/biotic/procreat/determin /html/puberHorm.htm et International Journal of Endocrinology : Clinical presentation of Klinefelter's syndrome.

* ng : nanogrammes (10^{-9} grammes).

2 En s'appuyant sur des données chiffrées du *document 2*, comparer l'évolution du taux de testostérone dans le sang, chez un individu atteint du syndrome de Klinefelter et chez un individu non atteint, au cours de la puberté.

Doc. 3 **Un traitement pour compenser le manque de testostérone**

Il n'existe pas de traitement qui guérisse complétement les manifestations de ce syndrome. [...] Dans la plupart des cas, le traitement consiste en une hormonothérapie* à base de testostérone qui devrait, de l'avis de certains médecins, être entreprise dès la puberté. [...]
Ce traitement administré régulièrement contribue au développement des caractéristiques masculines secondaires (pilosité, voix grave, développement de la musculature) et peut éviter le développement des seins. [...]

D'après http://klinefelter.valentin-apac.org/articles.php?lng=fr&pg=6, lu et validé par le Dr Nicole Morichon-Delvallez (Hôpital Necker), Article écrit le 22 janvier 2007.

* Hormonothérapie : traitement par injection d'hormones.

3 Des parents consultent un médecin spécialiste pour leur fils atteint du syndrome de Klinefelter qui prescrit le traitement décrit dans le *document 3*. Préciser les éléments qui ont permis d'élaborer le diagnostic et justifier le traitement prescrit par le médecin. Un texte construit est attendu, il devra s'appuyer sur des arguments tirés des **trois** documents.

Sujet 15 Corrigé

Les clés pour réussir

L'essentiel à connaître

- Les chromosomes portent les **gènes** qui interviennent dans **l'expression des caractères** détectables ou observables.
- Les **caractères sexuels primaires** (l'organisation des appareils sexuels) se mettent en place **pendant la vie embryonnaire.**
- Les **caractères sexuels secondaires** (pilosité, développement des testicules...) se mettent en place **au cours de la puberté,** entre 12 et 18 ans.
- La **testostérone**, hormone produite par les testicules, est responsable du fonctionnement de l'appareil génital chez l'homme et de l'apparition des caractères sexuels secondaires chez les garçons. Le **taux plasmatique** d'une hormone est la quantité de cette hormone dans un volume donné de plasma (partie liquide du sang).
- Un **syndrome** désigne l'ensemble des symptômes qui caractérise une maladie.

Analyser l'énoncé et les documents

- Lisez attentivement le *document 1* pour repérer le vocabulaire spécifique aux SVT. Cherchez les définitions des termes dans le document lui-même ou faites appel à vos connaissances.
- Analysez le titre du tableau et les titres de ses colonnes (*document 2*). Cette analyse doit vous permettre de comprendre le but du tableau.
- Soulignez ou surlignez les sujets et les verbes du texte du *document 3*. Lisez le texte en associant chaque sujet avec son verbe pour bien comprendre la signification du texte.

Bien comprendre les questions

Question 1

- Lisez attentivement chaque proposition. Chaque mot compte pour déterminer la proposition exacte (par exemple, « absence **totale** de testicules »).

Question 2

- Citez, pour les deux cas, des valeurs des taux moyens de testostérone à 12 ans et à 18 ans pour bien montrer l'évolution au cours de la puberté (pensez à donner l'unité).
- Indiquez si l'évolution est une baisse, une stagnation ou une augmentation.
- Précisez si les variations sont fortes ou faibles.

Question 3

• Cherchez les éléments de diagnostic du syndrome de Klinefelter dans les deux premiers documents en dressant une liste des symptômes présents chez le patient. Justifiez le traitement prescrit par le médecin en montrant ce qu'il permet de corriger chez le patient.

1 Les propositions exactes sont les suivantes :

a. Le syndrome de Klinefelter est dû à la présence d'un **chromosome sexuel supplémentaire.**

b. La puberté est **anormale** chez le garçon atteint du syndrome de Klinefelter.

c. Un manque de testostérone peut conduire à l'**apparition de seins** chez le garçon.

Attention

Il n'y a qu'une seule proposition exacte par phrase.

2 Au cours de la puberté, le taux moyen de **testostérone** chez l'individu non atteint **augmente fortement**, passant de 10 à 520 ng/dL, alors que ce taux **reste presque stable** (autour de 3-4 ng/dL) chez l'individu atteint par le syndrome de Klinefelter.

L'astuce du prof

Commencez la comparaison en décrivant l'évolution chez l'individu non atteint par le syndrome, car il sert de référence.

3 Le diagnostic du syndrome a été fait en **constatant** :

– la présence de seins, de **petits testicules**, la quasi-absence de poils sur le visage ;

– le **taux** de testostérone **très faible** ;

– la présence de **trois chromosomes sexuels** XXY (visibles dans un caryotype).

Le traitement par injection de testostérone permet de **compenser la faible production de testostérone** par les testicules trop petits. Ces injections vont permettre d'éviter le développement des seins et **contribuer au développement des caractères sexuels masculins** (musculature, voix...).

Sujet 16 L'angine de Léa

25 pts — 30 min

Amérique du Nord, juin 2019

Léa a 14 ans. Elle souffre de maux de gorge, a du mal à avaler et a de la fièvre.
Sa mère décide de consulter un médecin pour obtenir des antibiotiques.
Le médecin diagnostique une angine provoquée par un micro-organisme responsable des douleurs de Léa. Il lui indique qu'il doit effectuer des examens complémentaires car les antibiotiques ne sont pas donnés automatiquement.

Doc. 1 La détermination de l'origine de l'angine

a. Angine virale ou angine bactérienne

Les symptômes de Léa ont pour origine soit un virus, soit une bactérie.
Un test de diagnostic rapide de l'angine permet de déterminer si l'origine de l'angine est virale ou bactérienne. Il est indolore et ne prend que quelques minutes. Pour réaliser ce test, le médecin fait un prélèvement au niveau de la gorge de Léa avec un écouvillon (sorte de grand coton-tige).

b. Test de diagnostic rapide de l'angine

L'écouvillon est placé dans un tube qui contient quelques gouttes de réactif (= substance mettant en évidence la présence d'un élément chimique). Une bandelette de papier sensible à ce réactif est ensuite placée dans ce tube.
L'apparition de traits sur la bandelette permet de déterminer l'origine d'une angine.

- Si le test est positif, il s'agit bien d'une angine bactérienne.
- Si le test est négatif, l'angine est d'origine virale.

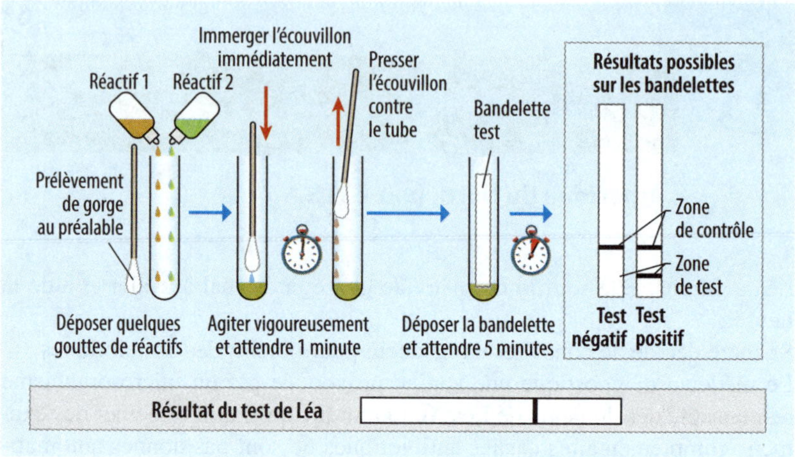

1 Répondre aux questions suivantes en cochant la bonne réponse.

a. Les bactéries sont :
- ☐ des êtres vivants observables au microscope
- ☐ des êtres vivants visibles à l'œil nu
- ☐ des êtres vivants observables à la loupe

b. Les bactéries sont :
- ☐ toutes pathogènes
- ☐ ne rendent pas forcément malades
- ☐ entraînent toujours la mort

c. On rencontre des micro-organismes :
- ☐ dans tous les milieux
- ☐ seulement dans l'air et dans l'eau
- ☐ seulement à l'intérieur des organismes vivants

d. La contamination est :
- ☐ la défense de l'organisme contre les micro-organismes
- ☐ la multiplication des micro-organismes dans l'organisme
- ☐ la pénétration des micro-organismes dans l'organisme

2 À l'aide du *document 1*, déterminer l'origine de l'angine de Léa en justifiant.

Doc. 2 L'action des antibiotiques sur les virus

Des virus sont cultivés en présence de cellules dans des milieux favorables à leur développement avec ou sans ajout d'antibiotiques. Les mesures de la quantité de virus infectant les cellules à partir de six heures de mise en culture sont présentées ci-dessous.

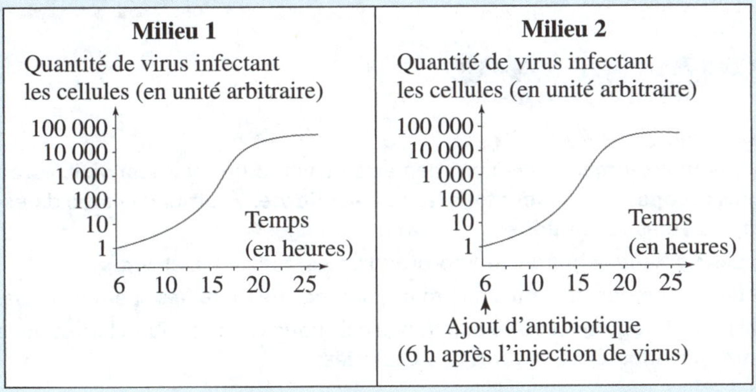

D'après la source : Guide pratique, biologie humaine, *3e, 2002.*

La mère de Léa s'étonne du choix du médecin de ne pas donner d'antibiotique.

3 En utilisant des données extraites uniquement du *document 2*, justifier le choix du médecin.

Doc. 3 L'efficacité des antibiotiques

Les médecins expliquent que les antibiotiques ne sont efficaces que sur les bactéries en bloquant leur croissance.

Des études scientifiques ont montré qu'une prescription inutile et abusive des antibiotiques a des conséquences sur leur efficacité. En voici un exemple :

Évolution de l'efficacité d'un antibiotique (céphalosporines de 3e génération)

Cet antibiotique a été utilisé sur deux types de bactéries (*Escherichia coli* et *Klebsiella pneumoniae*) à l'origine respectivement de maladies intestinales et pulmonaires.

Années / Bactéries	2002	2004	2006	2008	2010	2012
Escherichia coli	> 99 %	> 99 %	98 %	96,2 %	92,8 %	90 %
Klebsiella pneumoniae	100 %	100 %	93,9 %	84,8 %	82,2 %	77,4 %

Les pourcentages indiquent la quantité de bactéries tuées par le traitement antibiotique.

D'après la source : http://invs.santepubliquefrance.fr

4 À l'aide de l'ensemble des documents, reconstituer le raisonnement suivi par le médecin permettant d'expliquer pourquoi, dans le cas de l'angine de Léa, il a choisi de ne pas prescrire d'antibiotique.

Sujet 16 Corrigé

Les clés pour réussir

L'essentiel à connaître

- Les **micro-organismes** sont des êtres vivants uniquement **visibles au microscope**. Ils peuplent **tous les milieux de vie**, y compris le tube digestif, les voies respiratoires et les voies génitales.
- Les **bactéries** sont des micro-organismes, mais pas les **virus**.
- La plupart des bactéries ne provoquent **pas de maladies** chez l'Homme.
- Un **antibiotique** est une substance chimique qui provoque l'arrêt de la multiplication et/ou la mort des **bactéries**.

Analyser l'énoncé et les documents

- Lisez attentivement l'introduction et soulignez les mots importants.
- Cherchez les définitions de ces mots dans les documents eux-mêmes ou dans vos connaissances.
- Comparez les résultats possibles sur les bandelettes test (*document 1*). Cette analyse doit vous permettre de repérer la différence entre un test positif et un test négatif, et de comprendre leur signification.
- Repérez le nom des grandeurs et les unités utilisées dans les graphiques (*document 2*).
- Déterminez l'évolution des pourcentages dans le tableau du *document 3* et identifiez à quoi correspondent ces pourcentages.

Bien comprendre les questions

Question 1

- Lisez attentivement chaque proposition et rappelez-vous que vous ne devez en cocher qu'une seule.

Question 2

- Décrivez d'abord le résultat du test de Léa. Puis comparez-le aux résultats possibles pour l'interpréter.

Question 3

- Comparez l'évolution de la quantité de virus infectant les cellules sans <u>**et**</u> avec antibiotique en vous appuyant sur des valeurs des graphiques. Déduisez-en l'effet des antibiotiques sur les virus.

Question 4

● Rédigez la succession des étapes suivies par le médecin pour prendre sa décision en y intégrant les données du *document 4*.

Vocabulaire

Pathogène signifie : « qui provoque une maladie ».

1 Les propositions exactes sont les suivantes :

a. Les bactéries sont des **êtres vivants observables au microscope**.

b. Les bactéries **ne rendent pas forcément malade**.

c. On rencontre des micro-organismes **dans tous les milieux**.

d. La contamination est la **pénétration des micro-organismes dans l'organisme**.

L'astuce du prof

Commencez par décrire le résultat du test, puis interprétez-le, et finalement concluez.

2 On constate que la bandelette portant le résultat du test chez Léa ne comporte qu'une bande qui correspond à la zone de contrôle. Par ailleurs, on constate également qu'**un résultat positif de test doit comporter deux bandes**.

Par conséquent, on en déduit que le test réalisé par Léa est négatif. Or, on sait qu'un résultat négatif indique une angine d'origine virale.

Donc, Léa est atteinte d'une **angine virale**.

De la méthode

Pour comparer des résultats présentés en graphique, il faut citer des valeurs.

3 On observe que la quantité de virus infectant les cellules est multipliée par 10 000 en quelques heures dans un milieu **sans antibiotique**. On remarque aussi que la quantité de virus infectant les cellules est aussi multipliée par 10 000 en quelques heures dans un milieu **contenant un antibiotique**. Par conséquent, **un antibiotique n'a aucun effet sur la multiplication des virus** qui infectent les cellules. Or, Léa a une angine d'origine virale. Donc, c'est la raison pour laquelle le médecin a décidé de ne pas donner d'antibiotique à Léa.

4 Le médecin réalise d'abord un **test** pour déterminer si l'angine de Léa est causée par des bactéries ou des virus. Grâce au résultat de ce test, il détermine que l'angine de Léa est d'**origine virale.**

Or, le médecin sait que les **antibiotiques** sont sans effet sur les virus, car **ils n'agissent que sur les bactéries** en bloquant leur croissance. Par ailleurs, il sait que l'efficacité des antibiotiques à tuer les bactéries a diminué au fil des années : presque – 25 % d'efficacité pour une céphalosporine destinée à tuer *Klebsiella pneumoniae*, une bactérie des voies pulmonaires.

Il a donc choisi de ne pas prescrire d'antibiotique à Léa pour deux raisons :

– ils sont inefficaces contre les virus ;

– ils perdent de leur efficacité contre les bactéries à force d'être prescrits de **manière abusive**.

L'astuce du prof

Reconstituer le raisonnement du médecin, c'est récapituler les étapes qui ont conduit aux raisons de sa décision.

SVT

Sujet 17 L'origine d'une perte d'audition

25 pts — 30 min

Amérique du Nord, juin 2018

Monsieur X, âgé de 60 ans, consulte le médecin du travail pour réaliser un bilan de son audition.

1 À partir du *document 1*, cocher la bonne réponse pour chaque proposition :

a. Le graphique du *document 1* représente :

☐ la perte d'audition en fonction du sexe de l'individu.
☐ la perte d'audition en fonction de la fréquence des sons.
☐ une mesure du volume sonore.

b. Pour une fréquence de 1 000 Hz, un individu témoin de 60 ans a :

☐ une perte d'audition égale à environ 20 dB.
☐ une perte d'audition égale à environ 5 dB.
☐ une perte d'audition égale à environ 40 dB.

c. À 60 ans, la perte d'audition chez un individu témoin est :

☐ plus importante pour les sons aigus que pour les sons graves.
☐ plus importante pour les sons graves que pour les sons aigus.
☐ constante quelle que soit la fréquence des sons.

Doc. 1 Tests d'audition réalisés chez un individu témoin et chez Monsieur X

Le médecin réalise un audiogramme qui permet de mesurer une éventuelle perte d'audition.
On mesure les pertes d'audition en décibels (dB) en fonction de la fréquence des sons, des sons graves (basses fréquences) aux sons aigus (hautes fréquences). Le résultat est présenté sur le graphique ci-après.
Si la perte d'audition est inférieure à 20 dB, l'audition est considérée comme normale.

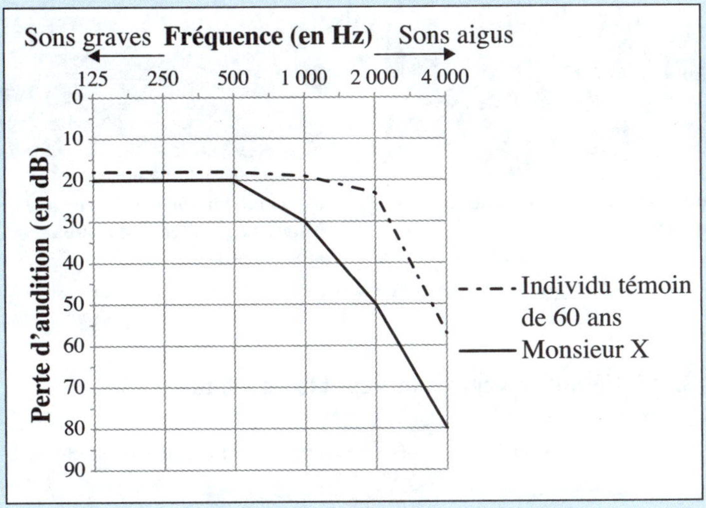

Graphique construit à partir des sources :
http://www.cochlea.eu/exploration-fonctionnelle/methodes-subjectives
http://crdp.ac-amiens.fr/enviro/bruit_maj_detail_p2_2.htm
http://www.uvmt.org/Formation/05/Cadre.htm
http://campus.cerimes.fr/orl/enseignement/alteration/site/html/3_32_1.html

2 Comparer la perte d'audition de Monsieur X avec celle d'un individu témoin de même âge, pour des fréquences de 125 à 500 Hz, puis pour des fréquences de 500 à 4 000 Hz. Quelques valeurs numériques sont attendues pour la réponse.

Monsieur X cherche des explications à ses troubles auditifs et se renseigne sur le fonctionnement de l'oreille.

Doc. 2 **La perception du son**

Dans l'oreille interne, de nombreuses cellules ciliées interviennent dans la perception du son. Ces cellules ciliées transforment les vibrations sonores en signal électrique (message nerveux) transmis par le nerf auditif jusqu'au cerveau, ce qui nous permet d'entendre le son. Ces cellules ciliées sont fragiles et elles peuvent être abîmées et détruites si l'oreille est « agressée » (bruit intense et brutal, sons trop aigus, durée d'écoute prolongée à un niveau sonore supérieur à 85 décibels (dB)).

D'après http://www.ecoute-ton-oreille.com

SVT

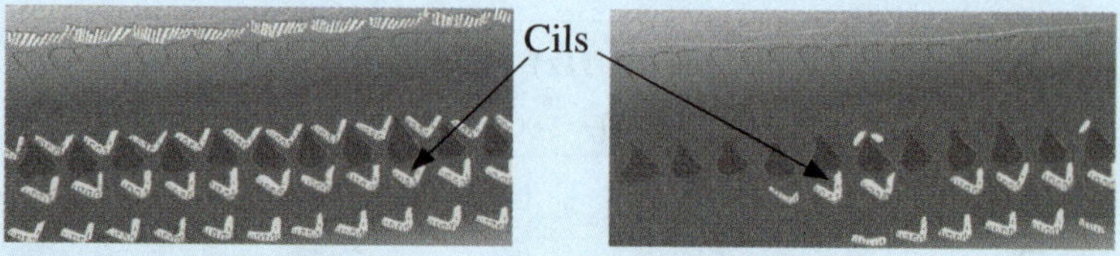

Schémas de cellules ciliées d'un individu ayant une audition normale

Schémas de cellules ciliées d'un individu (de même type que Monsieur X) atteint de troubles auditifs sévères

D'après source : http://cochlea.eu/pathologie/surdites-neuro-sensorielles/traumatisme-acoustique

Doc. 3 Différents niveaux sonores et leurs effets

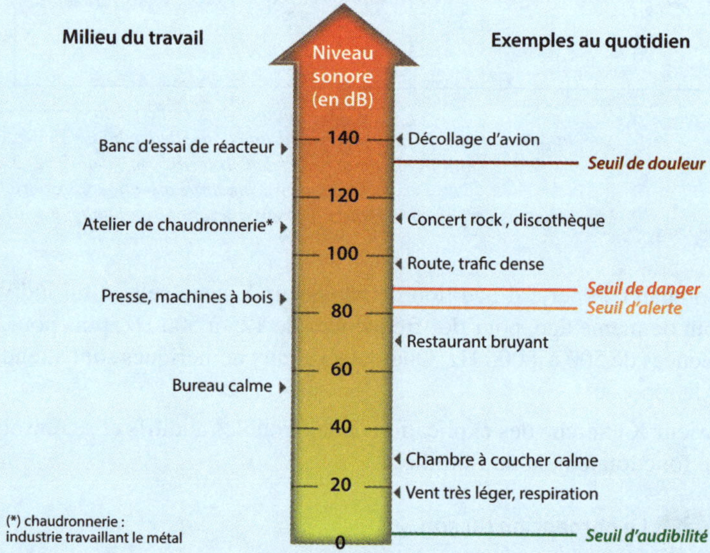

Source : d'après INRS, ED 962

Les traumatismes sonores en milieu professionnel sont encore fréquents surtout lorsque le port de casque anti-bruit n'a pas toujours été respecté. Les surdités professionnelles s'observent en milieu industriel bruyant. Pour un bruit dont l'intensité est supérieure à 85 dB, l'oreille est en danger. La dangerosité va dépendre aussi de la durée d'exposition.

3 Utiliser les informations des *documents 2* et *3* pour expliquer pourquoi Monsieur X, travaillant dans une chaudronnerie sans avoir toujours porté son casque anti-bruit, a aujourd'hui une perte d'audition.

Sujet 17 Corrigé

Les clés pour réussir

L'essentiel à connaître

- Le **système nerveux** permet la perception de signaux physiques et chimiques de l'environnement.
- Ces signaux physiques ou chimiques sont **traduits en signaux électriques** dans les organes des sens (yeux, oreilles, etc.).
- Les cellules spécialisées dans la traduction des signaux physiques ou chimiques en signaux électriques sont des **cellules sensorielles**.
- Les cellules sensorielles sont **fragiles et peuvent être détruites** par des agents physiques (par exemple une lumière violente ou un son trop fort) ou chimiques.

Analyser l'énoncé et les documents

- Lisez attentivement l'énoncé, car il indique le but général du sujet.
- Repérez comment est mesurée la perte d'audition dans le graphique du *document 1*.
- Reliez les informations contenues dans le texte avec celles contenues dans les deux photographies du *document 2* (en les soulignant ou en les entourant par exemple).
- Relevez les exemples du quotidien et du monde du travail dans lesquels l'audition est en danger dans le *document 3*.

Bien comprendre les questions

Question 1

- Vérifiez bien dans le *document 1* quelle réponse est juste pour chaque proposition.

Question 2

- Prenez les valeurs de l'individu témoin comme référence et indiquez la perte d'audition pour Monsieur X.

Question 3

- Cherchez l'intensité du bruit auquel Monsieur X a été soumis pendant sa vie professionnelle dans le *document 3*, puis cherchez la conséquence de cet environnement sonore dans le *document 4*.

1 **a.** Le graphique du *document 1* représente la **perte d'audition** en fonction de la fréquence des sons.
b. Pour une fréquence de 1 000 Hertz, un individu témoin de 60 ans a une perte d'audition égale à **environ 20 dB**.

SVT

c. À 60 ans, la perte d'audition pour un individu témoin est **plus importante pour les sons aigus** que pour les sons graves.

2 Pour des fréquences de 125 à 500 Hz, la **perte d'audition** de Monsieur X est de 20 dB, donc **presque égale** à celle de l'individu témoin.
Pour des fréquences de 500 à 4 000 Hz, la **perte** d'audition de Monsieur X **est supérieure** à celle de l'individu témoin : 10 dB de plus à 1 000 Hz ; 20 dB à 4 000 Hz.

L'astuce du prof
Calculez la différence de perte d'audition pour citer vos valeurs.

3 Les cellules ciliées de l'oreille interne (cellules sensorielles) sont **abîmées ou détruites** lorsqu'elles sont soumises à des sons de plus de 85 dB. Leur destruction entraîne une perte d'audition, car ces cellules transforment les vibrations sonores en message nerveux (*document 3*).
Or, Monsieur X a travaillé dans une chaudronnerie sans porter de casque anti-bruit, c'est-à-dire dans un environnement sonore professionnel de plus de 85 dB. Ainsi, cela explique la perte d'audition de Monsieur X, plus importante que celle d'un individu témoin du même âge.

Sujet 18 L'accès à l'eau potable : salmonelles et vaccination

25 pts 30 min

France métropolitaine, septembre 2017

Selon l'OMS (Organisation mondiale de la santé), des millions de personnes dans le monde n'ont pas accès à l'eau. C'est le cas de la plupart des pays d'Afrique occidentale dans lesquels l'eau est généralement puisée en sous-sol. L'eau tirée d'un puits est stockée dans un réservoir pour que la population puisse en disposer.

Le sujet d'étude porte sur l'accès à l'eau et les précautions à prendre pour la santé de la population.

Suite à l'ingestion d'eau provenant d'un puits, des habitants ont été infectés par une bactérie *(Salmonella typhi)* qui est responsable de la fièvre typhoïde. Les symptômes comprennent une fièvre aiguë (39 °C-40 °C) et prolongée, des malaises, des maux de tête, une constipation ou une diarrhée suivant les cas. On s'intéresse aux moyens médicaux afin de soigner ces individus et de prévenir une nouvelle contamination des habitants.

1 Identifier, en comparant les données du *document 1*, les cellules sanguines susceptibles d'être impliquées dans la défense de l'organisme lors d'une infection par les bactéries *Salmonella typhi*.

Doc. 1 Comptage des cellules sanguines chez un habitant malade et chez une personne non atteinte de typhoïde

Cellules sanguines	Nombres de cellules par mm³ de sang	
	Individu sain (valeurs normales)	Individu malade présentant une infection bactérienne
Hématies (globules rouges)	4 000 000 à 5 700 000	4 900 000
Leucocytes (globules blancs)	4 000 à 10 000	13 600
Plaquettes	150 000 à 400 000	310 000

2 On met en culture des bactéries en présence de deux antibiotiques afin de rechercher lequel est le plus approprié pour soigner les individus malades.

SVT

Proposer, en justifiant (*document 2*), l'antibiotique le plus approprié dans le cas d'une infection par cette bactérie *Salmonella typhi*.

Doc. 2 Évolution du nombre de bactéries en fonction du temps en présence ou non d'un antibiotique A ou B

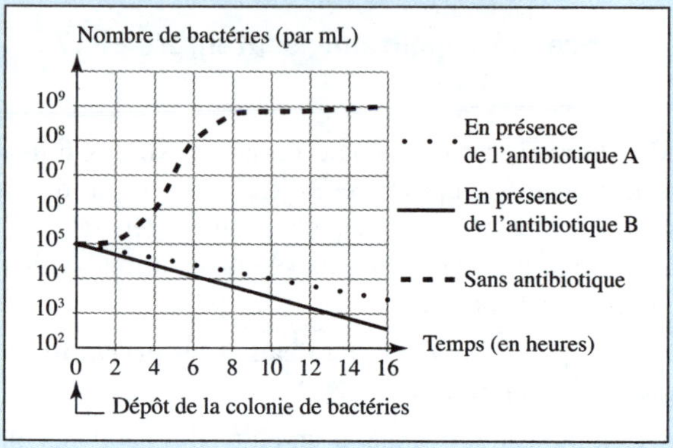

3 Les bactéries *Salmonella typhi* portent des antigènes qui induisent la production d'anticorps lors de l'infection. Pour protéger les habitants utilisant l'eau du puits, les médecins organisent une campagne de vaccination* contre la typhoïde.

*Vaccination : procédé consistant à introduire un agent extérieur dans un organisme vivant afin de créer une réaction immunitaire (sans induire la maladie).

Doc. 3 Variation du taux d'anticorps en fonction du temps après contact avec un antigène

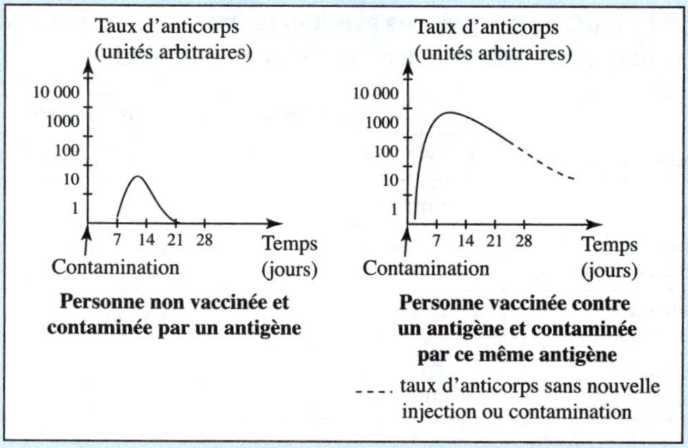

En vous appuyant sur l'exploitation du *document 3*, argumenter l'intérêt de vacciner contre la typhoïde la population utilisant l'eau du puits.

Sujet 18 Corrigé

Les clés pour réussir

L'essentiel à connaître

- Les **maladies infectieuses** sont provoquées par la contamination et l'infection de l'organisme par des micro-organismes.
- Les **bactéries** sont des micro-organismes qui se reproduisent rapidement en présence d'eau, de nutriments et d'une température proche de 37 °C.
- Les bactéries sont recouvertes d'**antigènes**, qui sont des molécules reconnues par le **système immunitaire.**
- La reconnaissance des antigènes est réalisée par des **anticorps** spécifiques et conduit à la destruction des bactéries porteuses des antigènes.
- Les anticorps sont produits et libérés par des lymphocytes (une sorte de leucocyte).
- La **vaccination** consiste à introduire des antigènes dans l'organisme pour qu'ils soient mémorisés par le système immunitaire.
- Un **antibiotique** est une substance chimique qui entraîne la destruction des bactéries.

Analyser l'énoncé et les documents

- Repérez les deux aspects abordés par le sujet : les soins des personnes contaminées et la prévention de la contamination d'autres personnes.
- Relevez les mots-clés présents dans le titre des documents.
- Reliez et mémorisez le nom de la maladie et le nom de la bactérie qui en est responsable.

Bien comprendre les questions

Question 1

- Commencez par repérer les données que vous allez devoir comparer.
- Utilisez l'unité de mesure fournie par le tableau de données lors de votre comparaison.

Question 2

- Relevez les valeurs du nombre de bactéries à 0, 6 et 16 heures.
- Reliez l'évolution du nombre de bactéries en fonction du temps à la présence de chaque antibiotique.

Question 3

- Comparez les deux graphiques pour comprendre en quoi la vaccination protège contre la salmonelle.
- Utilisez vos connaissances sur le rôle des anticorps dans les défenses immunitaires.

SVT

1 Chez l'individu malade, le nombre de globules rouges est **compris dans les limites** des nombres d'un individu sain (entre 4 et 5,7 millions par mm^3). C'est aussi le cas pour les plaquettes. En revanche, le nombre de **globules blancs** est plus élevé chez l'individu malade que chez l'individu sain : 13 600 par mm^3.
On peut donc en déduire que les **globules blancs** (les **leucocytes**) sont impliqués dans la défense de l'organisme lors d'une infection à salmonelle.

2 En l'absence d'antibiotique, le nombre de bactéries passe de 10^5 par mL à 10^9 par mL en 16 heures.
Avec l'antibiotique A, le nombre de bactéries passe de 10^5 par mL **à plus de 10^3** par mL en 16 heures.
Avec l'antibiotique B, le nombre de bactéries passe de 10^5 par mL **à moins de 10^3** par mL en 16 heures.
Ainsi, l'**antibiotique B** détruit plus de bactéries que l'antibiotique A pour une même durée : il est plus efficace ; c'est le plus approprié.

Gagnez des points !
Relevez des données chiffrées dans les documents dès que cela est possible.

3 Chez une personne non vaccinée et contaminée par un antigène, le taux d'anticorps augmente **à partir du 7e jour** après le contact avec l'antigène. Ce taux d'anticorps atteint environ **10 unités arbitraires** en moins d'une semaine.
Chez une personne vaccinée et contaminée par un même antigène, le taux d'anticorps augmente **dès le 2e jour** après la contamination. Le taux d'anticorps dépasse **1 000 unités arbitraires** en une semaine.
Ainsi, une personne vaccinée produit une plus grande quantité d'anticorps et plus rapidement après une contamination par le même antigène qu'une personne non vaccinée.
Comme les **anticorps permettent de neutraliser et de détruire les antigènes**, une personne vaccinée sera donc capable de contrer efficacement une contamination par des bactéries portant cet antigène.

L'astuce du prof
Repérez bien l'échelle utilisée sur chaque axe. Ici, l'échelle de l'axe des ordonnées n'est pas linéaire.

Sujet 19 Le sport : dopage et EPO

25 pts 30 min

Polynésie, septembre 2017

Doc. 1 Définition de l'EPO

L'EPO est une substance chimique produite naturellement par les reins. Libérée dans le sang, elle stimule les cellules de la moelle rouge des os pour produire des globules rouges. Les globules rouges sont responsables du transport du dioxygène dans le sang. Le dioxygène est nécessaire à la production d'énergie, en particulier au niveau des muscles. L'EPO est une substance utilisée en médecine, et est aussi utilisée de façon illégale afin d'augmenter les performances musculaires des sportifs.

1 Justifier que l'EPO est une hormone.
On rappelle qu'une hormone est une substance chimique produite par un organe et libérée dans le sang pour agir sur des cellules cibles.

Doc. 2 Définition de l'hématocrite

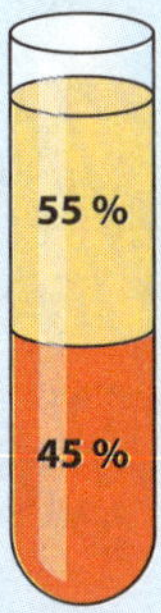

L'hématocrite est le pourcentage (%*) du volume occupé par les globules rouges dans le sang.
Afin de mesurer l'hématocrite, le sang est laissé à reposer dans un tube. Les globules rouges descendent alors naturellement dans le fond du tube comme le montre le document ci-contre.
Chez un individu sain, l'hématocrite garde une valeur stable située aux alentours de 45 % en moyenne.

*Parfois exprimé en mg/100 mL.

D'après le site wikipedia.com

2 À l'aide du *document 3*, déterminer pour chaque sportif entre quelles valeurs (minimale et maximale) varie l'hématocrite de la première à la cinquième année de mesures.

SVT

Doc. 3 **Évolution sur 5 années de l'hématocrite de deux sportifs suivant le même stage d'entraînement**

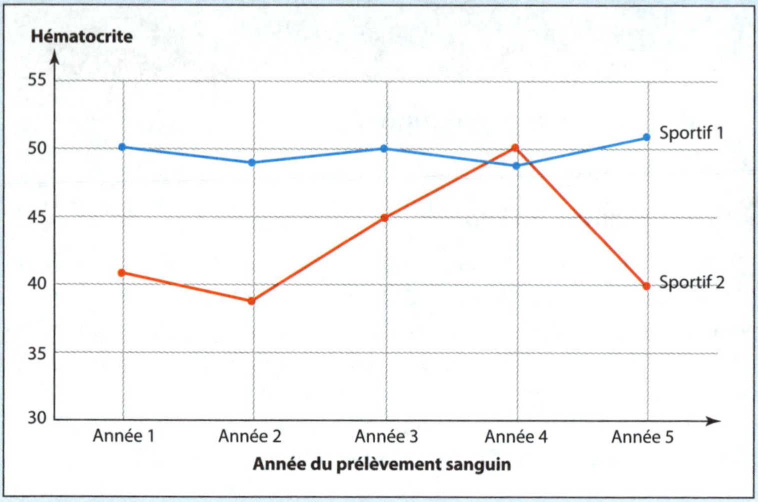

L'hématocrite est exprimé en pourcentage.

D'après l'Agence mondiale anti-dopage

3 À partir de **l'ensemble des documents**, déterminer si l'un ou les deux sportifs sont dopés à l'EPO **en rédigeant un texte argumenté**.

Sujet 19 Corrigé

Les clés pour réussir

L'essentiel à connaître

- L'**organisme** humain est constitué d'organes qui coopèrent entre eux. Les **organes** sont eux-mêmes constitués de **cellules** spécialisées dans une fonction précise (par exemple, des cellules capables de se contracter constituent un organe : le muscle).
- Toutes les cellules utilisent du **dioxygène** et des nutriments pour produire leur énergie et leur matière.
- Les nutriments et le dioxygène sont transportés dans le **sang** qui irrigue tous les organes.
- Les **globules rouges** du sang sont responsables du transport du dioxygène.

Analyser l'énoncé et les documents

- Traduisez rapidement le texte du *document 1* en schéma afin de comprendre les relations entre les informations qu'il contient.
- À côté du schéma réalisé précédemment, observez le *document 2*, puis recopiez la définition de l'hématocrite et sa valeur normale chez un individu sain.
- Sur le *document 3*, repérez les valeurs d'hématocrite des deux sportifs.

Bien comprendre les questions

Question 1

- Repérez, dans le texte du *document 1*, les éléments qui précisent :

– l'organe qui produit l'EPO ;
– le lieu de libération de l'EPO ;
– les cellules cibles de l'EPO.

Éventuellement, citez des extraits du texte en les écrivant entre guillemets.

Question 2

- Tracez des traits parallèles à l'axe des abscisses pour déterminer le plus précisément possible les valeurs minimale et maximale d'hématocrite de chaque sportif.

Question 3

- Utilisez la définition de l'hématocrite pour un individu sain afin de déterminer s'il est normal pour chaque sportif.

SVT

1 L'EPO est « **produite naturellement** par les reins ». Or, les reins sont des **organes** du corps humain. Le *document 1* indique aussi que l'EPO est « **libérée dans le sang** ». Enfin, on apprend qu'elle « stimule les cellules de la moelle osseuse ». Donc, ces cellules sont les **cellules cibles de l'EPO**. Par conséquent, l'EPO est une **hormone**, c'est-à-dire une substance chimique naturelle produite par un organe, libérée dans le sang et qui agit sur des cellules cibles.

Gagnez des points !

Dans un sujet, les informations indiquées en *italique* ou en **gras** sont souvent capitales.

2 **Chez le sportif 1**, l'hématocrite varie entre **49 et 51 %** entre la première année et la cinquième année de mesures.
Chez le sportif 2, l'hématocrite varie entre **39 et 50 %** entre la première année et la cinquième année de mesures.

3 L'hématocrite est le pourcentage du volume occupé par les globules rouges dans le sang.
Chez un individu sain (non dopé), cette valeur est **stable** et se situe **autour de 45 %** (*document 1*).
Or, l'utilisation d'EPO augmente les performances musculaires des sportifs, car l'EPO stimule la production de globules rouges par la moelle osseuse. Cela provoque donc une augmentation de l'hématocrite (*document 2*).

À retenir

Chez un individu sain, de nombreux paramètres sanguins sont stables tout au long de la vie : température, quantités de sucre, de minéraux et de globules rouges.

Chez le sportif 1, la valeur de l'hématocrite est supérieure à celle d'un individu sain, **mais elle est stable** sur les cinq années de mesures. Donc, on peut penser que ce sportif ne se dope pas à l'EPO (*documents 3* et *4*) même si son taux d'hématocrite est un peu supérieur à la moyenne.
En revanche, **chez le sportif 2**, on relève **une forte augmentation de l'hématocrite** entre l'année 2 et l'année 4 (+ 25 %), puis un retour à la normale lors de la cinquième année de mesures. On peut donc penser que ce sportif s'est dopé à l'EPO (*documents 3* et *4*).
Remarque : d'après les informations des *documents 1* et *2*, il est possible de considérer que le sportif 1 s'est dopé parce que son taux d'hématocrite est supérieur à la valeur moyenne. Ce n'est toutefois pas le cas en réalité, car le taux d'hématocrite normal chez un homme adulte se situe entre 40 et 51 %, mais cette information n'est pas donnée dans l'énoncé du sujet.

Sujet 20 Le voyage de *Yersinia pestis*

25 pts 30 min

Polynésie, juin 2017

Doc. 1 Le voyage de *Yersinia pestis*

La peste est une maladie infectieuse très grave due à la bactérie *Yersinia pestis*. Elle a provoqué plus de 50 millions de morts dans le monde. La peste serait apparue en Asie il y a plus de 2 600 ans puis se serait répandue vers l'Europe, empruntant la route de la soie[1]. L'arrivée de la peste en Afrique correspondrait aux voyages du navigateur chinois Zheng He.

[1] Route de la soie : réseau ancien de routes commerciales entre l'Asie et l'Europe.

1 À partir du *document 1*, nommer le micro-organisme responsable de la transmission de la peste et préciser le type de micro-organisme auquel il appartient.

Doc. 2 *Yersinia pestis* observée au microscope

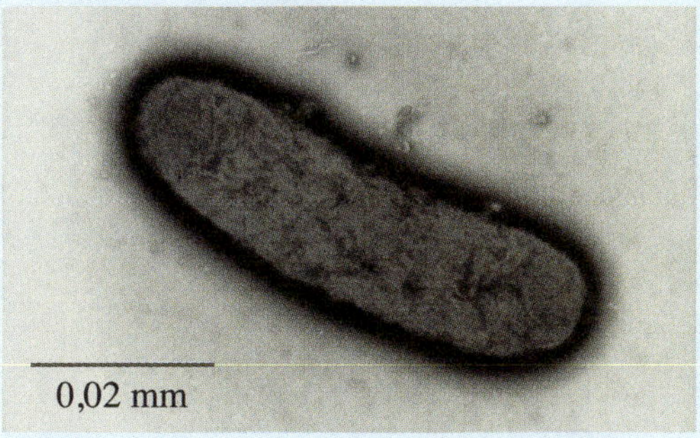

D'après Historiadelamedica.org

2 En utilisant le *document 2* et vos connaissances, classer les éléments suivants du plus grand au plus petit : poumon humain, être humain, bactérie.

3 À partir du *document 3*, identifier les modes de transmission de ce micro-organisme.

Doc. 3 Costume d'un médecin de la peste

En 1619, un costume protecteur de la peste est inventé. Ci-contre, un médecin soignant des malades atteints de la peste est vêtu d'une épaisse tunique, porte des bottes et un masque en forme de bec dans lequel on incorpore des herbes aromatiques. Les mains sont nues.

On a découvert depuis que la peste se transmettait par les piqûres des puces qui passent du rat à l'Homme ou d'un être humain à un autre. Elle se transmet également par les poussières contenant les excréments des puces, et dans certains cas, elle peut même se transmettre d'être humain à être humain par voie aérienne (gouttelettes de salive, éternuements…).

D'après Docteur Schnabel de Rome, pendant la peste noire (d'après Wikipedia)

4 D'après les informations du *document 3*, expliquer quels sont les éléments du costume qui sont efficaces contre la contamination et proposer une précaution supplémentaire pour une meilleure efficacité.
On attend une réponse sous la forme d'un texte argumenté.

Sujet 20 Corrigé

Les clés pour réussir

L'essentiel à connaître

- Les **micro-organismes** sont inoffensifs pour la plupart des êtres vivants, mais quelques espèces sont **pathogènes** pour l'Homme, c'est-à-dire qu'elles provoquent des maladies. Les micro-organismes sont répartis en trois catégories : les **bactéries**, les **champignons** et les **protozoaires**.
- Les **virus**, qui sont aussi des agents pathogènes, ne sont pas des êtres vivants.
- La **contamination** par des micro-organismes pathogènes peut être réalisée par **voie aérienne** (dans l'air), par **voie orale** (par la bouche vers le tube digestif), au travers de la **peau** (blessures, égratignures...) ou par **simple contact** (lors de relations sexuelles par exemple).
- Des moyens d'**asepsie** permettent d'éviter la contamination : **masque** couvrant la bouche et le nez, peau recouverte (y compris les mains par des **gants**), **lunettes** de protection...
- Des moyens d'**antisepsie** permettent de détruire les micro-organismes présents : lavage et **désinfection** des surfaces et objets utilisés, utilisation d'**antibiotiques** naturels ou de synthèse...

Analyser l'énoncé et les documents

- Lisez rapidement la totalité du sujet avant de commencer à répondre question par question.
- Notez sur votre brouillon les mots importants du *document 1* : « *Yersinia pestis* », « peste », « maladie infectieuse ».
- Mettez en relation le *document 2* avec le *document 1* pour identifier ce qu'est *Yersinia pestis*.
- Dans le texte du *document 3*, surlignez ou soulignez les éléments de protection avec une couleur et les voies de transmission de la peste avec une autre couleur.

Bien comprendre les questions

Question 1

- Repérez le nom du micro-organisme dans le texte et recopiez-le en entier sans faire de fautes d'orthographe. Le type de micro-organisme est aussi indiqué dans le texte : vous devez utiliser vos connaissances pour le repérer.

SVT

Question 2

- Pensez à des dimensions en mètres pour le poumon humain et l'être humain entier, et rangez ces éléments dans l'ordre décroissant de taille avec la bactérie.

Question 3

- Repérez dans le texte les différents modes de transmission qui sont associés aux adverbes « également » et « même ».

Question 4

- Mettez chaque élément du costume en relation avec un mode de contamination possible pour comprendre en quoi cet élément protège d'une contamination.

1 Le micro-organisme responsable de la peste s'appelle ***Yersinia pestis***. Il s'agit d'une bactérie.

2 Les éléments suivants sont classés du **plus grand au plus petit** : être humain, poumon humain, bactérie.

3 Trois modes de transmission sont possibles pour la bactérie de la peste :
– les **piqûres** de puces ;
– les excréments de puces contenus dans la poussière ;
– d'humain à humain **par l'air** contenant des gouttelettes de salive.

Gagnez des points !

Un nom d'espèce s'écrit en deux mots, en latin, et avec une majuscule au début du nom de l'espèce.

L'astuce du prof

Proposez une liste des modes de transmission pour montrer que vous avez bien su les distinguer.

4 Le costume utilisé comporte des éléments permettant **l'asepsie**. Pour commencer, le tissu épais de la tunique et les bottes permettent d'**éviter** les piqûres de puces ou le contact de la peau avec leurs excréments. Par ailleurs, le masque qui recouvre le visage **protège** le médecin contre une contamination par voie aérienne. En effet, le masque **arrête** les gouttelettes de salive projetées par un malade qui tousse ou éternue.
Cependant, l'asepsie mise en œuvre par le médecin **n'est pas complète,** car il a les mains nues. Or, des bactéries **pourraient pénétrer** par des plaies, mêmes microscopiques, sur la peau de ses mains.

Pour aller plus loin :

On peut aussi penser que le masque comporte un élément permettant l'antisepsie : certaines herbes aromatiques contiennent des antibiotiques naturels.

Sujet 21 Le savon de Marseille

25 pts — 30 min

Centres étrangers, juin 2019

Fabriqué à partir d'un corps gras (beurre, huile, suif…) et de soude, le savon possède des propriétés propices au lavage et à l'hygiène corporelle.

Partie I La fabrication du savon de Marseille

1 La réaction entre l'huile d'olive et la soude est une étape de la fabrication du savon de Marseille. L'équation de la réaction chimique est :

$$C_{57}H_{104}O_6 + 3\ HO^- \rightarrow 3\ C_{18}H_{33}O_2^- + C_3H_8O_3$$

a. Indiquer la nature des entités chimiques de formules $C_{18}H_{33}O_2^-$ et $C_3H_8O_3$ en choisissant parmi les termes : atome, molécule, ion.

b. Donner le nom et le nombre de chaque atome présent dans la formule chimique $C_{57}H_{104}O_6$ du constituant majoritaire de l'huile d'olive.

2 Le *document 1* présente l'étiquette d'une bouteille de solution d'hydroxyde de sodium (soude).

a. La solution d'hydroxyde de sodium est très basique. Parmi les propositions **A**, **B** et **C**, indiquer celle correspondant à la valeur de son pH.

A : pH > 7 **B :** pH = 7 **C :** pH < 7

Doc. 1

HYDROXYDE DE SODIUM
$(Na^+ + HO^-)$

b. Nommer l'ion responsable du caractère basique de la solution d'hydroxyde de sodium.

c. Citer deux moyens de protection à recommander pour utiliser la solution d'hydroxyde de sodium en toute sécurité.

Partie II L'huile d'olive et son extraction

3 Le broyage des olives

Les olives sont placées dans une meule pour être écrasées par une pierre. Autrefois, un âne entraînait la pierre, comme représenté ci-dessous. Le mouvement de l'âne était alors circulaire et uniforme.

Doc. 2 Schéma du principe de fonctionnement de la meule

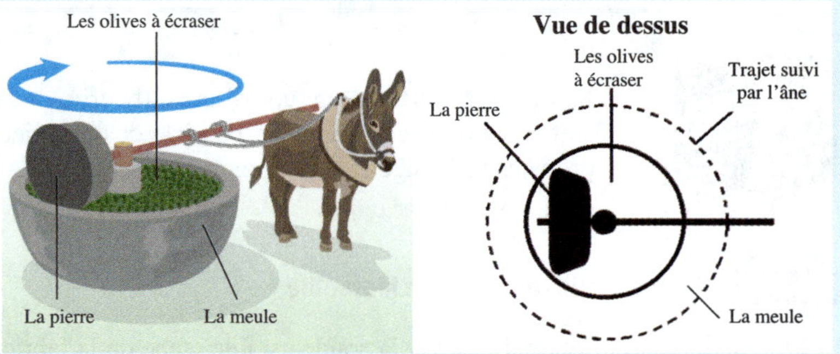

Donner la signification des termes « circulaire » et « uniforme ».

4 Extraction du jus

Après avoir broyé puis pressé les olives, un jus composé d'huile d'olive et d'eau est récupéré.

L'huile d'olive est non miscible avec l'eau, et sa masse volumique est plus petite que celle de l'eau.

Schématiser le mélange eau-huile d'olive, après repos, dans un récipient. Légender le schéma.

5 Modernisation de la meule

Le graphique ci-dessous indique le nombre de tours effectués par l'âne en fonction du temps.

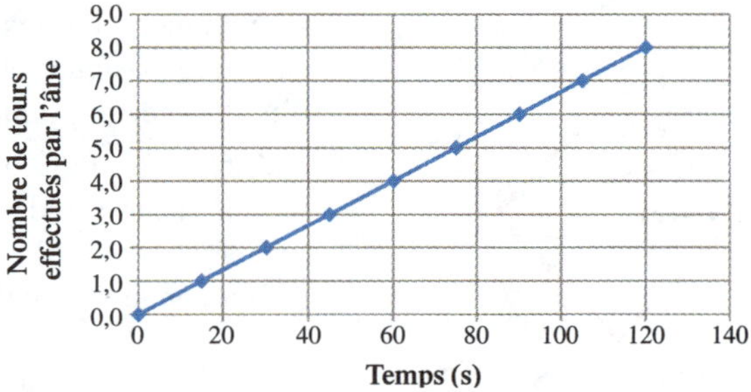

Aujourd'hui, l'âne a été remplacé par un moteur dont la vitesse de rotation est de 6 tr/min (6 tours par minute).

Montrer que l'utilisation du moteur à la place de l'âne permet d'écraser les olives plus rapidement en explicitant le raisonnement suivi.

Partie III Un label à conserver

Pour obtenir le label « savon de Marseille », l'unique corps gras autorisé est l'huile d'olive. Au port de Marseille, de nombreuses huiles différentes arrivent quotidiennement par bateau.

Un industriel possède une savonnerie qui produit exclusivement du savon de Marseille. Il demande à un stagiaire de réaliser une expérience permettant de vérifier que l'huile reçue est effectivement de l'huile d'olive.

Voici l'expérience réalisée par le stagiaire :

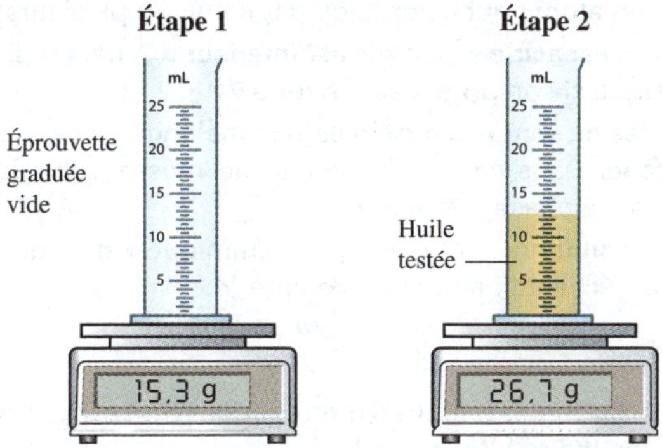

Doc. 3 Masse volumique de quatre huiles prélevées au port de Marseille

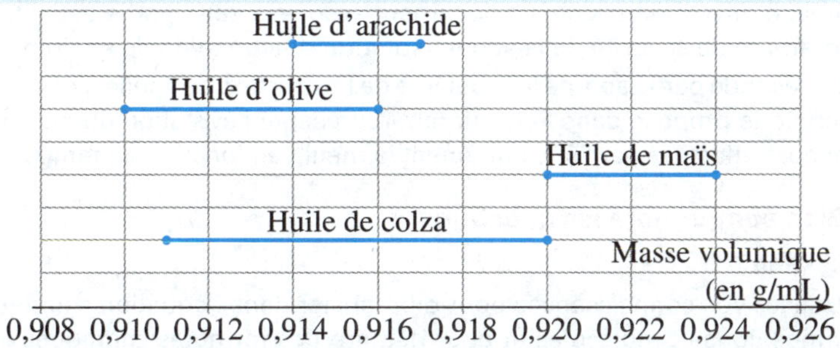

Lecture : la masse volumique de l'huile d'arachide est comprise entre 0,914 et 0,917 g/mL.

6 À partir de l'expérience ci-avant et en s'appuyant sur le *document 3*, indiquer si le stagiaire pourra conclure sur la nature de l'huile testée. Un raisonnement et des calculs sont attendus.

Sujet 21 Corrigé

Les clés pour réussir

L'essentiel à connaître

- **Les atomes** sont représentés par un symbole chimique : une lettre majuscule parfois suivie d'une lettre minuscule. L'atome est **électriquement neutre**.
- **Une molécule** est un assemblage d'atomes. Elle est représentée par une formule chimique qui indique le nom et le nombre des atomes qui la constituent.
- **Un ion** est un atome qui a perdu ou gagné un ou plusieurs électrons.
- Une solution est **acide** si son **pH est inférieur à 7, neutre** si son **pH est égal à 7, basique** si son **pH est supérieur à 7.**
- Deux liquides ne **sont pas miscibles** si le mélange de ces deux liquides est **hétérogène.** Dans ce cas, le liquide de masse volumique la plus grande occupe la phase inférieure.
- **La masse volumique** ρ d'une espèce chimique est le quotient de la masse m d'un échantillon par son volume V :

$$\rho = \frac{m}{V}$$

avec m en kilogrammes (kg), V en mètres cubes (m^3) et ρ en kilogrammes par mètre cube (kg/m^3).

Analyser l'énoncé et les documents

- La première partie du sujet est consacrée à l'étude de la réaction entre l'huile d'olive et la soude. Le document associé à cette partie est le pictogramme de sécurité de la soude (solution d'hydroxyde de sodium).
- La seconde partie aborde le problème de l'extraction de l'huile d'olive. Le graphique proposé dans le document représente l'évolution du nombre de tours effectués par l'âne entraînant la meule en fonction du temps.

Bien comprendre les questions

Question 1

- Utilisez vos connaissances pour différencier dans l'équation chimique atomes, ions et molécules et pour déduire des formules chimiques les compositions des espèces.

Question 2

- Le *document 1* propose un pictogramme de sécurité dont il est possible de déduire les précautions de manipulation pour une solution d'hydroxyde de sodium, ainsi que la formule de l'ion responsable du caractère basique de cette solution.

Question 3

• Le *document 2* permet d'expliquer le terme « circulaire » à partir du trajet de l'âne. Le terme « uniforme » est à relier à la valeur de la vitesse de l'âne.

Question 4

• L'énoncé du sujet précise que l'huile d'olive est non miscible avec l'eau et que sa masse volumique est plus petite que celle de l'eau. Il est possible d'en déduire une schématisation du mélange {eau + huile d'olive}.

Question 5

• L'énoncé précise la valeur de la vitesse de rotation du moteur : 6 tours par minute. Le graphique proposé permet de comparer la valeur de la vitesse de rotation du moteur au nombre de tours effectués par minute par l'âne à partir d'une lecture graphique.

Question 6

• Il est possible de déduire des deux schémas la valeur de la masse volumique de la solution et de la comparer ensuite aux valeurs données dans le schéma de référence pour conclure.

1 **a.** L'entité chimique de formule chimique $C_3H_8O_3$ est **un assemblage d'atomes électriquement neutre**, c'est une **molécule**.
L'entité chimique de formule chimique $C_{18}H_{33}O_2^-$ est **porteuse d'une charge électrique**, c'est **un ion**.

> **Piège à éviter**
> Ne confondez pas une molécule, électriquement neutre, et un ion, porteur d'une charge électrique.

b. Dans la formule chimique $C_{57}H_{104}O_6$ du constituant majoritaire de l'huile d'olive, il y a :
– **57 atomes de carbone** (symbole C) ;
– **104 atomes d'hydrogène** (symbole H) ;
– **6 atomes d'oxygène** (symbole O).

> **À savoir**
> Les ions hydrogène (H^+) et hydroxyde (HO^-) sont responsables respectivement du caractère acide ou basique d'une solution.

2 **a.** Une solution basique possède un pH supérieur à 7, **la proposition A** correspond donc à la valeur du pH de cette solution : **pH > 7**.
b. L'ion responsable du caractère basique de la solution d'hydroxyde de sodium est l'**ion hydroxyde** de formule chimique **HO^-**.
c. Il est impératif de se protéger avec des **gants** et des **lunettes** pour utiliser la solution d'hydroxyde de sodium en toute sécurité, car cette solution est **corrosive**.

3 **Le trajet suivi par l'âne étant circulaire**, on qualifiera son mouvement de circulaire.

Le mouvement de l'âne est uniforme, car la **valeur de sa vitesse est constante**.

4 Le mélange eau-huile d'olive, après repos, peut être schématisé par :

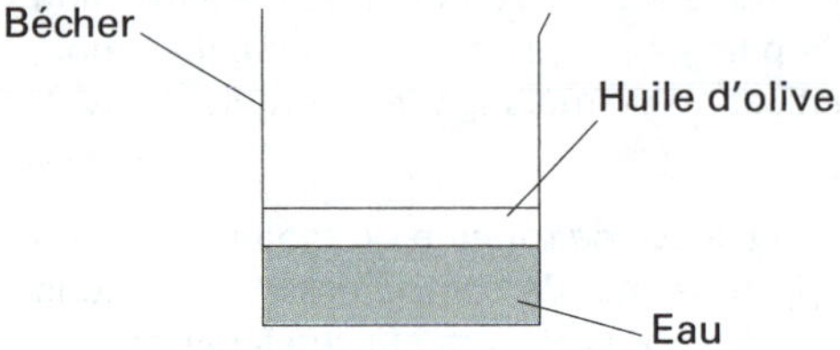

À savoir

Dans un mélange hétérogène, la phase supérieure est toujours occupée par le liquide de masse volumique la plus faible.

L'huile d'olive et l'eau n'étant pas miscibles, le **mélange est hétérogène,** et il est constitué de deux phases distinctes.
L'huile d'olive possède une masse volumique inférieure à celle de l'eau, **elle occupe donc la phase supérieure**.

5 La vitesse de rotation du moteur est de 6 tours par minute.

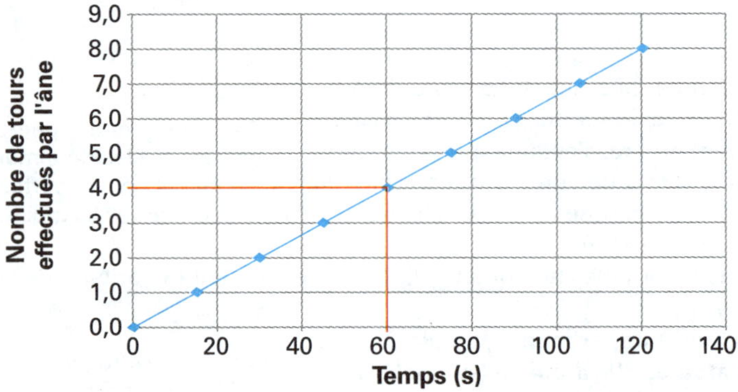

D'après le graphe donné, l'âne accomplit 4,0 tours en 1 minute (60 s) : 4,0 < 6,0 donc l'utilisation du moteur à la place de l'âne permet d'écraser les olives plus rapidement.

6 Le schéma de l'étape 1 permet de déterminer la masse de l'éprouvette graduée vide : $m_{\text{éprouvette}}$ = 15,3 g.
L'étape 2 conduit à une masse de 26,7 g pour l'ensemble {éprouvette graduée + huile d'olive}.
On en déduit par différence la masse de l'huile d'olive :
$m_{\text{Huile}} = 26{,}7 - 15{,}3 = 11{,}4$ g.

On relève sur le schéma de l'étape 2 le volume d'huile d'olive : $V = 12{,}5$ mL.
La masse volumique de l'huile d'olive est :
$\rho = \frac{m}{V}$,
soit $\rho = \frac{11{,}4}{12{,}5} = 0{,}912$ g/mL.

Piège à éviter
Si la masse est en grammes (g) et le volume en millilitres (mL), la masse volumique est en grammes par millilitre (g/mL).

La masse volumique de l'huile analysée est de 0,912 g/mL, mais d'après le *document 3*, cette masse volumique pourrait aussi bien correspondre à une huile de colza (masse volumique comprise entre 0,911 g/mL et 0,920 g/mL) qu'à une huile d'olive (masse volumique comprise entre 0,910 g/mL et 0,916 g/mL).
L'huile analysée est donc de l'huile d'olive ou de l'huile de colza.

Sujet 22 Des verres correcteurs de plus en plus légers

25 pts

30 min

Asie, juin 2019

Les verres correcteurs actuels équipant les lunettes sont généralement composés d'un matériau nommé CR39 qui remplace de plus en plus souvent d'autres matériaux tels que le crown. L'utilisation du CR39 à la place du crown permet de diviser par deux ou trois environ la masse d'un verre correcteur.

Doc. 1 Caractéristiques d'un verre correcteur en CR39

Forme	Le verre est bombé. Dimensions approximatives : 30 mm × 50 mm. L'épaisseur n'est pas uniforme.
Masse	4,1 g
Volume	3,1 mL

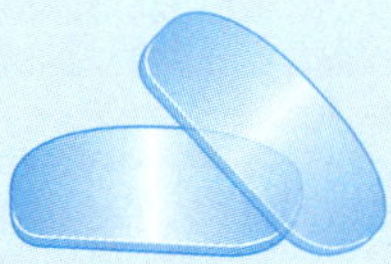

1 Le CR39 est fabriqué à partir d'une substance constituée de molécules de formule $C_{12}H_{18}O_7$. Indiquer la composition atomique de cette molécule.

L'un des intérêts du matériau CR39 est sa faible masse volumique par rapport à celle du crown, généralement comprise entre 2,2 et 3,8 g/mL.

2 À l'aide de calculs détaillés, justifier l'affirmation : « l'utilisation du CR39 à la place du crown permet de diviser par deux ou trois environ la masse d'un verre correcteur ».

Pour déterminer le volume d'un verre correcteur en CR39, on utilise une éprouvette graduée et de l'eau.

Doc. 2 Caractéristiques de quelques éprouvettes graduées

Capacité (mL)	Précision (mL)	Graduation (mL)	Diamètre intérieur (mm)	Hauteur intérieure (mm)
10	± 0,2	0,2	14	65
50	± 1,0	0,5	25	102
100	± 1,0	1	29	152
250	± 2,0	2	43	173
500	± 5,0	5	53	227

3 Le laboratoire dispose de diverses éprouvettes dont les caractéristiques sont données dans le *document 2*.
Choisir l'éprouvette la plus adaptée à la mesure que l'on veut faire, en justifiant à partir des données des *documents 1* et *2*.

4 Expliquer la méthode de mesure et la schématiser.

5 Parmi les propositions suivantes, choisir, en la justifiant, celle qui permet d'améliorer la précision de cette mesure en gardant la même éprouvette :
- **proposition a** : augmenter le volume d'eau ;
- **proposition b** : mesurer le volume total de plusieurs verres identiques ;
- **proposition c** : remplacer l'eau par un liquide de masse volumique plus petite.

Sujet 22 Corrigé

Les clés pour réussir

L'essentiel à connaître

- Les **atomes** sont représentés par un symbole chimique : une lettre majuscule quelquefois suivie d'une minuscule.
- Une **molécule** est un assemblage d'atomes électriquement neutre. Elle est représentée par une formule chimique qui indique le nom et le nombre des atomes qui la constituent.
- La **masse volumique** d'une espèce chimique est le quotient de la masse ***m*** d'un échantillon par son volume ***V*** :

$$\rho = \frac{m}{V}$$

avec ***m*** en grammes (g), ***V*** en millilitres (mL) et ρ en grammes par millilitre (g/mL).

Analyser l'énoncé et les documents

- La première partie du sujet est consacrée à la formule chimique de l'espèce chimique qui constitue le verre correcteur en CR39 et à la comparaison de sa masse volumique avec celle d'un autre verre.
- La seconde partie aborde la problématique de la mesure du volume d'un verre correcteur et de sa précision.

Bien comprendre les questions

Question 1

- Utilisez vos connaissances pour déterminer la composition atomique de la substance à partir de sa formule chimique.

Question 2

- Le *document 1* donne la masse et le volume du CR39. Il faut calculer sa masse volumique et la comparer ensuite à celle du verre correcteur en crown indiquée dans l'énoncé.

Question 3

- Le *document 1* indique les dimensions approximatives du verre correcteur. L'éprouvette retenue pour l'expérience doit bien évidemment pouvoir contenir ce verre, et sa précision doit être la plus grande possible.

Question 4

- Il est nécessaire de réaliser des schématisations qui expliquent le principe de la mesure du volume du verre correcteur et de donner toutes les explications permettant de comprendre la méthode utilisée.

Question 5

- L'énoncé précise qu'une seule des propositions est à retenir. Il n'est donc pas nécessaire d'expliquer en quoi deux de ces propositions sont à exclure, mais simplement d'argumenter sur celle qui sera retenue.

1 L'entité chimique de formule chimique $C_{12}H_{18}O_7$ est une molécule constituée de **12 atomes de carbone, 18 atomes d'hydrogène et 7 atomes d'oxygène.**

À savoir

Les atomes de carbone, d'hydrogène et d'oxygène ont pour symboles respectifs C, H et O.

2 La masse volumique du matériau CR39 est :

$\rho = \frac{m}{V}$ soit $\rho = \frac{4,1}{3,1} = 1,3$ g/mL.

La masse volumique du crown est comprise entre 2,2 et 3,8 g/mL. On peut calculer les rapports de ces masses volumiques par celle du CR39 :

$\frac{2,2}{1,3} = 1,7$

$\frac{3,8}{1,3} = 2,9$

Piège à éviter

Si la masse est en grammes (g) et le volume en millilitres (mL), la masse volumique est en grammes par millilitre ($g{\cdot}mL^{-1}$).

Le CR39 a donc une masse volumique de 1,7 à 2,9 fois plus petite que celle du crown. Ce résultat est **cohérent** avec la division par 2 à 3 de la masse volumique citée dans le texte.

3 Il est nécessaire que **la dimension de l'éprouvette (diamètre intérieur) soit suffisante** pour que le verre puisse être immergé dans l'éprouvette. D'après le *document 1*, le verre a une dimension approximative de 30 mm

par 50 mm. Le diamètre intérieur de l'éprouvette **doit être supérieur à 30 mm,** ce qui permet **d'écarter** les éprouvettes de capacités 10 mL, 50 mL et 100 mL.
L'éprouvette graduée de 250 mL présente une **précision supérieure** à celle de l'éprouvette de 500 mL puisqu'elle permet de réaliser des mesures **à 2,0 mL près contre 5,0 mL** pour l'éprouvette de 500 mL.
On choisira ainsi l'éprouvette graduée de 250 mL.

Remarque
La précision de l'éprouvette graduée dépend des graduations de cette éprouvette.

4 ❶ **Première étape : on place un volume déterminé d'eau dans l'éprouvette graduée.** Ce volume doit être suffisant pour pouvoir immerger le verre, et il ne doit pas être trop grand pour que le volume mesuré après immersion reste dans les graduations (un volume de 100 mL suffira amplement). On lira avec le plus de précision possible le **volume V_1 d'eau** dans l'éprouvette.
❷ **Seconde étape : on immerge délicatement le verre correcteur** dans l'éprouvette graduée et on relève le plus précisément possible le nouveau volume d'eau, V_2.
Le volume du verre correcteur est ainsi égal à $V_2 - V_1$.

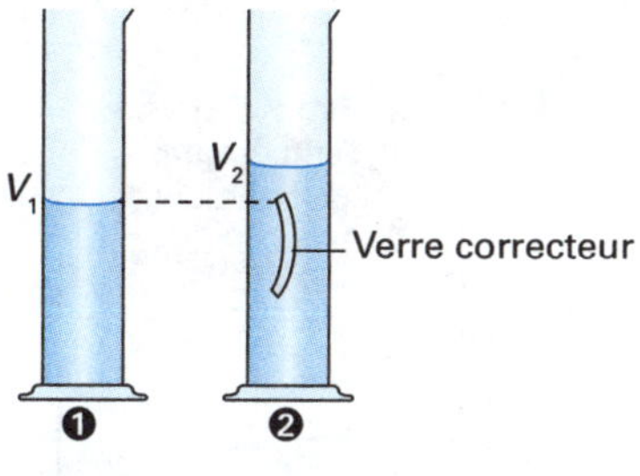

5 La **proposition b** permet d'améliorer la précision de la mesure du volume du verre correcteur en conservant la même éprouvette. En effectuant plusieurs fois une même mesure, on augmente toujours la précision de la mesure.

Pour aller plus loin
L'utilisation des outils statistiques permet ensuite de mieux caractériser la mesure effectuée et de quantifier l'erreur de mesure tout en la minimisant par un effet de moyennage.

PHYSIQUE-CHIMIE

Sujet 23 Conservation du lait

25 pts — 30 min

Amérique du Nord, juin 2018

Source de calcium et de vitamines, le lait est un aliment complet, mais c'est un produit fragile.
Dès la traite, on instaure une chaîne du froid pour le conserver.

Partie I Étude physico-chimique d'un lait

Le lait est un mélange (émulsion) de matières grasses (lipides) dans l'eau.

Doc. 1 Caractéristiques du lait étudié

Les masses de constituants sont données ***pour 100 g de lait***.

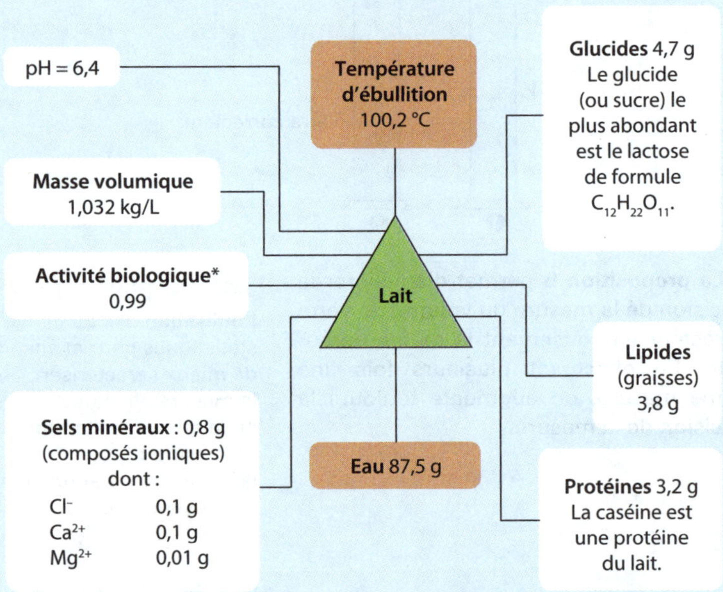

(*) Pour information, plus l'activité biologique est proche de 1, plus le risque de développement de micro-organismes est élevé.

1 Indiquer la composition atomique de la molécule de lactose.

2 D'après la réglementation sanitaire européenne, la conservation des produits alimentaires est autorisée à température ambiante quand l'une des trois conditions suivantes est vérifiée :
– activité biologique < 0,91 ;
– pH < 4,5 ;
– activité biologique < 0,95 et pH < 5,2.
Expliquer pourquoi le lait étudié doit être conservé au froid.

3 La poudre de lait est fabriquée en évaporant totalement l'eau contenue dans le lait.
a. Déterminer la masse de poudre de lait qu'il est possible d'obtenir à partir d'un kilogramme du lait étudié.
b. On fabrique de la poudre de lait à partir d'un litre du lait étudié. Expliquer sans calcul si la masse de poudre de lait obtenue est inférieure, identique ou supérieure à la valeur trouvée à la question **a.**.

Partie II Analyse du lactosérum

L'une des méthodes les plus anciennes de conservation du lait est la fabrication de fromage.
Le lait cru subit alors une chaîne de transformation (*document 2*). Il faut séparer la phase aqueuse du lait, appelée lactosérum, du caillé. Le caillé est ensuite traité séparément pour être transformé en fromage.

Doc. 2 Chaîne de transformation du lait cru

Écrémage : Laissé au repos, le lait se sépare en deux couches. La crème remonte à la surface. Le liquide restant constitue le lait écrémé.

Coagulation : On amène le pH du lait écrémé à la valeur de 4,6. Un solide insoluble dans l'eau se dépose au fond du récipient, c'est le caillé. Le liquide qui surnage est appelé lactosérum. Il est constitué d'eau, de lactose, de sels minéraux et de quelques protéines solubles dans l'eau.

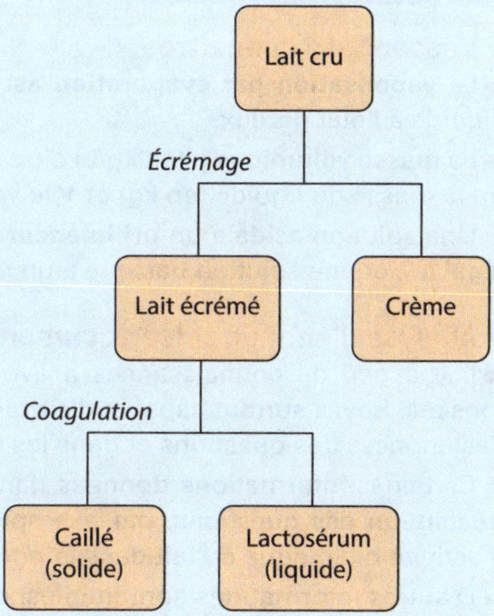

PHYSIQUE-CHIMIE

4 En exploitant le *document 2*, expliquer pourquoi on peut faire l'hypothèse que le lactosérum est acide.

5 En utilisant le *document 3*, proposer un protocole expérimental permettant de prouver la présence d'ions chlorure dans le lactosérum. On pourra formuler la réponse sous forme de texte et/ou de schémas.

Doc. 3 **Quelques tests d'identification d'ions**

Ion testé	Ion magnésium Mg^{2+}	Ion chlorure Cl^-	Ion calcium Ca^{2+}
Réactif	Solution d'hydroxyde de sodium	Solution de nitrate d'argent	Solution d'oxalate de sodium
Couleur du solide (précipité) obtenu	Blanc	Blanc noircissant à la lumière	Blanc

Sujet 23 Corrigé

Les clés pour réussir

L'essentiel à connaître

- La **vaporisation par évaporation** est un changement d'état, de l'état liquide à l'état gazeux.
- La **masse volumique** ρ (en kg/L) d'un liquide est égale à : $\rho = m/V$, avec m la masse du liquide (en kg) et V le volume du liquide (en L).
- Une solution **acide** a un **pH inférieur à 7**, une solution **neutre** a un pH **égal à 7**, et une solution **basique** a un pH **supérieur à 7**.

Analyser l'énoncé et les documents

- Il y a peu de connaissances à avoir pour répondre aux questions posées. Soyez surtout capable d'extraire les bonnes informations dans les énoncés des questions et dans les documents.
- Certaines informations données dans les documents sont utiles à la résolution des questions, par exemple la masse volumique, le pH ou l'activité biologique du lait dans le *document 1*.
- D'autres informations sont inutiles, comme celles concernant les sels minéraux, les lipides ou les protéines présents dans le lait.

Bien comprendre les questions

Question 1

- Retrouvez dans le *document 1* la formule du lactose pour indiquer sa composition chimique.

Question 2

- Comparez les valeurs du pH et de l'activité biologique du lait avec celles données dans les conditions de conservation des produits alimentaires à température ambiante.

Question 3

- Comprenez bien la phrase de l'énoncé : la poudre de lait est fabriquée en évaporant totalement l'eau contenue dans le lait.

Question 4

- Faites le lien entre vos connaissances et les informations données dans le *document 2*.

Question 5

- Réalisez un schéma pour bien décrire le protocole expérimental.

1 La composition chimique du lactose, de formule $C_{12}H_{22}O_{11}$, est :
- **12 atomes de carbone** ;
- **22 atomes d'hydrogène** ;
- **11 atomes d'oxygène**.

Gagnez des points !
Le symbole de l'atome de carbone est C, celui de l'atome d'hydrogène H et celui de l'oxygène O.

2 D'après le *document 1*, le **pH du lait** étudié est **égal à 6,4** (> 5,2) et **son activité biologique** vaut **0,99** (> 0,95).
Aucune des conditions de conservation des produits alimentaires **à température ambiante n'est donc respectée** pour le lait, ce qui explique qu'on doit le conserver au froid.

3 a. D'après le *document 1*, il y a 87,5 g d'eau dans 100 g de lait.
Comme la poudre de lait est fabriquée en évaporant totalement l'eau contenue dans le lait, il y a **dans 100 g de lait** une masse m_1 de poudre de lait égale à : $m_1 = 100 - 87{,}5 =$ **12,5 g**.
Ainsi, à partir d'**un kilogramme de lait** étudié, la masse m_2 de poudre de lait qu'il est possible d'obtenir est :
$m_2 = 10 \times m_1 = 10 \times 12{,}5 =$ **125 g**.

L'astuce du prof
1 kg = 1 000 g
1 kg = 10 × 100 g

b. D'après le *document 1*, la masse volumique du lait étudié vaut 1,032 kg/L, ce qui signifie que **la masse d'un litre de lait est supérieure à un kilogramme.**
La masse de poudre de lait obtenue à partir d'un litre du lait étudié est donc **supérieure** à la valeur trouvée dans la question précédente.

4 D'après le *document 2*, à la fin de la coagulation, le lait écrémé a un **pH de 4,6** et le liquide qui surnage est appelé lactosérum.
Comme une solution ayant un **pH inférieur à 7** est acide, on peut faire l'hypothèse que le lactosérum est **acide.**

5 Le protocole expérimental permettant de prouver la présence d'ions chlorure dans le lactosérum peut être le suivant :
– Verser un échantillon de lactosérum dans un tube à essais.
– Ajouter quelques gouttes de solution de **nitrate d'argent** dans le tube à essai.

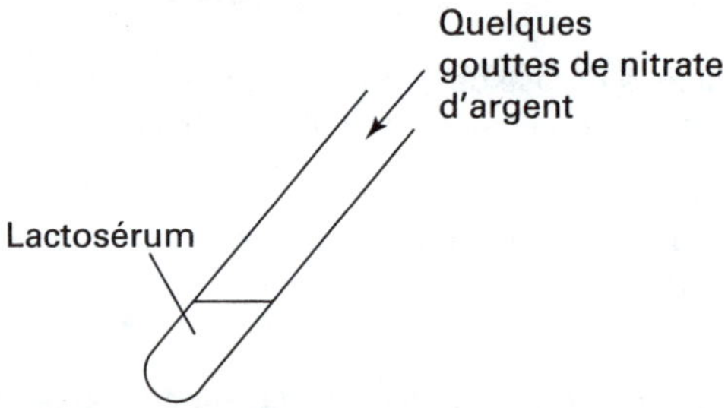

S'il se forme un **précipité blanc noircissant à la lumière**, le lactosérum contient des **ions chlorure**. S'il ne se forme pas de précipité, le lactosérum ne contient pas d'ions chlorure.

Sujet 24 — Dessalement de l'eau de mer

25 pts — 30 min

Sujet zéro, janvier 2018

Pour faire face à la pénurie annoncée d'eau potable, de nouvelles techniques de production sont mises en place pour satisfaire les besoins des populations toujours plus nombreuses. Une des techniques prometteuses pour certains pays est le dessalement de l'eau de mer.

On s'intéresse aux deux techniques les plus utilisées pour dessaler l'eau de mer : la **distillation** et l'**osmose inverse**.

1 Dessalement de l'eau de mer

On considère que l'eau de mer est constituée essentiellement d'eau et de sel (ions chlorure Cl^- et ions sodium Na^+). En moyenne, un litre d'eau de mer contient une masse de 35 g de sel.

a. À l'aide des données du *document 1*, calculer la masse de sel récupérée en une journée dans une station utilisant la technique d'osmose inverse.

Doc. 1 Présentation de la distillation et de l'osmose inverse

La distillation

Dans les procédés de distillation, il s'agit de chauffer l'eau de mer pour en vaporiser une partie. La vapeur ainsi produite ne contient pas de sels, il suffit alors de liquéfier cette vapeur en la refroidissant à l'aide d'un condenseur, pour obtenir de l'eau douce liquide.

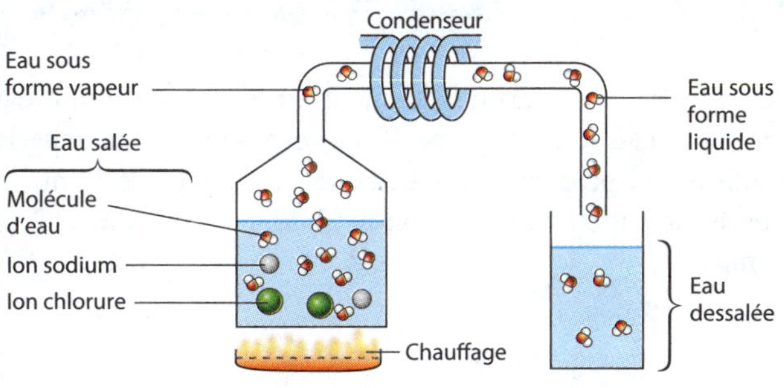

Schéma d'un distillateur

L'inconvénient majeur des procédés de distillation est leur consommation énergétique. En effet, pour transformer 1 kg d'eau liquide en 1 kg d'eau vapeur à la même température, il faut environ 2 250 kilojoules.

L'osmose inverse

L'osmose inverse est un procédé de séparation de l'eau et des sels dissous au moyen de filtres (membranes semi-perméables). Les membranes laissent passer les molécules d'eau et ne laissent pas passer les sels dissous.

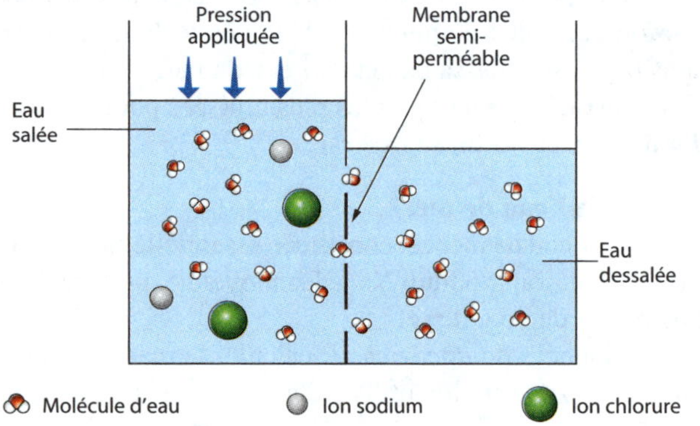

Schéma d'un osmoseur

Une station utilisant la technique d'osmose inverse peut dessaler 10 m^3 d'eau de mer par jour.

L'énergie nécessaire vaut environ 20 000 J par kilogramme d'eau traitée.

Rappel : 1 m^3 correspond à 1 000 L.

D'après http://culturesciences.chimie.ens.fr/ le-dessalement-de-leau-de-mer-et-des-eaux-saumâtres

b. On souhaite vérifier expérimentalement qu'un échantillon d'eau dessalée ne contient plus d'ions chlorure. Proposer un protocole expérimental à mettre en place. On précisera en particulier les étapes de la manipulation et les observations attendues. On pourra s'aider du *document 2*, de textes ou de schémas.

Doc. 2 **Tests de reconnaissance de quelques espèces chimiques**

Formule de l'espèce chimique testée	Réactif	Observation
Cu^{2+}	Solution d'hydroxyde de sodium (soude)	Formation d'un solide bleu
Fe^{2+}	Solution d'hydroxyde de sodium (soude)	Formation d'un solide vert
Cl^{-}	Solution de nitrate d'argent	Formation d'un solide blanc qui noircit à la lumière

2 Étude de la distillation

Le diagramme ci-dessous représente les changements d'état ayant lieu lors de la distillation.

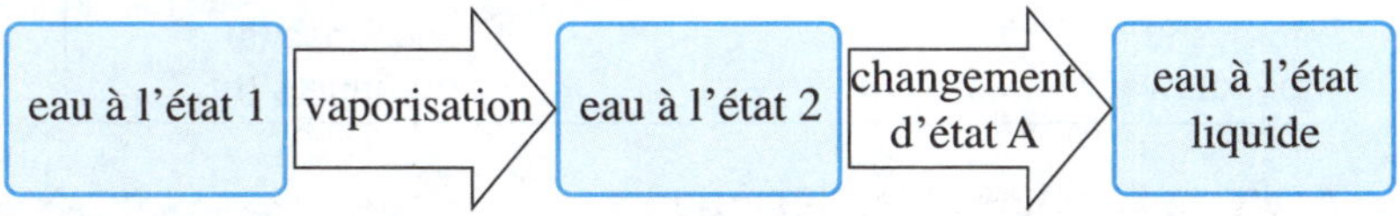

a. Nommer les états de l'eau 1 et 2.
b. Nommer le changement d'état A.
c. En utilisant le *document 1* et la relation $t = \frac{E}{P}$ avec t la durée en secondes, E l'énergie en joules et P la puissance en watts, calculer la durée nécessaire pour distiller 1 kg d'eau de mer si on dispose d'une puissance de chauffage $P = 2\,300$ W.

3 Comparer l'énergie nécessaire pour dessaler 1 kg d'eau de mer par chacune des deux techniques, en s'appuyant sur le *document 1*.

Sujet 24 Corrigé

Les clés pour réussir

L'essentiel à connaître

- La **vaporisation** est un changement d'état, de l'état liquide à l'état gazeux.
- La **liquéfaction** est un changement d'état, de l'état gazeux à l'état liquide.
- L'**énergie *E*** nécessaire pour dessaler de l'eau de mer dépend de la **puissance *P*** du chauffage et de sa **durée de fonctionnement *t*** :

$$E = P \times t$$

- E : joules (J) ou kilowattheures (kWh)
- P : watts (W) ou kilowatts (kW)
- t : secondes (s) ou heures (h)

Analyser l'énoncé et les documents

- Relevez la valeur de la masse de sel contenue dans un litre d'eau de mer, ainsi que les valeurs d'énergie données dans le *document 1*, car elles vous seront utiles pour répondre aux questions posées.
- Le *document 2* décrit différents tests de reconnaissance d'espèces chimiques. Choisissez celui qui permet de vérifier qu'une eau est totalement dessalée.

Bien comprendre les questions

Question 1

a. Pour calculer la masse de sel récupérée en une journée dans une station utilisant la technique d'osmose inverse, commencez par trouver dans le *document 1* le volume d'eau de mer dessalée par jour dans cette station.

Question 2

c. Le calcul de la durée nécessaire pour distiller 1 kg d'eau de mer nécessite de connaître l'énergie nécessaire pour effectuer cette opération. Cette information se trouve dans le *document 1*, mais ne confondez pas les valeurs données pour la distillation et pour l'osmose inverse.

Question 3

- Pour comparer les énergies nécessaires pour dessaler 1 kg d'eau de mer avec la distillation et avec l'osmose inverse, calculez un rapport entre ces deux énergies.

1 **a.** Une station utilisant la technique d'osmose inverse dessale un volume $V = 10\ m^3 = 10\ 000$ L d'eau de mer par jour.

Comme un litre d'eau de mer contient une masse de 35 g de sel, la masse m de sel récupérée en une journée est égale à :

$m = 35 \times 10\ 000 = 350\ 000$ g = **350 kg**.

Gagnez des points !

$1\ m^3 = 1\ 000$ L

1 g = 0,001 kg

b. Le protocole expérimental permettant de vérifier qu'un échantillon d'eau dessalée ne contient plus d'ions chlorure peut être le suivant :

– verser un échantillon d'eau dessalée dans un tube à essais ;

– ajouter quelques gouttes de **nitrate d'argent** dans le tube à essais.

S'il se forme un **précipité blanc qui noircit à la lumière**, l'eau dessalée contient encore des **ions chlorure**. S'il ne se forme pas de précipité, l'eau dessalée ne contient plus d'ions chlorure.

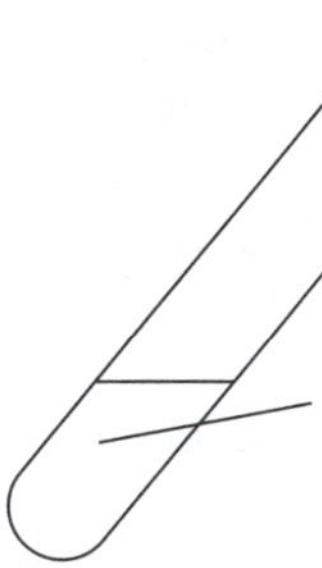

2 **a.** L'état 1 de l'eau est l'état **liquide**.
L'état 2 de l'eau est l'état **gazeux**.

b. Le changement d'état A est une **liquéfaction**.

c. D'après le *document 1*, il faut une énergie $E = 2\ 250$ kJ $= 2\ 250 \times 10^3$ J pour distiller 1 kg d'eau de mer.

Si on dispose d'une puissance de chauffage $P = 2\ 300$ W, la durée t nécessaire pour distiller 1 kg d'eau de mer est donc égale à :

$t = \dfrac{E}{P} = \dfrac{2\ 250 \times 10^3}{2\ 300} = 978$ s ≈ **16 heures.**

3 D'après le *document 1*, il faut une énergie $E = 2\ 250$ kJ pour dessaler 1 kg d'eau de mer avec une distillation, et il faut une énergie $E' = 20\ 000$ J = 20 kJ pour dessaler 1 kg d'eau de mer avec une osmose inverse.

L'astuce du prof

Pour comparer les valeurs de ces deux énergies, convertissez-les afin qu'elles aient la même unité.

$\dfrac{E}{E'} = \dfrac{2\ 250}{20} = 112{,}5$: **une distillation consomme donc plus de 100 fois plus d'énergie qu'une osmose inverse** pour dessaler 1 kg d'eau de mer.

PHYSIQUE-CHIMIE

Sujet 25 — Les centrales géothermiques

25 pts* — 30 min

France métropolitaine, juin 2017

La production d'électricité à partir des centrales thermiques à flamme est le mode le plus répandu dans le monde et bénéficie des abondantes, mais épuisables, ressources en charbon, pétrole et gaz de la planète. Certains pays se lancent dans le développement de centrales géothermiques, on veut ici comprendre ce choix.

Doc. 1 Principe de fonctionnement d'une centrale géothermique

Une centrale géothermique produit de l'électricité, sans qu'il y ait de combustion, grâce à la chaleur de la Terre qui transforme l'eau contenue dans les nappes souterraines en vapeur. Le mouvement de la vapeur d'eau sous pression permet de faire tourner une turbine entraînant un alternateur, qui produit alors un courant alternatif.

Centrale géothermique de Wairakei en Nouvelle-Zélande

* Dont 2,5 points pour la présentation de la copie, l'orthographe, la syntaxe et le vocabulaire.

Doc. 2 **Principe de fonctionnement d'une centrale thermique à flamme**

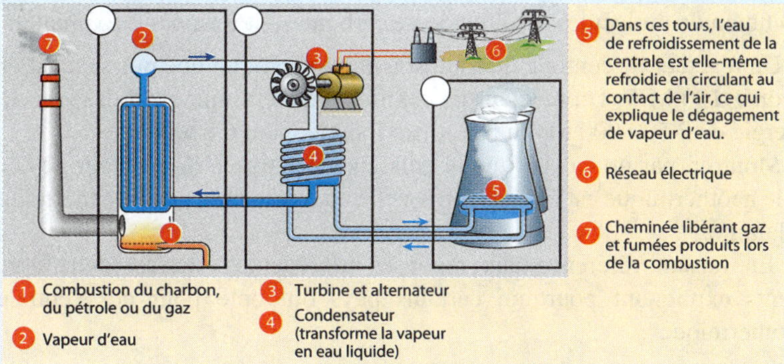

Source : Microméga Physique-chimie 3e paru chez Hatier

1 Compléter le tableau suivant en exploitant les *documents 1* et *2*.

Nom de la centrale	Source(s) d'énergie utilisée(s)	Source d'énergie renouvelable ou non ?	Dégage ou ne dégage pas de fumées lors de son utilisation ?
Thermique à flamme			
Géothermique			

2 Il s'agit de repérer sur le dessin de la centrale thermique à flamme (*document 2*) les trois circuits distincts *A*, *B* et *C* décrits ci-dessous :
– *A* : circuit de refroidissement ;
– *B* : circuit primaire ou lieu de transformation d'énergie chimique en énergie thermique ;
– *C* : circuit secondaire ou lieu de transformation de l'énergie mécanique en énergie électrique.
Pour répondre à cette question, mettre *A*, *B* ou *C* à l'intérieur des cercles blancs du *document 2*.

3 On étudie la réaction de combustion ayant lieu dans le circuit primaire d'une centrale thermique utilisant le gaz naturel, composé essentiellement de méthane CH_4. Le méthane réagit avec le dioxygène O_2 de l'air pour former du dioxyde de carbone CO_2 et de l'eau H_2O, selon l'équation de réaction :

$$CH_4 + 2\ O_2 \rightarrow CO_2 + 2\ H_2O$$

a. Nommer le gaz participant à l'effet de serre produit lors de cette transformation chimique.

PHYSIQUE-CHIMIE

b. Lorsqu'on brûle 6×10^{22} molécules de méthane de manière complète, combien de molécules de dioxygène sont nécessaires ? Expliquer. Combien de molécules de dioxyde de carbone sont formées ? Expliquer.

4 Un réacteur de centrale thermique à flamme produit une puissance d'environ 1 100 MW. Un réacteur de centrale géothermique peut délivrer une énergie de 7 500 000 MWh par an, en fonctionnant 6 820 heures.

a. Montrer, par un calcul, que la puissance électrique du réacteur de centrale géothermique est équivalente à celle du réacteur de centrale thermique à flamme.

b. En faisant référence aux réponses précédentes, donner deux arguments expliquant pourquoi certains pays ont opté pour des centrales géothermiques.

Sujet 25 Corrigé

Les clés pour réussir

L'essentiel à connaître

- Une **source d'énergie renouvelable** est une source d'énergie pouvant être exploitée de façon **illimitée** à l'échelle humaine.
- Une **source d'énergie non renouvelable** est une source d'énergie dont les stocks sont **limités** à l'échelle humaine.
- Le charbon, le pétrole et le gaz contiennent de **l'énergie** sous forme **chimique.**
- Lors d'une **combustion**, une partie de l'énergie chimique du combustible est convertie en énergie thermique.
- Le **dioxyde de carbone** CO_2 est un gaz participant à **l'effet de serre.**
- L'**énergie électrique** ***E*** délivrée par un réacteur de centrale dépend de la **puissance électrique** ***P*** du réacteur et de sa **durée de fonctionnement** ***t*** :

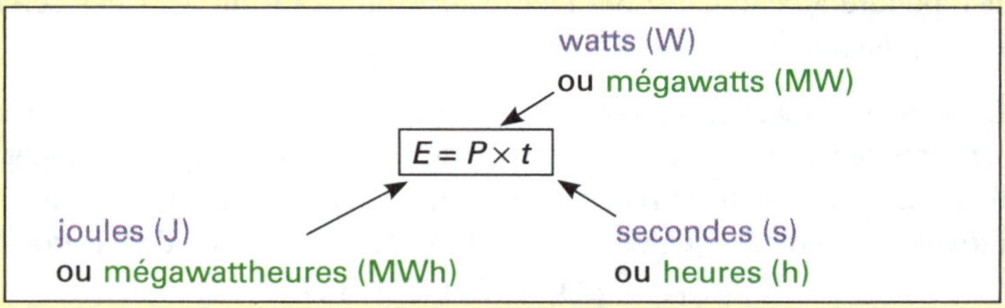

Analyser l'énoncé et les documents

Prenez le temps de bien lire les deux documents, qui explicitent le fonctionnement d'une centrale géothermique et d'une centrale thermique à flamme :

- Dans une centrale géothermique, il n'y a pas de combustion et donc pas de fumées dégagées.
- Dans une centrale thermique à flamme, il y a une combustion du charbon, du pétrole ou du gaz, ce qui entraîne un dégagement de fumées.
- Un alternateur convertit de l'énergie mécanique en énergie électrique.

Bien comprendre les questions

Question 1

- Lisez attentivement les *documents 1* et *2* avant de compléter le tableau. Il n'est pas nécessaire de justifier les réponses données.

Question 2

- Étudiez le dessin du *document 2* pour trouver où sont converties les différentes formes d'énergie (chimique, mécanique et électrique).

Question 3

- Utilisez les coefficients stœchiométriques donnés dans l'équation de la réaction de combustion pour répondre aux questions posées.

Question 4

- Calculez la puissance du réacteur d'une centrale géothermique grâce à la relation liant l'énergie, la puissance et la durée d'utilisation.

1 D'après le *document 1*, dans une centrale géothermique, la source d'énergie utilisée est la Terre, et plus spécifiquement la chaleur de la Terre. C'est une source d'énergie renouvelable, car elle est illimitée à l'échelle humaine. De plus, il n'y a pas de combustion et donc pas de fumée dégagée : il y a uniquement de la vapeur d'eau qui se condense en eau liquide.

Remarque
La chaleur de la Terre correspond à un transfert d'énergie thermique de la Terre.

D'après le *document 2*, dans une centrale thermique à flamme, la source d'énergie est soit du charbon, soit du pétrole, soit du gaz. Ce sont des sources d'énergie non renouvelables, car leurs stocks sont limités à l'échelle humaine. Une centrale thermique à flamme fonctionne grâce à la combustion du charbon, du pétrole ou du gaz : il y a donc un dégagement de fumées lors de son utilisation.
Ainsi, il est possible de compléter de la façon suivante le tableau proposé.

Nom de la centrale	Source(s) d'énergie utilisée(s)	Source d'énergie renouvelable ou non ?	Dégage ou ne dégage pas de fumées lors de son utilisation ?
Thermique à flamme	Charbon, pétrole ou gaz	Non renouvelable	Dégagement de fumées
Géothermique	Chaleur de la Terre	Renouvelable	Pas de dégagement de fumées

2 Sur le dessin de la centrale thermique à flamme ci-dessous :

– **le circuit de refroidissement** se trouve dans le cadre désigné par la lettre ***A*** ;

– **le circuit primaire ou lieu de transformation d'énergie chimique en énergie thermique** se trouve dans le cadre désigné par la lettre ***B*** ;

– **le circuit secondaire ou lieu de transformation de l'énergie mécanique en énergie électrique** se trouve dans le cadre désigné par la lettre ***C***.

Gagnez des points !

Ne perdez pas de temps à justifier vos réponses car cela n'est pas demandé ici.

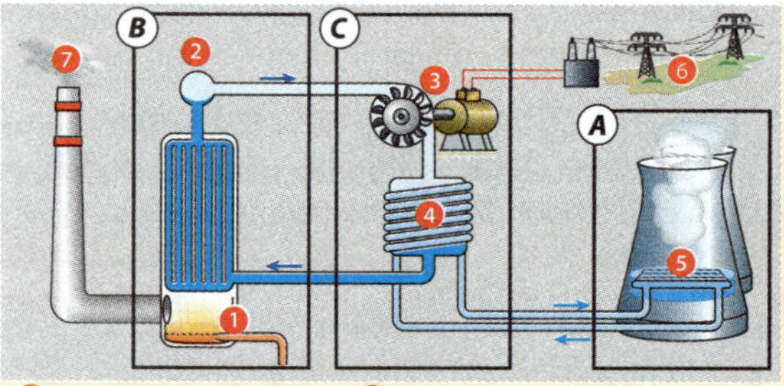

5 Dans ces tours, l'eau de refroidissement de la centrale est elle-même refroidie en circulant au contact de l'air, ce qui explique le dégagement de vapeur d'eau.

6 Réseau électrique

7 Cheminée libérant gaz et fumées produits lors de la combustion

1 Combustion du charbon, du pétrole ou du gaz

2 Vapeur d'eau

3 Turbine et alternateur

4 Condensateur (transforme la vapeur en eau liquide)

3 **a.** Le gaz participant à l'effet de serre produit lors de la transformation chimique est le **dioxyde de carbone CO_2**.

b. D'après l'équation de la réaction de combustion ayant lieu dans le circuit primaire d'une centrale thermique utilisant le gaz naturel, deux molécules de dioxygène sont nécessaires lorsqu'on brûle une molécule de méthane de manière complète.

Ainsi, lorsqu'on brûle 6×10^{22} molécules de méthane de manière complète, **le nombre de molécules de dioxygène nécessaires est de :**

$2 \times 6 \times 10^{22} = 12 \times 10^{22} = \mathbf{1{,}2 \times 10^{23}}$.

D'après l'équation de la réaction de combustion, une molécule de dioxyde de carbone est formée lorsqu'on brûle une molécule de méthane de manière complète. Ainsi, lorsqu'on brûle 6×10^{22} molécules de méthane de manière complète, **6×10^{22} molécules de dioxyde de carbone sont formées**.

4 a. L'énergie électrique *E* délivrée par le réacteur d'une centrale géothermique dépend de sa puissance électrique *P* et de sa durée de fonctionnement *t* : $E = P \times t$.

Ainsi, la puissance électrique *P* du réacteur d'une centrale géothermique est égale à :

$P = \frac{E}{t}$.

$P = \frac{7\,500\,000}{6\,820} = \mathbf{1\,100\ MW}$.

L'astuce du prof

N'oubliez pas l'unité à la fin du calcul : la puissance s'exprime ici en mégawatts (MW).

D'après l'énoncé de cette question, un réacteur de centrale thermique à flamme produit également une puissance d'environ **1 100 MW.** La puissance électrique du réacteur de centrale géothermique est donc **équivalente** à celle du réacteur de centrale thermique à flamme.

b. La production d'électricité à partir de centrales thermiques à flamme bénéficie des abondantes **ressources en charbon, pétrole et gaz** de la planète. Cependant, ces ressources sont **épuisables**, et **leur combustion dégage des gaz participant à l'effet de serre,** comme le dioxyde de carbone par exemple.

Pour produire de l'électricité, certains pays ont donc opté pour des centrales géothermiques afin de remplacer des centrales thermiques à flamme. Ils utilisent ainsi **des ressources d'énergie renouvelables** et ils **limitent leur dégagement de gaz participant à l'effet de serre**. De plus, ce choix est intéressant au niveau énergétique, car la **puissance électrique** du réacteur d'une centrale géothermique est **équivalente** à celle du réacteur d'une centrale thermique à flamme.

Sujet 26 Saut en parachute

25 pts — 30 min

Amérique du Nord, juin 2019

Un parachutiste saute habituellement depuis un avion en plein vol à une altitude d'environ 3 à 4 km. Pour battre un record de vitesse, l'Autrichien Felix Baumgartner a réalisé en 2012 un saut hors du commun depuis un ballon-sonde à 39 km d'altitude.

Schématisation de deux sauts en parachute

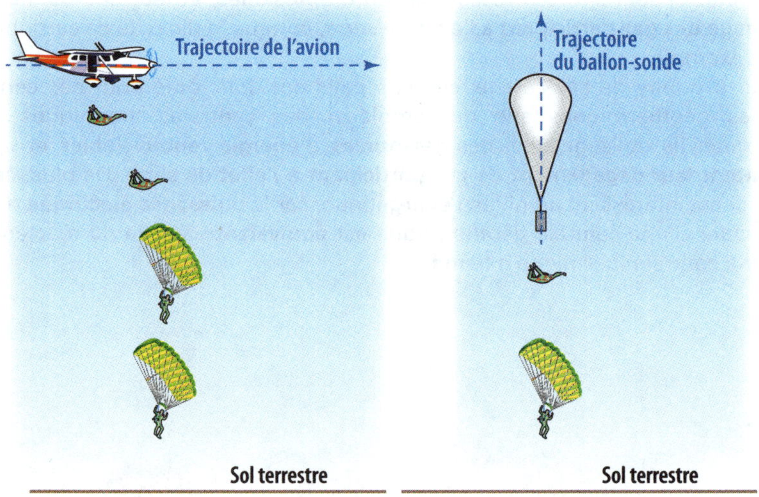

Saut depuis un avion **Saut de F. Baumgartner**

1 Parmi les propositions suivantes, indiquer, en justifiant la réponse à partir du *document 1*, celle qui satisfait aux caractéristiques du saut de F. Baumgartner. Le mouvement est :

- **proposition a :** accéléré puis ralenti ;
- **proposition b :** accéléré puis uniforme ;
- **proposition c :** uniforme puis accéléré.

Doc. 1 **Évolution de la vitesse de F. Baumgartner par rapport au sol terrestre en fonction du temps, avant l'ouverture du parachute**

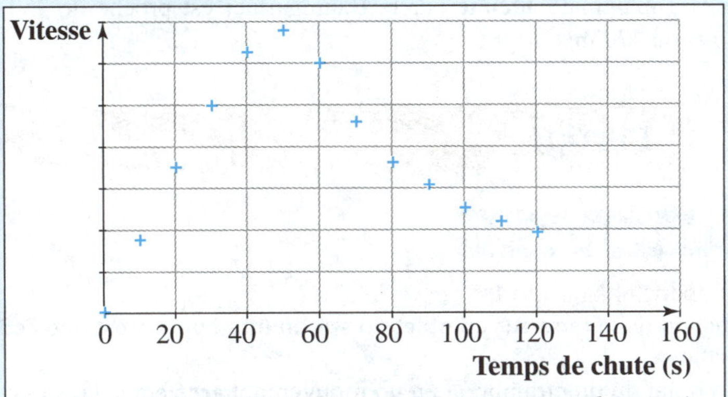

(Les valeurs de la vitesse sont volontairement absentes.)

Doc. 2 **Positions successives de F. Baumgartner au début de sa chute, avant l'ouverture du parachute**

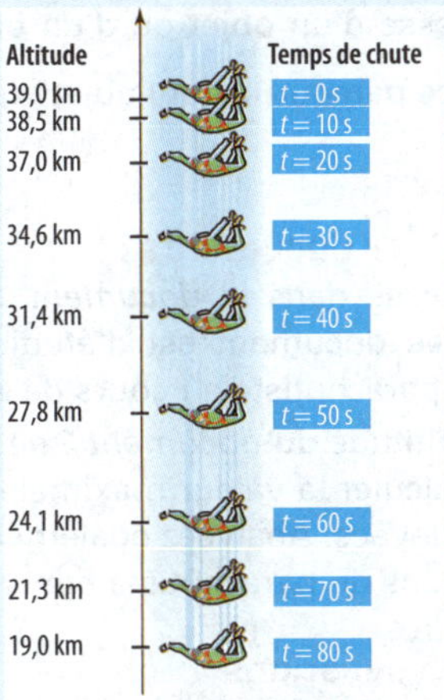

2 Montrer sans calcul que l'analyse du *document 2* permet de retrouver la réponse précédente.

Le parachutiste est soumis à deux actions mécaniques : l'action de la Terre modélisée par le poids (appelée force de pesanteur) et les frottements de l'air.

3 Indiquer, pour chacune de ces actions, s'il s'agit d'une action de contact ou d'une action à distance.

4 En exploitant les *documents 1* et *2*, expliquer, à l'aide de calculs, si la vitesse maximale atteinte par F. Baumgartner est proche de 250 m/s, 370 m/s ou 470 m/s.

Sujet 26 Corrigé

Les clés pour réussir

L'essentiel à connaître

- L'action de la Terre sur un objet ou sur un être humain est une **action à distance**.
- Un objet ou un être humain a un mouvement **accéléré** si la valeur de sa **vitesse augmente** au cours du temps.
- Un objet ou un être humain a un mouvement **uniforme** si la valeur de sa **vitesse** est **constante** au cours du temps.
- Un objet ou un être humain a un mouvement **ralenti** si la valeur de sa vitesse **diminue** au cours du temps.
- La valeur v de la vitesse d'un objet ou d'un être humain est égale à $v = \frac{d}{t}$, avec d la distance parcourue par l'objet ou l'être humain pendant une durée t.

Analyser l'énoncé et les documents

- Les valeurs de la vitesse dans le *document 1* étant volontairement absentes, l'intérêt de ce document est d'étudier les variations de la valeur de la vitesse du parachutiste au cours de sa chute.
- Toutes les valeurs d'altitude du *document 2* ne sont pas utiles. Seules celles permettant de calculer la valeur maximale de la vitesse du parachutiste doivent être relevées. Analysez également l'évolution de la distance entre deux positions du parachutiste pendant sa chute.

Bien comprendre les questions

Question 1

- Reprenez les définitions des termes « accéléré », « uniforme » et « ralenti » pour justifier la réponse.

Question 2

- Comparez les distances parcourues par le parachutiste pendant une même durée pour faire le lien avec le *document 1*.

Question 3

- Cette question demande une réponse très courte.

Question 4

- Calculez la distance maximale parcourue par le parachutiste pendant 10 s pour répondre à la question posée.

1 **Proposition a.** Le mouvement de F. Baumgartner est **accéléré, puis ralenti.** En effet, d'après le *document 1*, la valeur de la **vitesse** de F. Baumgartner **augmente, puis diminue** au cours de sa chute.

2 D'après le *document 2*, entre 0 s et 60 s, **la distance parcourue par F. Baumgartner pendant 10 s augmente.** Puis, entre 60 s et 80 s, **la distance parcourue par F. Baumgartner pendant 10 s diminue.**

Ainsi, comme la valeur v de la vitesse est égale à $v = \frac{d}{t}$ avec d la distance parcourue pendant une durée t, **l'analyse du *document 2* permet de retrouver la réponse précédente** : la valeur de la vitesse de F. Baumgartner augmente, puis diminue au cours de sa chute.

L'astuce du prof

Pour être plus précis, vous pouvez donner les distances exactes parcourues par F. Baumgartner pendant 10 s, mais vous perdrez du temps sans obtenir de points supplémentaires.

3 L'action de la Terre sur le parachutiste F. Baumgartner, modélisée par le **poids du parachutiste** (aussi appelée force de pesanteur), est une **action à distance.**

Les **frottements** de l'air exercés sur le parachutiste sont une **action de contact.**

Gagnez des points !

Ne justifiez pas votre réponse, ce n'est pas demandé.

4 D'après le *document 1*, la valeur maximale de la vitesse de F. Baumgartner est atteinte après 50 s de chute, ce qui est cohérent avec le *document 2* dans lequel on voit que **la distance maximale parcourue par le parachutiste pendant une même durée se trouve entre 50 s et 60 s.**

Comme la valeur v de la vitesse est égale à $v = \frac{d}{t}$, avec d la distance parcourue pendant une durée t, la valeur maximale de la vitesse atteinte par F. Baumgartner est égale à :

$$v = \frac{27{,}8 - 24{,}1}{10} = \frac{3{,}7}{10} = 0{,}37 \text{ km/s} = \mathbf{370 \text{ m/s}}.$$

L'astuce du prof

Pensez à convertir le résultat en m/s.

PHYSIQUE-CHIMIE

Sujet 27 — Entraînement d'une snowboardeuse

25 pts — 30 min

Sujet zéro, janvier 2018

Lors de ses entraînements, une snowboardeuse utilise divers dispositifs de mesure pour analyser ses sauts. Elle prend également soin de la semelle de ses planches de surf pour bien glisser sur la neige et améliorer ainsi ses performances.

1 La chronophotographie désigne une technique photographique qui consiste à prendre une succession de photographies, puis à les superposer, afin de permettre de bien observer les phases d'un mouvement.

Doc. 1 Chronophotographie d'un saut de Kelly Clark prise par Tom Zikas

Extrait de : www.espn.com

L'intervalle de temps entre deux prises de vue correspondant à deux positions successives de la snowboardeuse est égal à 125 ms.
Le mouvement de la snowboardeuse est décomposé en deux phases :
– la première partie du mouvement, appelée phase 1, correspond au mouvement ascendant de la snowboardeuse entre la position repérée par l'étiquette « Départ » sur la chronophotographie et le sommet de la trajectoire ;
– la seconde partie du mouvement, appelée phase 2, correspond au mouvement descendant de la snowboardeuse entre le sommet de la trajectoire et la position repérée par l'étiquette « Arrivée » sur la chronophotographie.
a. Évaluer, à l'aide de la chronophotographie et en justifiant la démarche, la durée de la phase 1 et la durée de la phase 2 du mouvement de la snowboardeuse.
b. En déduire la durée totale du mouvement en secondes.

2 L'exploitation de la chronophotographie permet d'obtenir certaines données comme le temps de parcours, la hauteur et la vitesse qui sont indiqués dans le tableau suivant.

	Départ						Sommet
Temps (en s)	0	0,125	0,250	0,375	0,500	0,625	0,750	0,875
Hauteur (en m)	0	0,97	2,0	3,1	4,0	4,9	5,8	6,4
Vitesse (en m/s)	12,5	11,3	9,8	8,8	7,9	7,6	6,9	5,3

							Arrivée
Temps (en s)	1,000	1,125	1,250	1,375	1,500	1,625	1,750
Hauteur (en m)	6,2	5,8	4,9	5,9	2,9	1,5	0,24
Vitesse (en m/s)	5,4	5,7	8,3	8,9	9,9	10,6	

a. Décrire l'évolution de la valeur de la vitesse pendant la phase 1, puis pendant la phase 2 du mouvement de la snowboardeuse.
b. En déduire la nature du mouvement – uniforme, accéléré ou ralenti – pour chacune des phases 1 et 2. Justifier.
c. Sur le *document 1*, représenter par un segment fléché les caractéristiques de la vitesse de la snowboardeuse à l'instant $t_0 = 0$ s. L'échelle choisie pour

la représentation du segment fléché associé à la vitesse est la suivante : 1 cm correspond à 5 m/s.

3 On étudie désormais les énergies mises en jeu lors de la phase 2 du mouvement. La snowboardeuse possède de l'énergie potentielle, notée E_p, liée à sa hauteur, et de l'énergie cinétique, notée E_c, liée à sa vitesse.
a. Justifier l'affirmation suivante : « Au sommet de sa trajectoire, l'énergie cinétique de la snowboardeuse est minimale ».
b. Identifier la nature de la conversion d'énergie qui a lieu pendant la phase 2 du saut.

4 Pour améliorer la glisse, on réalise un « fartage » des planches de surf (snowboards). Pour cela, on dépose une couche de fart essentiellement constitué de paraffine sur la semelle de la planche de surf, c'est-à-dire sur la partie qui est en contact avec la neige.

Propriétés de la paraffine et de l'eau :

Espèce chimique	Formule chimique	Température de fusion	Propriété particulière
Paraffine	$C_{31}H_{64}$	69 °C	Espèce insoluble dans l'eau à toute température
Eau	?	0 °C	La neige, comme la glace, est de l'eau à l'état solide.

a. Donner la formule chimique de l'eau et la composition atomique d'une molécule de paraffine.
b. À l'aide des propriétés des différentes espèces chimiques, indiquer si les affirmations suivantes sont vraies ou fausses :
– **affirmation A** : la paraffine reste solide au contact de la neige ;
– **affirmation B** : pour farter des planches de surf, on dissout de la paraffine solide dans de l'eau chaude, on dépose le liquide sur la semelle des planches de surf et on laisse sécher ;
– **affirmation C** : pour farter des planches de surf, on peut utiliser un « fer à farter » porté à la température de 80 °C pour étaler la paraffine et on laisse refroidir.

Sujet 27 Corrigé

Les clés pour réussir

L'essentiel à connaître

- Le mouvement d'un objet est **ralenti** si la valeur de sa vitesse **diminue.**
- Le mouvement d'un objet est **accéléré** si la valeur de sa vitesse **augmente.**
- La vitesse d'un objet en mouvement se caractérise notamment par :
  - une **direction** : la tangente à sa trajectoire ;
  - un **sens** : le sens du mouvement.
- Un matériau est **solide** si sa température est **inférieure à sa température de fusion.**

Analyser l'énoncé et le document

- Pour évaluer la durée d'un mouvement étudié avec une chronophotographie, relevez l'intervalle de temps entre deux prises de vue.
- Dans le tableau d'exploitation de la chronophotographie, il est équivalent de parler de vitesse (en m/s) ou de valeur de vitesse, comme cela est indiqué dans la question **2 a.**

Bien comprendre les questions

Question 1

- Comptez le nombre de prises de vue pour évaluer la durée du mouvement.

Question 2

c. Le segment fléché doit avoir comme point d'application le centre de la snowboardeuse au départ. Servez-vous de la valeur de la vitesse de la snowboardeuse au départ pour calculer la longueur du segment fléché.

Question 3

- Utilisez les informations données dans l'énoncé concernant les énergies cinétique et potentielle.

Question 4

a. La composition atomique d'une molécule se déduit de sa formule chimique.

b. Utilisez les valeurs des températures de fusion et les propriétés particulières de la paraffine et de l'eau énoncées dans le tableau.

1 **a.** Il y a 8 prises de vue, soit 7 intervalles de temps, entre la position repérée par l'étiquette « Départ » sur la chronophotographie et le sommet de la trajectoire.
Ainsi, la durée t_1 de la phase 1 est égale à :
$\boldsymbol{t_1 = 7 \times 125 = 875}$ **ms.**
Il y a 8 prises de vue, soit 7 intervalles de temps, entre le sommet de la trajectoire et la position repérée par l'étiquette « Arrivée » sur la chronophotographie.

Gagnez des points !
1 s = 1 000 ms
1 ms = 0,001 s

Ainsi, la durée t_2 de la phase 2 est égale à : $\boldsymbol{t_2 = 7 \times 125 = 875}$ **ms.**

b. La durée totale t du saut de la snowboardeuse, en secondes, est égale à :
$t = t_1 + t_2 = 875 + 875 = 1\,750$ ms = **1,75 s.**

2 **a.** D'après le tableau décrivant l'évolution de la valeur de la vitesse de la snowboardeuse durant son saut, la valeur de la vitesse **diminue pendant la phase 1**, puis **augmente pendant la phase 2.**

b. Comme la valeur de la vitesse de la snowboardeuse diminue pendant la phase 1, son mouvement est **ralenti.**
Comme la valeur de la vitesse de la snowboardeuse augmente pendant la phase 2, son mouvement est **accéléré.**

c. Le segment fléché représentant les caractéristiques de la vitesse de la snowboardeuse à l'instant $t_0 = 0$ s a une longueur L égale à :

$L = \frac{12{,}5}{5} = \mathbf{2{,}5}$ **cm.**

3 **a.** D'après le tableau décrivant l'évolution de la valeur de la vitesse de la snowboardeuse durant son saut, la valeur de la vitesse diminue pendant la phase 1, puis augmente pendant la phase 2. La **valeur de la vitesse** est donc **minimale au sommet de la trajectoire**.

Comme **l'énergie cinétique** de la snowboardeuse est **liée à la valeur de sa vitesse,** cela signifie qu'« au sommet de sa trajectoire, l'énergie cinétique de la snowboardeuse est minimale ».

L'astuce du prof

L'énergie cinétique E_c est liée à la valeur v de la vitesse de la snowboardeuse de masse m par la relation :

$$E_c = \frac{1}{2} mv^2$$

b. Pendant la phase 2 du saut, la valeur de la vitesse de la snowboardeuse augmente, et sa hauteur diminue.

Comme l'énergie cinétique de la snowboardeuse est liée à la valeur de sa vitesse et que son énergie potentielle est liée à sa hauteur, il y a **une conversion d'énergie potentielle en énergie cinétique** lors de cette phase.

4 **a.** La formule chimique de l'eau est : $\mathbf{H_2O}$.

Comme la formule chimique de la paraffine est $C_{31}H_{64}$, une molécule de paraffine est composée de **31 atomes de carbone et 64 atomes d'hydrogène**.

b. **L'affirmation A est vraie** : la paraffine reste solide au contact de la neige, car la température de la neige est inférieure à la température de fusion de la paraffine (69 °C).

L'affirmation B est fausse : pour farter des planches de surf, il n'est pas possible de dissoudre de la paraffine solide dans de l'eau chaude, car la paraffine est insoluble dans l'eau à toutes températures.

L'affirmation C est vraie : pour farter des planches de surf, on peut utiliser un « fer à farter » porté à la température de 80 °C pour étaler la paraffine avant de laisser refroidir. En effet, la paraffine est liquide à 80 °C, étant donné que cette température est supérieure à sa température de fusion (69 °C).

Sujet 28 — Saut à ski

25 pts — 30 min

Polynésie, septembre 2017

L'épreuve du saut à ski consiste à se laisser glisser le long d'un tremplin puis à progresser dans l'air. Atterrir le plus loin possible dépend de nombreux paramètres : énergie, vitesse, poids… sans oublier la réglementation !

1 Mouvement et énergie

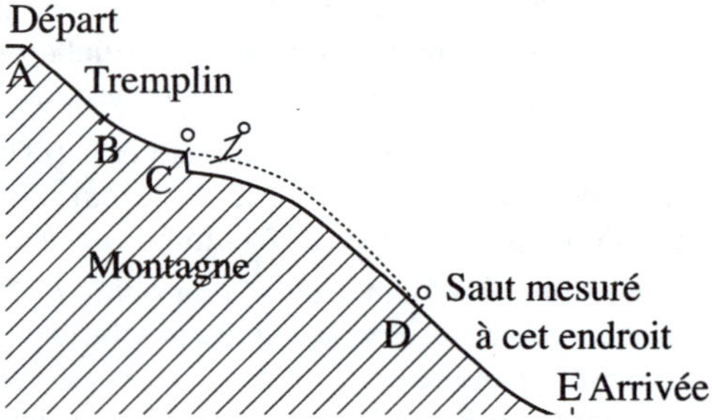

a. En utilisant les repères A, B, C, D et E, indiquer la portion de trajectoire sur laquelle le mouvement est rectiligne.

b. Au départ, le sauteur est immobile. Entre les points A et C, sa vitesse augmente.

- Justifier que l'énergie cinétique du skieur est nulle au départ.
- Expliquer sans calcul l'évolution de l'énergie potentielle du skieur entre le point A et le point C.

c. La valeur de la vitesse en bas du tremplin, au point C, est une donnée importante. Elle peut atteindre la valeur de 25 m/s.

Doc. 1 Conversion m/s ⇔ km/h

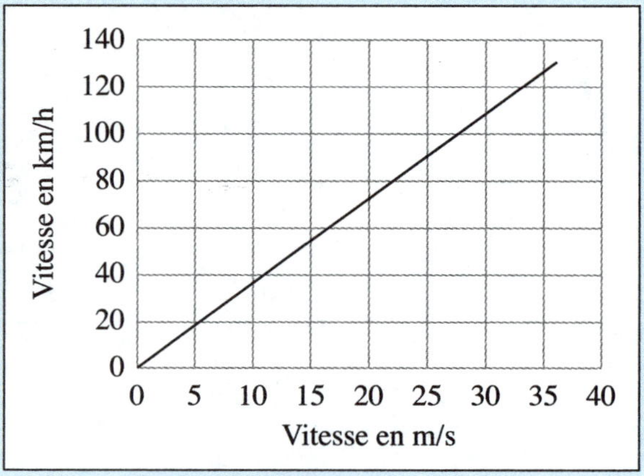

Doc. 2 **Quelques vitesses caractéristiques**

La marche	6 km/h
Le scooter	45 km/h
La voiture	90 km/h
Le train	250 km/h

En utilisant les *documents 1* et *2*, indiquer à quel autre mode de déplacement correspond cette valeur de la vitesse. Expliquer la démarche en quelques phrases.

2 Être prêt pour le jour J

Après des mois d'entraînement, Arthur et Louis, deux jeunes espoirs du saut à ski français, sont prêts à concourir pour la future Coupe du monde.
L'absorption de sucres est importante lors de la préparation des sportifs. Le sucre commercial a pour formule $C_{12}H_{22}O_{11}$. L'organisme le transforme en glucose de formule $C_6H_{12}O_6$.
Indiquer, en apportant un argument, si la transformation dans l'organisme est de nature chimique ou physique.

3 La réglementation sur le poids minimal

Afin de préserver la santé des sauteurs, tentés d'être toujours plus légers, la Fédération internationale de ski (FIS) a introduit en septembre 2004 une nouvelle règlementation dont un extrait figure sur le *document 3*.
En application de cette règlementation, les juges ont interdit à l'un des deux jeunes espoirs français de participer à la première épreuve.
À l'aide des *documents 3* **et** *4*, identifier le sauteur pénalisé. Préciser la démarche.

Pour mémoire, un objet de masse 1 kg a un poids de 9,8 N.

Doc. 3 **Extrait de la règlementation de la FIS : valeur minimale du poids du skieur à respecter en fonction de sa taille**

Taille du sauteur (cm)	Poids minimal du sauteur (*P* en newtons)
160	529
170	598
180	666
190	745

Doc. 4 **Résultats des mesures effectuées par les juges avant l'épreuve**

Sauteur	Taille (cm)	Masse (m en kg)
Louis	180	68,1
Arthur	170	60,8

Sujet 28 Corrigé

Les clés pour réussir

L'essentiel à connaître

- La **trajectoire** d'un point d'un objet est la **ligne formée par l'ensemble des positions successives** occupées par ce point au cours de son mouvement.
- Un mouvement est **rectiligne** si sa trajectoire est une **droite.**
- L'**énergie cinétique** E_c d'un objet de masse m se déplaçant à la valeur de vitesse v est égale à :

$$E_c = \frac{1}{2} \times m \times v^2$$

joules (J) → E_c ; kilogrammes (kg) → m ; mètres par seconde (m/s) → v

- **L'énergie potentielle de pesanteur** d'un objet diminue lorsque **l'altitude de cet objet diminue.**
- Dans une **transformation chimique**, il y a **redistribution des atomes** qui constituent **les réactifs** pour former **de nouvelles molécules ou de nouveaux ions nommés produits.**
- Un objet de masse m proche d'un astre subit une force d'attraction gravitationnelle exercée par l'astre, nommée **poids ou force de pesanteur**, dont la valeur P est égale à :

$$P = m \times g$$

valeur du poids (N) → P ; masse (kg) → m ; intensité de la pesanteur (N/kg) → g

Analyser l'énoncé et les documents

- Repérez bien les repères A, B, C, D et E sur le document initial.
- Faites-le lien entre les *documents 1* et *2* d'une part, et les *documents 3* et *4* d'autre part.

Bien comprendre les questions

Question 1

a. Cherchez la valeur de la vitesse initiale dans l'énoncé et utilisez l'expression de l'énergie cinétique.

c. Déterminez la valeur de la vitesse en km/h à partir de sa valeur en m/s, puis utilisez le *document 2* pour identifier le mode de déplacement qui correspond à cette vitesse.

Question 2

- Comparez les formules du sucre commercial et du glucose, et utilisez vos connaissances pour identifier la nature de la transformation.

Question 3

- Déterminez, à l'aide de l'énoncé, la valeur de l'intensité de la pesanteur et déduisez-en le poids des deux skieurs à l'aide du *document 4*. Utilisez ensuite le *document 3* pour répondre à la question posée.

1 a. D'après le schéma de l'énoncé (profil de la piste), **la trajectoire forme une droite** entre les points A et B. On en déduit que le mouvement est **rectiligne entre A et B**.

b. Le skieur est **immobile** au départ, donc **sa vitesse est nulle**. D'après l'expression de l'énergie cinétique, $E_c = \frac{1}{2} \times m \times v^2$, **l'énergie cinétique initiale est également nulle.** Entre le point A et le point C, **l'altitude du skieur diminue,** donc son **énergie potentielle de pesanteur diminue**.

L'astuce du prof

Ne convertissez pas directement la vitesse en km/h par un calcul, utilisez plutôt le *document 1*.

c. La vitesse en bas de piste est de **25 m/s**. On utilise le *document 1* pour en déduire la vitesse en km/h.
La vitesse en bas de piste est ainsi de l'ordre de 90 km/h.
D'après le *document 2*, cette vitesse correspond à la **vitesse d'une voiture**.

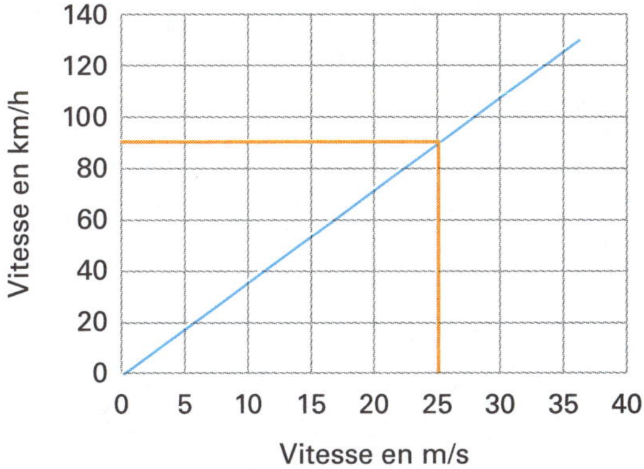

2 Le sucre « commercial » a pour formule $\mathbf{C_6H_{22}O_{11}}$ et se transforme en glucose, de formule $\mathbf{C_6H_{12}O_6}$. Les deux **formules de ces espèces étant différentes,** un **réarrangement des atomes** s'est bien effectué durant la transformation. La transformation est donc une **transformation chimique.**

3 D'après l'énoncé, une masse de 1 kg a une valeur du poids sur Terre de 9,8 N. On retrouve ainsi la valeur de l'intensité de la pesanteur g :

$P = m \times g$ d'où $g = \frac{P}{m} = \frac{9{,}8}{1} = 9{,}8$ N/kg.

Piège à éviter

Le critère concerne un ratio masse/taille, il ne suffit pas d'identifier le sauteur le plus léger !

D'après le *document 4*, Louis a une masse $m = 68{,}1$ kg, soit $P = 68{,}1 \times 9{,}8 =$ **667 N.**
Arthur a une masse $m = 60{,}8$ kg, soit $P = 60{,}8 \times 9{,}8 =$ **596 N.**
D'après le *document 3*, Louis qui mesure 180 cm **ne devrait pas avoir un poids inférieur à 666 N,** ce qui est bien le cas (c'est tout juste le cas, avec 667 N).
Arthur **mesurant 170 cm, son poids minimal autorisé (*document 3*) est de 598 N.** Arthur possède un **poids inférieur à ce poids minimal** (596 N), il est donc le **skieur non autorisé** à participer à la première épreuve.

Sujet 29

25 pts

30 min

Distance d'arrêt et distance de sécurité d'un véhicule

Sujet zéro, avril 2016

La connaissance de la distance d'arrêt d'un véhicule est importante pour la sécurité routière. Le *document 1* fait apparaître trois distances caractéristiques.

Doc. 1 Distances de réaction, de freinage et d'arrêt

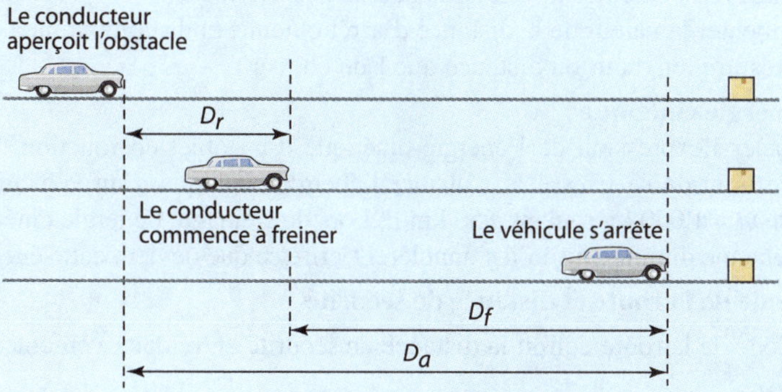

- D_r est la distance de réaction. C'est la distance parcourue par le véhicule entre le moment où le conducteur aperçoit l'obstacle et le moment où il commence à freiner. Elle dépend de la durée de réaction du conducteur.
- D_f est la distance de freinage. C'est la distance parcourue par le véhicule entre le moment où le conducteur commence à freiner et le moment où le véhicule s'arrête.
- D_a est la distance d'arrêt. C'est la distance parcourue par le véhicule entre le moment où le conducteur aperçoit un obstacle et l'arrêt du véhicule.

Le tableau suivant présente, pour différentes vitesses, la distance de réaction et la distance de freinage sur route sèche d'un véhicule correctement entretenu.

Doc. 2 Distances de réaction et de freinage selon la vitesse

Vitesse (km/h)	0	30	50	90	100	110	130
Vitesse (m/s)	0	8	14	25	28	31	36
D_r (m)	0	8	14	25	28	31	36
D_f (m)	0	6	16	50	62	75	104

1 Distance d'arrêt

Au voisinage d'un collège, un véhicule roule à 30 km/h, vitesse maximale autorisée ; donner la valeur de la distance de réaction D_r, de la distance de freinage D_f et calculer la valeur de la distance d'arrêt D_a.
Commenter la valeur de la distance d'arrêt obtenue en la comparant à celle d'une autre longueur ou distance que l'on choisira.

2 Énergie cinétique

Rappeler l'expression de l'énergie cinétique d'un objet en fonction de sa masse m et de sa vitesse V. Calculer l'énergie cinétique d'un véhicule de masse $m = 1\ 000$ kg roulant à 50 km/h. Lors du freinage, l'énergie cinétique du véhicule diminue jusqu'à s'annuler. Décrire ce que devient cette énergie.

3 Code de la route et distance de sécurité

Le Code de la route définit la distance de sécurité entre deux véhicules :

Doc. 3 Article R412-12 du Code de la route

« Lorsque deux véhicules se suivent, le conducteur du second véhicule doit maintenir une distance de sécurité suffisante pour pouvoir éviter une collision en cas de ralentissement brusque ou d'arrêt subit du véhicule qui le précède. Cette distance est d'autant plus grande que la vitesse est plus élevée. Elle correspond à la distance parcourue par le véhicule pendant une durée d'au moins deux secondes. »

Sur autoroute, les panneaux ci-dessous expliquent aux conducteurs comment respecter la distance de sécurité. L'automobiliste doit veiller à ce que le véhicule qui le précède soit séparé de lui d'au moins deux traits blancs sur le côté droit de la route. Le schéma ci-après représente les traits blancs et donne leur longueur exprimée en mètres.

Doc. 4 Distance de sécurité

Doc. 5

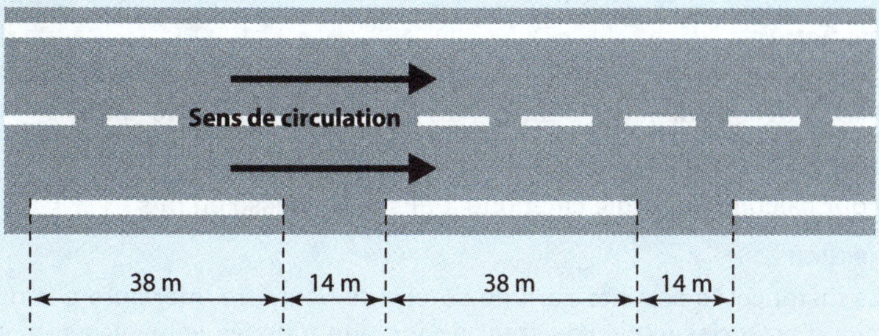

Sur autoroute et par temps sec, la vitesse des véhicules est limitée à 130 km/h. À l'aide de calculs simples, expliquer pourquoi, sur autoroute, la règle « un automobiliste doit veiller à ce que le véhicule qui le précède soit séparé de lui d'au moins deux traits blancs » entraîne une distance de sécurité suffisante.

Sujet 29 Corrigé

Les clés pour réussir

L'essentiel à connaître

- Plus la distance d'arrêt d'un véhicule est grande, plus il y a des **risques de collision**.
- L'énergie cinétique E_c d'un objet est égale à :

$$E_c = \frac{1}{2} mV^2$$

avec E_c en joules (J), *m* la masse de l'objet en kilogrammes (kg) et *V* la vitesse de l'objet en mètres par seconde (m/s).

- Lors d'un freinage, les freins de de la voiture chauffent.
- La vitesse *v* d'un véhicule en m/s est égale à $v = \frac{d}{t}$, avec *d* la distance parcourue par ce véhicule (en m) et *t* la durée du parcours (en s).

Analyser l'énoncé et les documents

- Le tableau donné dans l'énoncé est très important : il donne les valeurs des vitesses d'un véhicule en m/s et en km/h, et il relie ces valeurs aux distances de réaction et de freinage.
- Deux véhicules séparés par deux traits blancs tracés sur la chaussée sont distants de 38 + 14 + 38 = 90 m.

Bien comprendre les questions

Question 1

- Comparez par exemple la distance d'arrêt d'un véhicule roulant à 30 km/h avec la distance d'arrêt d'un véhicule roulant à 50 km/h.

Question 2

- Pour calculer l'énergie cinétique, utilisez la vitesse en m/s.

Question 3

- La distance de sécurité sur une autoroute peut être inférieure à la distance d'arrêt des véhicules étant donné que tous les véhicules sont en mouvement.

1 Au voisinage d'un collège, un véhicule roule à 30 km/h, vitesse maximale autorisée. D'après le tableau du *document 2*, sur route sèche, si le véhicule est correctement entretenu, la valeur de sa distance de réaction D_r est égale à **8 m** et la valeur de sa distance de freinage D_f est égale à **6 m**.
La distance d'arrêt D_a est la distance parcourue par le véhicule entre le moment où le conducteur aperçoit un obstacle et l'arrêt du véhicule, c'est-à-dire que $\boldsymbol{D_a = D_r + D_f}$
À 30 km/h, $D_a = 8 + 6 =$ **14 m**.
D'après le tableau du *document 2*, à 50 km/h, la distance d'arrêt est égale à : $D_a = 14 + 16 = 30$ m.
Ainsi, **en augmentant sa vitesse de 20 km/h uniquement, la distance d'arrêt a plus que doublé**. Il est donc **essentiel de ne pas dépasser les limitations de vitesse** pour ne pas mettre en danger la vie d'autrui et la sienne !

2 L'énergie cinétique E_c d'un objet de masse m se déplaçant à une vitesse V est égale à : $\boldsymbol{E_c = \frac{1}{2} mV^2}$ avec E_c en joules (J), m en kilogrammes (kg) et V en mètres par seconde (m/s).
D'après le tableau du *document 2*, un véhicule roulant à 50 km/h a une vitesse égale à 14 m/s.
Ainsi, l'énergie cinétique E_c d'un véhicule de masse $m = 1\,000$ kg roulant à $V = 50$ km/h $= 14$ m/s est égale à :

$$E_c = \frac{1}{2} \times 1\,000 \times 14^2 = \mathbf{9{,}8 \times 10^4\ J = 98\ kJ}.$$

L'astuce du prof

On peut aussi retrouver la vitesse en m/s grâce à la formule : $1 \text{ km/h} = \frac{1}{3{,}6}$ m/s.

Lors du freinage, l'énergie cinétique du véhicule diminue jusqu'à s'annuler. Cette énergie cinétique est convertie en **énergie thermique**.

3 D'après le *document 5*, la règle « un automobiliste doit veiller à ce que le véhicule qui le précède soit séparé de lui d'au moins deux traits blancs » signifie que deux automobilistes doivent être séparés d'une distance minimum : $d = 38 + 14 + 38 =$ **90 m**.

Si un véhicule roule à la vitesse maximale $v = 130$ km/h = 36 m/s, il parcourt la distance d pendant une durée $t = \frac{d}{v} = \frac{90}{36} =$ **2,5 s.**

Pensez-y !

Comme $v = \frac{d}{t}$, $t = \frac{d}{v}$.

D'après l'article R412-12 du Code de la route (*document 3*), cette distance d est suffisante puisqu'elle correspond à la distance parcourue par le véhicule pendant une durée d'au moins 2 secondes.

Sujet 30 — Énergie et vie quotidienne

25 pts — 30 min

Amérique du Sud, novembre 2017

Pour chauffer de l'eau, on peut utiliser différents appareils : un thermoplongeur, un réchaud à gaz, un réchaud électrique, un réchaud à alcool.

Thermoplongeur

Réchaud à gaz

Réchaud électrique

Réchaud à alcool

Doc. Plaques signalétiques de deux appareils électriques

Thermoplongeur	Réchaud électrique
Type : / 758 CE **230 V ~ 50 Hz 240 W** Serie Nr. Z1239/05/653	Type : / 56 CE **230 V ~ 50 Hz 1500 W** Serie Nr. H5/2039/FR

1 Donner la valeur de la puissance électrique du thermoplongeur. Justifier la réponse.

2 On utilise le thermoplongeur pour chauffer de l'eau pendant deux minutes. Calculer en joules l'énergie électrique consommée par le thermoplongeur.

3 Les quatre appareils sont des convertisseurs d'énergie. Sur le schéma de conversion ci-après, compléter les pointillés pour décrire la conversion d'énergie effectuée par le thermoplongeur. Faire de même pour le réchaud à alcool.

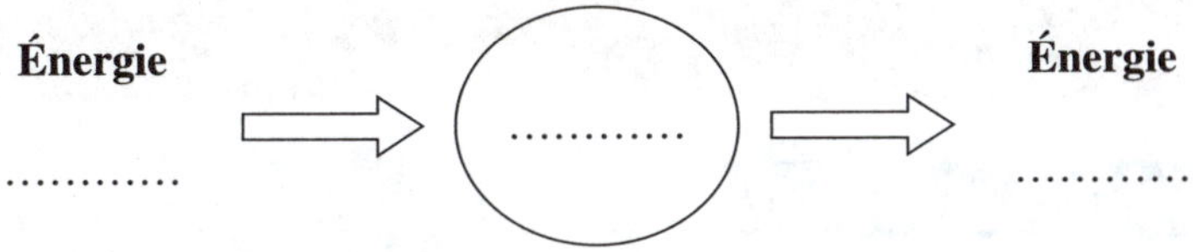

4 On souhaite comparer expérimentalement l'efficacité du réchaud à gaz et celle du réchaud électrique pour chauffer de l'eau. Pour cela, il faut se placer dans des conditions expérimentales bien choisies. Parmi les propositions suivantes, identifier celles qui conviennent aux conditions expérimentales à privilégier.

a. La quantité d'eau à chauffer :
☐ A. doit être identique pour les deux réchauds.
☐ B. peut être différente.

b. La température initiale de l'eau à chauffer :
☐ A. doit être identique pour les deux réchauds.
☐ B. peut être différente.

c. La prise en compte de la durée du chauffage :
☐ A. est nécessaire.
☐ B. n'est pas nécessaire.

d. Le récipient contenant de l'eau :
☐ A. doit être le même pour les deux réchauds.
☐ B. peut être différent.

5 Rédiger un protocole expérimental permettant de comparer l'efficacité d'un réchaud à gaz et d'un réchaud électrique. On pourra s'aider d'un schéma légendé.

Sujet 30 Corrigé

Les clés pour réussir

L'essentiel à connaître

- La **puissance d'un appareil** correspond à l'énergie qu'il consomme ou qu'il produit par unité de temps. Elle peut s'exprimer en **watts (W)**.
- L'**énergie *E*** dépend de la **puissance *P*** et de la **durée de fonctionnement *t***:

$$E = P \times t$$

E : joules (J) ou kilowattheures (kWh)
P : watts (W) ou kilowatts (kW)
t : secondes (s) ou heures (h)

- **Une chaîne énergétique indique la succession des transferts et des conversions d'une forme d'énergie en d'autres formes d'énergie**, réalisées par des convertisseurs, à partir d'un réservoir d'énergie.

Analyser l'énoncé et le document

- L'énoncé est court, avec un seul document ; prenez le temps de bien étudier ce document avant de répondre aux deux premières questions.
- Lisez bien l'énoncé pour identifier le dispositif de chauffage concerné par chaque question.

Bien comprendre les questions

Question 1

- Utilisez vos connaissances pour choisir la seule indication qui puisse correspondre à une puissance dans le document de l'énoncé.

Question 2

- L'énergie électrique consommée par le thermoplongeur doit être calculée à partir de la formule reliant l'énergie, la puissance et la durée.

Question 3

- Pour les deux appareils cités, identifiez soigneusement les réservoirs d'énergie.

Question 4

- Lisez attentivement chaque proposition et faites bien la différence entre les formulations utilisées.

Question 5

- Réalisez deux schémas précis et annotés, et complétez-les par une courte phrase expliquant le principe de l'expérience.

1 Une puissance s'exprime en **watts (W)**. La seule grandeur physique exprimée dans cette unité sur la notice du thermoplongeur étant 240 W, **la puissance électrique du thermoplongeur est de 240 W.**

2 L'énergie électrique E est : $\boldsymbol{E = P \times t}$ soit :
$E = 240 \times 2 \times 60 = 2{,}88 \times 10^4$ J.
L'énergie électrique consommée par le thermoplongeur pendant 2 minutes est de $\boldsymbol{2{,}88 \times 10^4}$ J (28,8 kJ).

Piège à éviter

N'oubliez pas de convertir la durée en secondes pour calculer l'énergie électrique en joules.

3 La chaîne énergétique du thermoplongeur est la suivante :

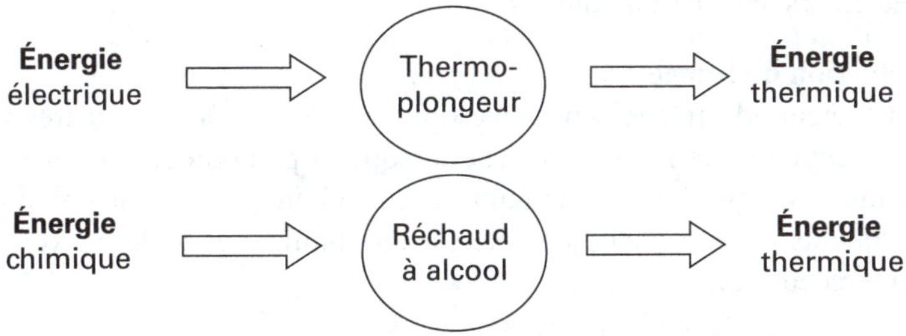

4 Les bonnes réponses attendues sont : **a. A ; b. A, c. A** et **d. A.**
En effet, pour comparer expérimentalement l'efficacité du réchaud à gaz et celle du réchaud électrique, il est toujours préférable de réaliser ces deux expériences en maintenant identiques les différents paramètres. De plus, la mesure du temps est nécessaire pour comparer l'efficacité des deux méthodes de chauffage.

Remarque

Dans la question **b.**, la réponse **B** est aussi correcte, car l'efficacité du réchaud dépend en réalité de la différence de température de l'eau liquide entre le début et la fin de l'expérience, et non de la valeur de la température initiale.

5 Un protocole expérimental permettant de comparer l'efficacité d'un réchaud à gaz et celle d'un réchaud électrique peut être le suivant.

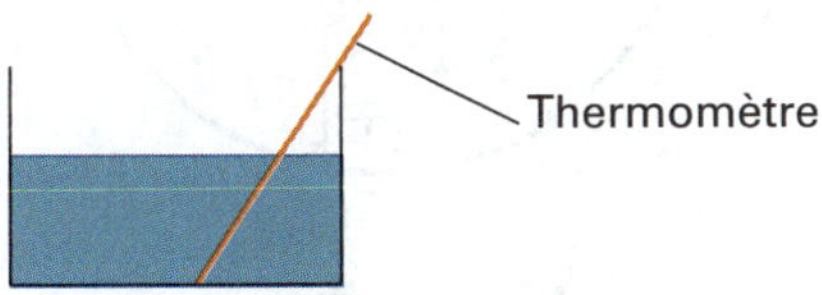

– Placer dans deux récipients identiques la même quantité d'eau à la même température initiale.
– Mesurer pour chacun des deux systèmes de chauffage la durée nécessaire pour que la température de l'eau augmente de 20 °C.
L'appareil de chauffage pour lequel cette durée est la plus courte sera *a priori* le plus efficace.

Remarque

Il est aussi possible de faire fonctionner les deux réchauds pendant les mêmes durées et de comparer les élévations de température.

Sujet 31 Sécurité dans l'habitat

25 pts — 30 min

Asie, juin 2017

Pour prévenir les intoxications domestiques, l'État encourage l'installation de détecteurs dans les habitations.

1 Détection de fumée

Les détecteurs de fumée à principe optique (*document 1*) sont très utilisés. Un signal d'alarme s'enclenche lorsque la photodiode présente dans la chambre optique reçoit de la lumière. Une photodiode est un composant électrique ayant la capacité de détecter une lumière et de la convertir en courant électrique.

Doc. 1 Schéma en coupe et principe de fonctionnement d'un détecteur de fumée à principe optique

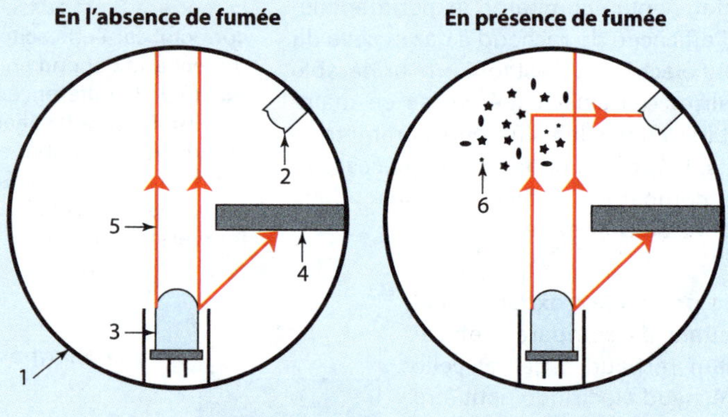

1 : chambre optique
2 : photodiode
3 : diode électroluminescente (LED)
4 : cache opaque
5 : rayon de lumière
6 : particules de fumée

a. Nommer la source primaire de lumière contenue dans un détecteur de fumée optique.

b. Expliquer pourquoi la photodiode détecte de la lumière en présence de fumée.

2 Détection de monoxyde de carbone

Les chaudières à gaz des habitations fonctionnent grâce à la combustion du gaz de ville, composé essentiellement de méthane de formule chimique CH_4. Au cours de leur fonctionnement, ces chaudières peuvent s'encrasser. Cela provoque une combustion incomplète du méthane. Des fumées et des gaz nocifs sont alors produits, notamment le monoxyde de carbone. Ce gaz transparent, inodore et toxique est responsable chaque année d'une centaine de décès en France.

a. Parmi les propositions ci-après, recopier celle qui modélise la transformation chimique à l'origine de la formation de monoxyde de carbone dans une chaudière à gaz :

Proposition 1 : $CH_4 + 2\ O_2 \rightarrow CO_2 + 2\ H_2O$

Proposition 2 : $2\ C + O_2 \rightarrow 2\ CO$

Proposition 3 : $2\ CH_4 + 3\ O_2 \rightarrow 4\ H_2O + 2\ CO$

b. Pour prévenir le risque d'intoxication au monoxyde de carbone, on peut utiliser un détecteur spécifique. Il comporte un disque recouvert d'un gel. En présence de monoxyde de carbone, le gel s'assombrit et limite alors le passage de la lumière. L'alarme s'enclenche du fait de la diminution de l'éclairement.

On souhaite modéliser le fonctionnement d'un tel détecteur, en réalisant un dispositif expérimental. Trois montages expérimentaux différents sont proposés :

Montage n° 1

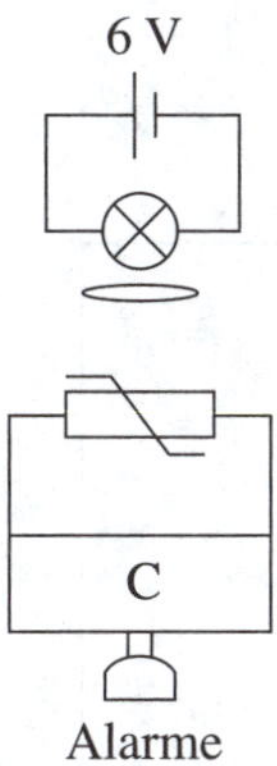

Montage n° 2

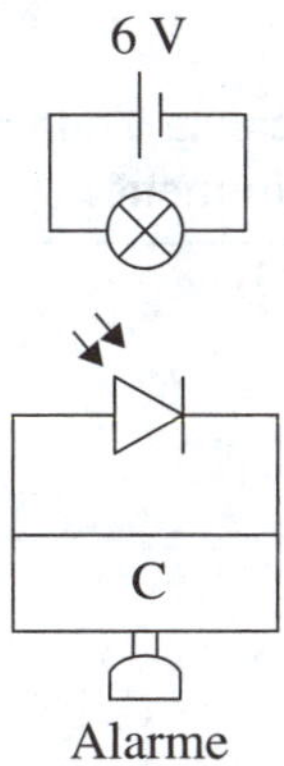

Montage n° 3

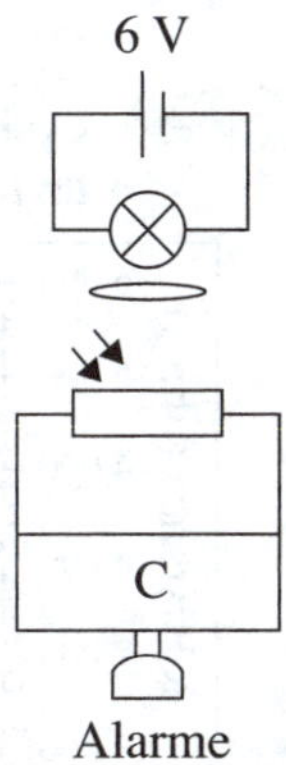

L'alarme s'active lorsque le « circuit de contrôle » C détecte une diminution importante de l'intensité électrique dans le circuit.

Choisir parmi les trois montages expérimentaux celui qui correspond le mieux au fonctionnement d'un détecteur à monoxyde de carbone à disque. Argumenter la réponse en exploitant les *documents 2*, *3* et *4*.

Doc. 2 **Symbole des composants**

Lampe	Photodiode	Thermistance	Photorésistance	Disque recouvert de gel
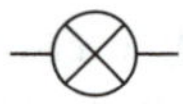	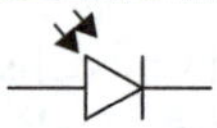	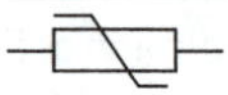	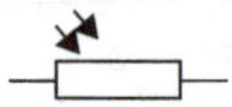	

Doc. 3 **Évolution de la résistance de la thermistance en fonction de la température**

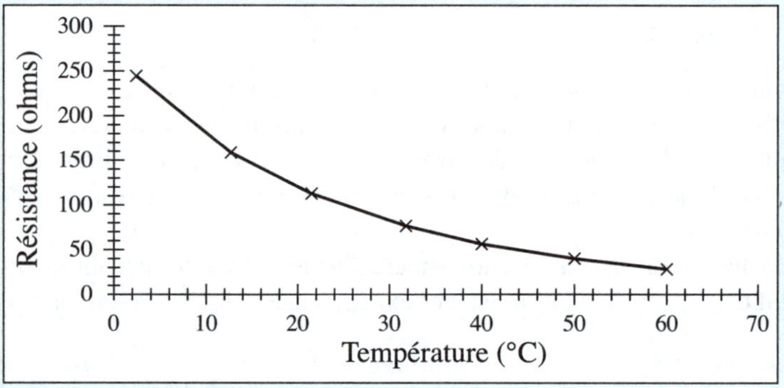

Doc. 4 **Évolution de la résistance d'une photorésistance en fonction de l'éclairement**

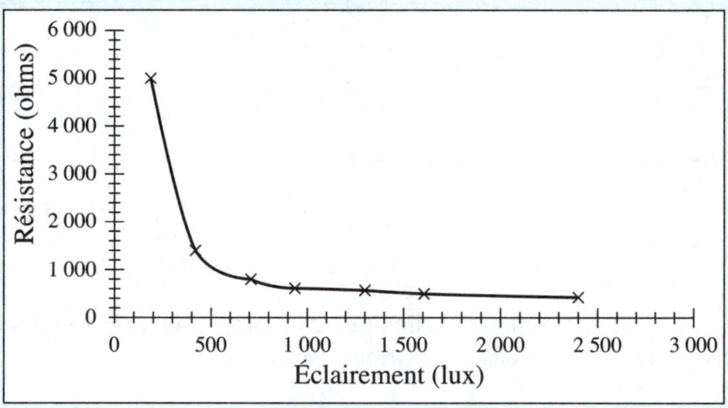

Sujet 31 Corrigé

Les clés pour réussir

L'essentiel à connaître

- **Une source primaire de lumière produit elle-même la lumière** qu'elle émet.
- Dans un **milieu homogène et transparent, comme l'air**, la lumière se **propage en ligne droite.**
- **Un objet diffusant** est un objet éclairé qui renvoie dans toutes les directions la lumière qu'il reçoit et qui **ne produit pas sa propre lumière.**
- **Une molécule est un assemblage d'atomes.** Elle est représentée par une formule chimique qui indique le nom des atomes qui la constituent et leur nombre.
- Dans **une transformation chimique,** il y a **redistribution des atomes** qui constituent les **réactifs** pour former de **nouvelles molécules** ou de nouveaux ions **nommés produits.**

Analyser l'énoncé

Une lecture attentive de l'énoncé est primordiale pour répondre correctement aux différentes questions :

- l'énoncé précise que le signal d'alarme se déclenche lorsque la photodiode reçoit de la lumière ;
- le texte d'introduction de la question **2** indique que la formule du méthane est CH_4 et que la combustion incomplète du méthane dégage des gaz nocifs, notamment le monoxyde de carbone ;
- le détecteur de monoxyde de carbone utilise un disque recouvert d'un gel. Ce disque s'assombrit et limite le passage de la lumière en présence de monoxyde de carbone ;
- l'activation de l'alarme correspond à une baisse de l'intensité du courant électrique traversant le circuit de contrôle C ;
- les graphiques des *documents 3* et *4* représentent les évolutions de la résistance d'une thermistance en fonction de la température et de la résistance d'une photorésistance en fonction de l'éclairement.

Bien comprendre les questions

Question 1

a. Analysez le *document 1* en utilisant la définition d'une source primaire de lumière.

b. Comparez les deux schémas du *document 1*.

PHYSIQUE-CHIMIE

Question 2

a. Pour choisir la proposition qui modélise correctement la transformation chimique, identifiez celle pour laquelle le méthane est un réactif et le monoxyde de carbone un produit.

b. Choisissez le circuit qui incorpore un composant mettant en jeu l'éclairement.

1 a. Les rayons de lumière modélisent la propagation de la lumière émise par une source de lumière. D'après le *document 1*, la **source primaire** de lumière contenue dans un détecteur de fumée optique est donc **la diode électroluminescente** (LED ou DEL).

b. La fumée est constituée de fines particules solides en suspension dans l'air. **Ces particules solides diffusent la lumière émise** par la diode électroluminescente, et la renvoient dans toutes les directions.
La lumière ainsi déviée par la fumée atteint la photodiode et l'alarme est déclenchée.

2 a. La proposition 2 n'est pas adaptée, car le méthane CH_4 n'est pas un réactif dans cette transformation chimique 2.
On ne retient pas la proposition 1, car le monoxyde de carbone n'est pas un produit de cette transformation 1.

La proposition 3 permet de modéliser la transformation chimique observée, car le méthane est bien un réactif dans cette transformation et le monoxyde de carbone de formule CO un produit.

> **Gagnez des points !**
> La formule du dioxyde de carbone est CO_2. Elle contient deux atomes d'oxygène.

b. Le montage n° 2 n'est pas adapté, car le schéma de ce montage ne contient pas de disque recouvert de gel.
On ne retient pas le montage n° 1, car d'après l'énoncé, la diminution de l'éclairement, et non l'évolution de la température, est la cause du déclenchement de l'alarme.
Le montage n° 3 permet de modéliser le détecteur de monoxyde de carbone, car le composant électrique utilisé dans le circuit est une photorésistance, **composant dont la résistance augmente lorsque l'éclairement diminue. Cette augmentation de la résistance entraîne une diminution importante de l'intensité** du courant électrique traversant la photorésistance et le circuit C, ce qui déclenche l'alarme.

Sujet 32 Approvisionnement énergétique en France

25 pts 30 min

Pondichéry, mai 2017

Dans certaines zones du Sud de la France particulièrement venteuses, on peut observer de nombreux champs d'éoliennes qui produisent une énergie électrique dite renouvelable. Nous allons voir ici pourquoi ce choix n'a pas été fait à grande échelle.

1 Dans l'image ci-dessous, on recense différents types d'énergies renouvelables.
Les nommer et associer à chacun une source d'énergie.

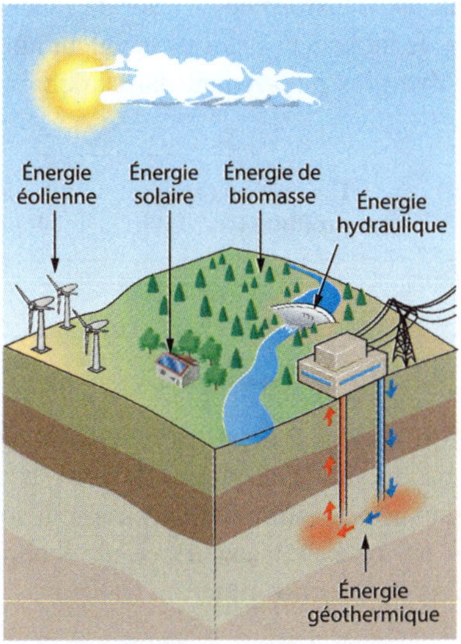

2 On s'intéresse au fonctionnement d'une centrale éolienne.
Sous l'action du vent, les pales de l'éolienne entraînent l'alternateur en rotation, qui produit alors un courant alternatif.
Les éléments en mouvement subissent un échauffement. Ainsi, une partie de l'énergie mécanique est transformée en énergie thermique dite « perdue », car elle n'est pas utilisée.
Reproduire et compléter la chaîne énergétique ci-après en choisissant parmi les mots ou groupes de mots suivants (utilisables plusieurs fois) : énergie

PHYSIQUE-CHIMIE

cinétique, énergie électrique, énergie mécanique, énergie potentielle, énergie thermique, énergie lumineuse, alternateur, eau, vent.

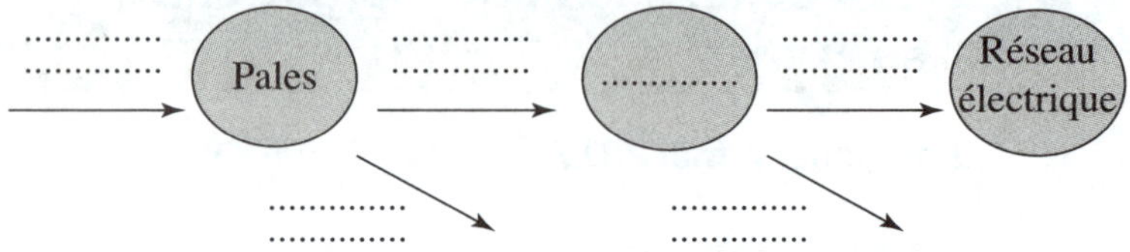

3 **a.** On considère une masse d'air de 1 kg, dont la vitesse passe de la valeur 3 m/s à 9 m/s.
En s'appuyant sur un calcul, dire si l'énergie cinétique de la masse d'air :
☐ reste la même
☐ est multipliée par 3
☐ est multipliée par 9

b. Le physicien allemand Albert Betz affirme que 60 % seulement de l'énergie cinétique du vent est transformée en énergie mécanique au niveau des pales. On donne dans le tableau ci-dessous la valeur annuelle, en mégawattheures (MWh), des énergies intervenant dans la chaîne énergétique d'une éolienne.

Énergie cinétique du vent (en MWh)	Énergie mécanique produite (en MWh)	Énergie électrique produite (en MWh)
17 530	10 510	4 030

Vérifier par un calcul l'affirmation du physicien allemand Albert Betz.

4 La consommation électrique française annuelle est égale à 478 200 GWh.
a. Sachant que la production électrique annuelle d'une éolienne est de 4 030 MWh et que la surface minimale nécessaire à son installation est de 24 hectares, évaluer par un calcul la surface qu'occuperait un parc éolien répondant aux besoins de la consommation française.

Donnée :
1 gigawattheure (GWh) = 1 000 MWh.

b. Expliciter, en apportant au moins deux arguments, pourquoi l'énergie éolienne ne peut pas être le seul choix pour répondre aux besoins croissants en électricité.

Donnée :
valeur moyenne de la surface d'un département S = 2 850 000 hectares.

Sujet 32 Corrigé

Les clés pour réussir

L'essentiel à connaître

- Une **source d'énergie renouvelable** est une source d'énergie pouvant être exploitée de façon **illimitée** à l'échelle humaine.
- La **biomasse** représente l'ensemble de la matière organique, qu'elle soit d'origine végétale ou animale. Elle peut être issue des forêts, des **végétaux**, des **déchets** organiques ou des effluents d'élevage.
- L'**énergie mécanique** d'un objet est égale à la **somme de son énergie cinétique** et de **son énergie potentielle** (dépendant de sa position).
- Une **chaîne énergétique** indique sous la forme d'un schéma les transferts et la conversion d'une forme d'énergie en d'autres formes d'énergie, réalisée par un convertisseur d'énergie.
- **L'énergie cinétique** d'un objet est égale à :

$$E_c = \frac{1}{2} \times m \times v^2$$

E_c l'énergie cinétique de l'objet en joules (J)
m la masse de l'objet en kilogrammes (kg)
v la vitesse de l'objet en m/s

- Pour obtenir le résultat d'un rapport en **pourcentage**, il faut **multiplier par cent** le résultat obtenu.
- La source de l'énergie éolienne est le **vent**, qui ne souffle pas de façon régulière tout au long de l'année.

Analyser l'énoncé

Prenez le temps de bien lire l'énoncé, car les informations suivantes vous seront très utiles pour répondre aux questions :

- dans une centrale éolienne, les éléments en mouvement (pales, alternateur) subissent un échauffement : une partie de l'énergie mécanique est transformée en énergie thermique ;
- dans une centrale éolienne, l'alternateur en rotation produit un courant alternatif, qui est un courant électrique ;
- 1 gigawattheure (GWh) = 1 000 mégawattheures (MWh), ce qui signifie que 1 mégawattheure (MWh) = 0,001 gigawattheure (GWh).

Bien comprendre les questions

Question 1

- Tous les types d'énergie présentés dans l'image de cette question sont renouvelables. Commencez par les recenser avant de les associer aux sources d'énergie.

PHYSIQUE-CHIMIE

Question 2

- Précisez si l'énergie mécanique est de l'énergie cinétique ou de l'énergie potentielle (dépendant de la position).

Question 3

- Utilisez la formule reliant l'énergie cinétique, la masse et la vitesse d'un objet pour répondre à la question **3 a.**
- L'énergie mécanique mentionnée dans l'énoncé de la question **3 b.** correspond à l'énergie cinétique des pales.

Question 4

- Utilisez les données de l'énoncé pour effectuer le calcul demandé, puis pour comparer votre résultat avec la valeur moyenne de la surface d'un département.

1 Les différents types d'énergie renouvelable sont l'énergie de biomasse, l'énergie hydraulique, l'énergie éolienne, l'énergie solaire et l'énergie géothermique :
– les sources de l'énergie de biomasse sont **les végétaux et les déchets** ;
– la source de l'énergie hydraulique est **l'eau** ;
– la source de l'énergie éolienne est **le vent** ;
– la source de l'énergie solaire est **le Soleil** ;
– la source de l'énergie géothermique est **la Terre**.

Gagnez des points !

Ne confondez pas source d'énergie (eau, Soleil, vent, etc.) et forme d'énergie (énergie thermique, énergie électrique, etc.).

2 **La chaîne énergétique d'une centrale éolienne** peut être complétée de la façon suivante :

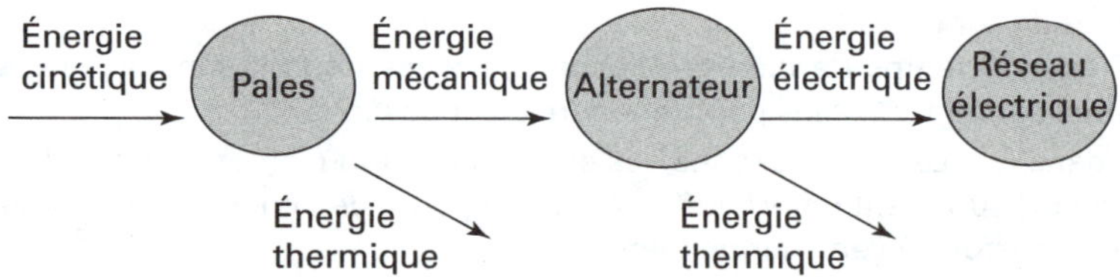

3 **a.** L'énergie cinétique E_{c1} d'une masse d'air $m = 1$ kg se déplaçant à la vitesse de valeur $v_1 = 3$ m/s est égale à :

$$E_{c1} = \frac{1}{2} \times m \times v_1^2 = \frac{1}{2} \times 1 \times 3^2 = \mathbf{4{,}5\ J}.$$

L'énergie cinétique E_{c2} d'une masse d'air $m = 1$ kg se déplaçant à la vitesse de valeur $v_2 = 9$ m/s est égale à :

$$E_{c2} = \frac{1}{2} \times m \times v_2^2 = \frac{1}{2} \times 1 \times 9^2 = \mathbf{40{,}5\ J}.$$

L'astuce du prof

N'oubliez pas les unités à fin des calculs : l'énergie s'exprime en joules (J).

Ainsi, si la valeur de la vitesse d'une masse d'air $m = 1$ kg passe de 3 m/s à 9 m/s, **son énergie cinétique est multipliée par** : $\frac{40,5}{4,5} = \mathbf{9}$.

b. D'après le tableau présenté dans l'énoncé, si l'énergie cinétique du vent vaut 17 530 MWh, l'énergie mécanique au niveau des pales de la centrale éolienne est égale à 10 510 MWh.

Le rapport entre l'énergie mécanique au niveau des pales de la centrale éolienne et l'énergie cinétique du vent est donc égal à :

$\frac{10\,510}{17\,530} = 0{,}60 = 0{,}60 \times 100~\% = \mathbf{60~\%}$.

Ce rapport correspond bien à ce qui est affirmé par le physicien allemand Albert Betz.

Remarque
Ne vous arrêtez pas à la résolution du calcul. Écrivez également une phrase de conclusion pour obtenir tous les points au brevet.

4 a. La production électrique annuelle E_1 d'une éolienne est égale à :
$E_1 = 4\,030$ MWh $= 4{,}030$ GWh.
La consommation électrique française annuelle E_2 vaut :
$E_2 = 478\,200$ GWh.
Le nombre N d'éoliennes nécessaires pour répondre aux besoins de la consommation électrique française serait donc égal à :

$N = \frac{E_2}{E_1} = \frac{478\,200}{4{,}030} = 118\,660$.

Comme la surface minimale S_1 nécessaire à l'installation d'une éolienne vaut $S_1 = 24$ hectares, la surface S qu'occuperait un parc éolien répondant aux besoins de la consommation française serait égale au minimum à :
$S = N \times S_1 = 118\,660 \times 24 =$ **2 847 840 hectares, soit environ 2 850 000 hectares.**

b. La **surface** qu'occuperaient les parcs éoliens devant répondre aux besoins de la consommation française serait égale à environ 2 850 000 hectares, ce qui est **trop important par rapport à la surface de la France**. En effet, cette surface correspondrait à la valeur moyenne de la surface d'un département français entier.
De plus, le vent ne souffle pas à la même vitesse tout au long de l'année : lorsque la vitesse du vent passe de la valeur 9 m/s à 3 m/s, son énergie cinétique est divisée par 9, ce qui divise aussi par 9 l'énergie électrique produite. La quantité d'énergie électrique produite par les éoliennes est donc assez **aléatoire**.
Enfin, seulement 60 % de l'énergie cinétique du vent est transformée en énergie mécanique au niveau des pales des éoliennes, et la conversion de cette énergie mécanique en énergie électrique par les alternateurs **diminue encore ce rendement**, car une partie de l'énergie mécanique est « perdue » en énergie thermique.
Ainsi, pour répondre aux besoins croissants en électricité, il faudrait développer différents types d'énergie renouvelables (biomasse, hydraulique, solaire, géothermique) et **ne pas se limiter à la seule énergie éolienne.**

Sujet 33 — Facture d'électricité

25 pts — 30 min

Sujet inédit

Voici la facture d'électricité annuelle reçue par un particulier.

Doc. 1 Facture annuelle d'électricité de juin 2014 à juin 2015

Tarif bleu

Abonnement	Prix unitaire	Montant HT
Abonnement du 14 août 2014 au 31 octobre 2014 (puissance souscrite de 6 kW - 2,6 mois)	66,72 €/an	14,46 €
Abonnement du 1 novembre 2014 au 13 juin 2015 (puissance souscrite de 6 kW - 7,4 mois)	68,64 €/an	42,33 €
Abonnement du 14 juin 2015 au 13 août 2015 (puissance souscrite de 6 kW - 2 mois)	68,64 €/an	11,44 €
Abonnement - Régularisation selon arrêté ministériel du 28 juillet 2014		3,32 €

Consommations — du 06/06/2014 au 03/06/2015

postes tarifaires	anciens index relevés	nouveaux index relevés	coefficients de lecture	consommations (kWh) compteur électronique n° 030322884103	Prix unitaire	Montant HT
Base	35 104	38 759	1	3 655		
Base - barème du 06/06/2014 au 31/10/2014				1 490	0,0883 €/kWh	131,57 €
Base - barème du 01/11/2014 au 03/06/2015				2 165	0,0909 €/kWh	196,80 €

du 06/06/2014 au 03/06/2015

postes tarifaires	anciens index relevés	nouveaux index relevés	coefficients de lecture	consommations ()	Montant HT
Consommations - Régularisation selon arrêté ministériel du 28 juillet 2014					11,70 €

Total HT dont part acheminement HT : 52 % — **411,62 €**

Taxes & Contributions	Assiette	Taux	Montant HT
TCCFE du 06/06/2014 au 31/12/2014	2 104	0,0036 € / kWh	7,57 €
TDCFE du 06/06/2014 au 31/12/2014	2 104	0,003165 € / kWh	6,66 €
TDCFE du 01/01/2015 au 03/06/2015	1 551	0,003188 € / kWh	4,94 €
TCCFE du 01/01/2015 au 03/06/2015	1 551	0,0036 € / kWh	5,58 €
CSPE du 06/06/2014 au 31/12/2014	2 104	0,0165 € / kWh	34,72 €
CTA	49,32	27,04 %	13,34 €
CSPE du 01/01/2015 au 03/06/2015	1 551	0,0195 € / kWh	30,24 €
TVA réduite	84,89	5,50 %	4,67 €
TVA	11,70	19,60 %	2,29 €
TVA	418,08	20,00 %	83,62 €
TOTAL TTC			**605,25 €**

Dans son appartement, ce particulier possède notamment des lampes, un ordinateur, un radiateur électrique, un four électrique et un lave-linge. La puissance nominale de ces appareils, qui est la puissance électrique consommée par l'appareil en fonctionnement normal, est notée dans le *document 2* ci-après.

1 Après la lecture du *document 1*, répondre aux questions suivantes.

a. Quelle est la quantité d'énergie électrique consommée par ce particulier entre novembre 2014 et juin 2015 ?

b. Quel est le prix hors taxes (HT) du kWh en 2015 ?

c. Le kilowatt (kW) est l'unité d'une (*cocher la bonne réponse*) :

☐ énergie ☐ puissance

d. Quelle est la puissance électrique souscrite par ce particulier ?

Doc. 2 **Puissance nominale de différents appareils électriques**

Appareil électrique	Puissance nominale
Lampe	20 W
Ordinateur	250 W
Radiateur électrique	1,50 kW
Four électrique	2,00 kW
Lave-linge	2,50 kW

2 Tous les appareils électriques convertissent une partie de l'énergie électrique qu'ils reçoivent en énergie thermique.

a. Pour quels appareils du *document 2* l'énergie thermique est-elle de l'énergie perdue ? Pour quels appareils l'énergie thermique est-elle de l'énergie utile ?

b. Construire la chaîne énergétique d'une lampe.

c. Indiquer quels appareils électriques du *document 2* ont une puissance nominale du même ordre de grandeur.

3 Le disjoncteur se déclenche lorsque la puissance électrique consommée dépasse la puissance électrique souscrite. Ce particulier veut faire fonctionner en même temps le lave-linge, le four électrique, le radiateur électrique et l'ordinateur. Que va-t-il se passer ? Justifier la réponse.

Sujet 33 Corrigé

Les clés pour réussir

L'essentiel à connaître

- L'énergie peut s'exprimer en **joules** (J), en **wattheures** (Wh) ou en **kilowattheures** (kWh), tandis que la **puissance** s'exprime en **watts** (W) ou en **kilowatts** (kW).
- Une **chaîne énergétique** indique sous la forme d'un schéma les transferts et la conversion, réalisée par un convertisseur d'énergie, d'une forme d'énergie en d'autres formes d'énergie.
- L'**énergie thermique** convertie n'est pas toujours de l'énergie perdue. Dans le cas d'un feu de cheminée par exemple, c'est de l'énergie utile.
- L'**ordre de grandeur** d'une grandeur est égal à la puissance de dix la plus proche de la valeur de cette grandeur.

Analyser l'énoncé et les documents

La lecture attentive des *documents 1* et *2* est indispensable pour répondre aux questions posées :

- la quantité d'énergie électrique consommée est donnée en kilowattheures (kWh) ;
- les prix sont en euros (€) et ils ont varié entre 2014 et 2015 ;
- les puissances nominales des appareils électriques sont exprimées en watts (W) ou en kilowatts (kW).

Bien comprendre les questions

Question 1

- Étudiez attentivement le *document 1* en faisant bien attention aux dates pour répondre aux questions posées.

Question 2

a. Interrogez-vous sur le fonctionnement des différents appareils électriques du *document 2* : est-ce utile qu'ils chauffent ?

b. Dessinez un schéma représentant une chaîne énergétique : le convertisseur d'énergie est dans un ovale, et les formes d'énergie converties et transférées sont notées à côté des flèches.

c. Déterminez les ordres de grandeur de la puissance nominale de tous les appareils électriques décrits dans le *document 2*, puis comparez-les entre eux. Soyez attentif aux unités utilisées.

Question 3

● Additionnez les puissances nominales des différents appareils en fonctionnement pour obtenir la puissance électrique consommée. Comparez ensuite cette valeur à la puissance électrique souscrite, qui est donnée dans le *document 1*.

1 a. La quantité d'énergie électrique consommée par ce particulier entre novembre 2014 et juin 2015 est égale à **2 165 kWh**.

b. Le prix hors taxes (HT) du kWh en 2015 est égal à **0,090 9 €**.

c. Le kilowatt (kW) est l'unité d'une **puissance**.

d. La puissance électrique souscrite par ce particulier est de **6 kW**.

2 a. L'énergie thermique convertie à partir de l'énergie électrique est **perdue pour la lampe et l'ordinateur**. En revanche, c'est de l'énergie **utile pour le radiateur électrique, le lave-linge et le four électrique**. En effet, un radiateur électrique et un four électrique ont pour fonction de chauffer l'air (d'une pièce ou de l'intérieur du four), tandis qu'un lave-linge chauffe le plus souvent l'eau qu'il utilise.

b. La chaîne énergétique d'une lampe peut être représentée de la façon suivante :

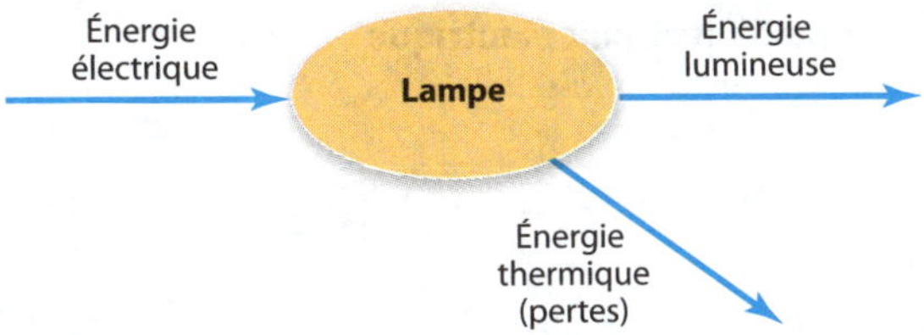

c. L'ordre de grandeur de la puissance nominale de la lampe est 10^1 W. Celui de l'ordinateur est 10^2 W, tandis que celui du radiateur, du four et du lave-linge est 10^3 W.

Le radiateur, le four et le lave-linge ont donc une puissance nominale du même ordre de grandeur.

> **L'astuce du prof**
> 100 W = 10^2 W
> 1 kW = 10^3 W

3 Si le lave-linge, le four électrique, le radiateur électrique et l'ordinateur fonctionnent en même temps, la **puissance électrique consommée** est égale à :

2,50 + 2,00 + 1,50 + 0,250 = 6,25 kW.

Comme la **puissance électrique souscrite** par ce particulier (6 kW) est **inférieure à la puissance électrique consommée, le disjoncteur se déclenchera** et il n'y aura plus de courant électrique qui circulera dans l'appartement de cette personne.

> **Pensez-y !**
> 250 W = 0,250 kW

PHYSIQUE-CHIMIE

Sujet 34 Base nautique

25 pts — 30 min

Sujet inédit

Des élèves participent à un séjour sur une base nautique située au bord du lac de Sainte-Croix, dans le Sud de la France. C'est un lac artificiel qui est né de la construction d'un barrage hydroélectrique.

Les élèves sont initiés à la voile sur de petits bateaux de type catamaran, dont certaines parties sont en aluminium et en fer.

1 **a.** Le mât des catamarans est en aluminium. Nommer la catégorie de matériaux à laquelle appartient l'aluminium.
b. Schématiser, dans le cadre ci-dessous, le circuit électrique qui permet de vérifier le caractère conducteur d'un objet en aluminium, dont le symbole électrique est déjà représenté.

Doc. 1 **Schéma d'un circuit électrique**

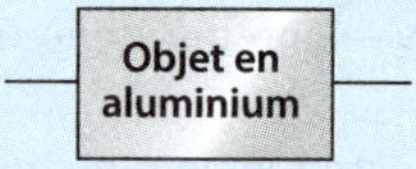

c. Lorsque le montage électrique précédent est réalisé, quelle observation permet de confirmer le caractère conducteur de l'objet en aluminium ?

2 Les élèves estiment le pH de l'eau du lac à l'aide d'un papier pH. Le papier pH devient vert clair.

L'eau de ce lac est :
(cocher la case correspondant à la réponse correcte)
☐ basique ☐ acide ☐ neutre

Justifier la réponse, puis compléter la phrase suivante par l'un des mots suivants : *plus*, *moins*, *autant*.
« L'eau du lac contient .... d'ions hydrogène que d'ions hydroxyde. »

Doc. 2 Différentes couleurs du papier pH en fonction du pH

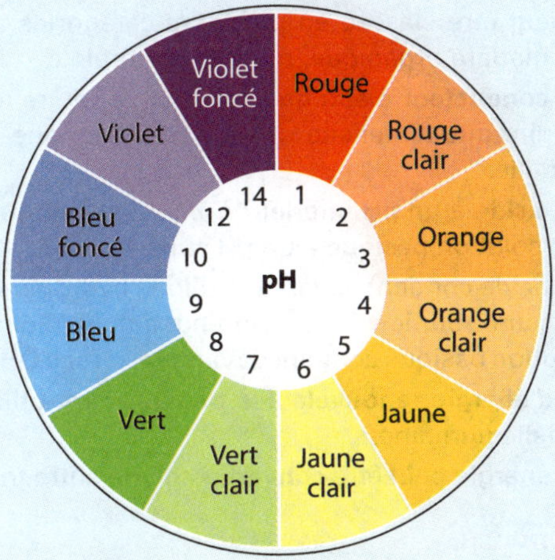

3 La centrale hydroélectrique de Sainte-Croix produit de l'énergie électrique, notamment grâce au barrage qui permet de retenir l'eau.

a. La source d'énergie de cette centrale est-elle renouvelable ?

b. Cocher les sources d'énergie renouvelables :

☐ le pétrole	☐ le vent	☐ le gaz naturel
☐ la biomasse	☐ les vagues	☐ le Soleil

c. Lorsque le barrage est ouvert, l'eau acquiert de l'énergie cinétique. Expliquer pourquoi l'eau peut acquérir de l'énergie cinétique.

Sujet 34 Corrigé

Les clés pour réussir

L'essentiel à connaître

- La **matière** peut être classée en plusieurs catégories : métaux, plastiques, verres, matière organique, matière minérale...
- Un objet est **conducteur électrique** s'il peut conduire le courant électrique, c'est-à-dire que l'intensité du courant électrique qui le traverse peut être non nulle.
- Une solution **acide** a un pH inférieur à 7, une solution **neutre** a un pH égal à 7, et une solution **basique** a un pH supérieur à 7.
- Une solution acide contient davantage d'ions hydrogène H^+ que d'ions hydroxyde OH^-, une solution neutre contient autant d'ions H^+ que d'ions OH^-, et une solution basique contient davantage d'ions OH^- que d'ions H^+.
- Les **sources d'énergie renouvelables** peuvent être utilisées de façon illimitée à l'échelle humaine.
- Une forme d'énergie peut être **convertie** en une autre forme d'énergie.

Analyser l'énoncé

- Les questions demandent à la fois des connaissances en physique et en chimie.

Bien comprendre les questions

Question 1

- Le schéma proposé doit permettre de vérifier que le courant électrique peut circuler à l'intérieur d'un objet en aluminium.

Question 2

- Trouvez d'abord le pH de la solution grâce au papier pH avant de répondre aux questions posées.

Question 3

- Ne confondez pas source d'énergie (renouvelable ou non renouvelable) et forme d'énergie (cinétique ou potentielle, dépendant de la position).

1 **a.** L'aluminium appartient à la catégorie des **métaux**.
b. Le circuit électrique qui permet de vérifier le caractère conducteur d'un objet en aluminium peut être représenté de la manière suivante dans le cadre ci-dessous :

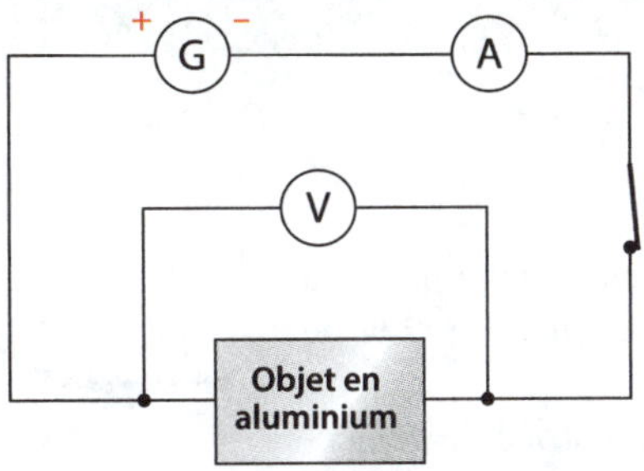

L'astuce du prof

L'ampèremètre peut être remplacé par une lampe. Il faut vérifier dans ce cas si la lampe brille.

c. Lorsque ce montage électrique est réalisé et que le générateur électrique est en fonctionnement, on peut confirmer le caractère conducteur de l'objet en aluminium en vérifiant que **l'intensité du courant électrique mesurée par l'ampèremètre n'est pas nulle.**

2 L'eau de ce lac est **neutre**. En effet, d'après le *document 2*, le **pH de l'eau du lac est égal à 7** étant donné que le papier pH est de couleur vert clair.
La phrase suivante est complétée avec le mot *autant* : « L'eau du lac contient **autant** d'ions hydrogène que d'ions hydroxyde. »

3 **a.** La source d'énergie de cette centrale est l'eau en mouvement. C'est une **source d'énergie renouvelable**.
b. Les sources d'énergie renouvelables, qui peuvent être utilisées de façon illimitée à l'échelle humaine, sont **le vent, la biomasse, les vagues et le Soleil**.
c. Lorsque le barrage est ouvert, l'eau acquiert de l'énergie cinétique. L'eau peut acquérir de l'énergie cinétique au cours de sa chute, car **une partie de son énergie potentielle (dépendant de la position) est convertie en énergie cinétique**.

PHYSIQUE-CHIMIE

Sujet 35 Conditionnement du sirop d'érable

25 pts 30 min

Sujet zéro, janvier 2018

Le sirop d'érable est produit essentiellement au Canada et plus particulièrement au Québec (72 % de la production mondiale).
La France est une grande consommatrice de ce nectar et était, il y a cinq ans, le cinquième pays importateur de sirop d'érable du Canada (source : Global Trade Atlas, 2012).
Pour les producteurs de sirop d'érable, il faut pouvoir le commercialiser dans les meilleures conditions afin de satisfaire le consommateur.
Un producteur souhaite revoir le conditionnement de son sirop et donc choisir un nouveau récipient pour une commercialisation dans une grande enseigne française de distribution.

Doc. 1 Diagramme d'exigences du récipient

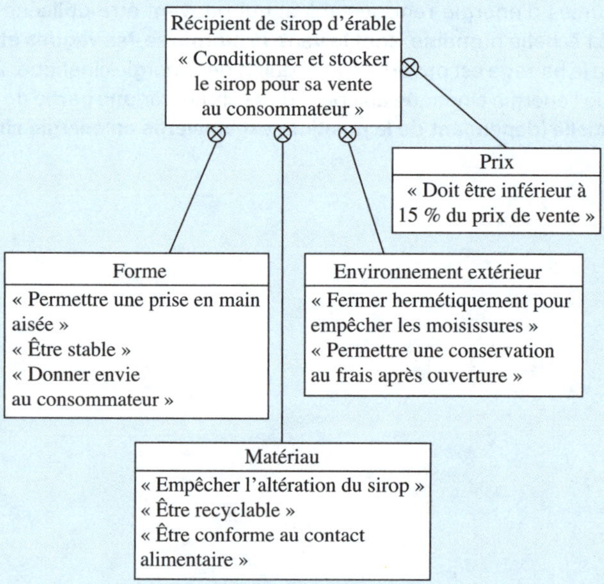

1 À l'aide du diagramme d'exigences du récipient (*document 1*), préciser celle des contraintes à respecter qui est liée au design.

Doc. 2 **Prototypes de récipients**

Récipient 1 (Bouchon verre)	Récipient 2 (Bouchon vissé plastique)	Récipient 3 (Ouverture mécanique)

2 À l'aide des récipients représentés (*document 2*) et du respect des exigences « forme » et « environnement extérieur » (*document 1*) :

a. déterminer la solution adéquate pour le conditionnement et le stockage du sirop d'érable ;

b. argumenter la réponse.

3 Pour la production du sirop d'érable, la température idéale à donner au sirop d'érable est de 3,5 °C de plus que la température d'ébullition de l'eau. Par exemple, à 101,3 kPa, l'eau bouillant à 100 °C, le sirop sera prêt lorsqu'il atteindra 103,5 °C.

Pour le conditionnement, les seuls matériaux envisageables sont le verre, certaines matières plastiques et le fer blanc.

Doc. 3 **Propriétés des matériaux**

Matériau	Avantages	Inconvénients	Prix de fabrication du contenant à l'unité
Fer blanc	Léger Recyclable	Formage limité (rond type conserve) Opaque	0,15 ± 0,04 € (inflation des matières premières)
PolyPropylène (PP matière plastique)	Résistant jusqu'à 120 °C Rigide	Difficilement recyclable	0,22 ± 0,03 € (inflation des matières premières)
Verre	Transparent Inerte Imperméable Recyclable	Fragile Lourd	0,30 €

Le producteur souhaite vendre son sirop d'érable au prix de 2,80 € le récipient, le prix du contenant devant être inférieur à 15 % du prix total.
À l'aide des propriétés des trois matériaux envisageables (*document 3*), et du diagramme d'exigences (*document 1*) :

a. compléter le tableau ci-dessous :

	Forme	Prix maximum à l'unité	Propriétés du matériau	Environnement extérieur
Fer blanc			Recyclable Alimentaire	Non hermétique après ouverture
PP	Toute forme possible			
Verre	Toute forme possible			

b. proposer en argumentant le matériau qui convient le mieux.

4 Lors de la vente des produits de consommation en grande surface, l'implantation d'un code à barres sur le récipient est obligatoire. Tous les exemplaires du même produit ont un code à barres unique permettant de l'identifier lors du passage en caisse. Le code-barres est également associé à un prix défini au sein d'une base de données.

Doc. 4 Le code à barres à 13 chiffres (norme GS1 EAN 13)

Les codes à barres au format international GS1 (anciennement EAN) sont composés d'une série de 13 chiffres numériques et d'une représentation graphique sous forme de barres et d'espaces.
Les 13 chiffres du code à barres suivent une règle d'identification afin de créer un code à barres en fonction du produit identifié, c'est-à-dire :

3 080201 459620

Un préfixe entreprise — Un code produit — Une clé de contrôle

Les trois premiers chiffres du préfixe entreprise représentent le code du pays de l'entreprise qui a apposé le code à barres sur le produit.

Extraits de la liste des codes « pays » :

00000	Unused to avoid collision with GTIN-B
00001-00009 **001-009**	**GS1 US**
020-029	Used to issue restricted circulation numbers within a geographic region (MO defined)
....	
300-379	GS1 France
380	GS1 Bulgaria
383	GS1 Slovenija
....	
746	GS1 Republica Dominicana
750	GS1 Mexico
754-755	GS1 Canada
759	GS1 Venezuela
760-769	GS1 Schweiz, Suisse
...	

Source : www.gs1.fr

L'enseigne de distribution souhaite indiquer aux consommateurs le pays d'où provient le produit créé par l'entreprise lorsque le code barres est lu à l'aide d'une borne en libre-service.

Pour le sirop d'érable, à l'aide du *document 4* :

a. compléter le programme ci-dessous permettant d'identifier le pays de provenance et d'afficher l'information sur l'écran LCD ;

b. préciser dans la case « commentaire » la fonction de l'instruction fléchée.

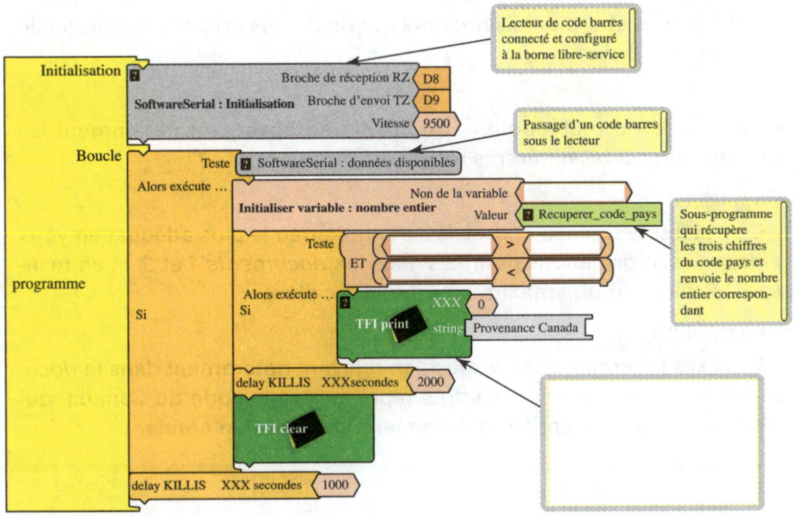

Sujet 35 Corrigé

Les clés pour réussir

L'essentiel à connaître

- Le **design** d'un objet a trait à la forme de l'objet et influe plus particulièrement sur l'attrait du consommateur.
- Un **prototype** est un objet qui va subir des tests. À l'aide du diagramme d'exigences, un technicien vérifie que les contraintes imposées sont bien vérifiées.
- Le choix d'une solution étant toujours un **compromis** entre plusieurs exigences, il faut se donner des priorités pour décider.

Analyser l'énoncé et les documents

- Étudiez attentivement dans le *document 1* le diagramme d'exigences du nouveau récipient pour le sirop d'érable et faites le lien entre les différentes contraintes et les trois prototypes proposés dans le *document 2.*
- Dans le *document 2,* la forme des prototypes mais aussi leur type d'ouverture sont importants.
- Le *document 3* décrit les propriétés des différents matériaux qui peuvent être utilisés dans le nouveau récipient pour le sirop d'érable.

Bien comprendre les questions

Question 1

- Définissez d'abord précisément la notion de design pour savoir quelle contrainte choisir.

Question 2

- Le choix du prototype doit être justifié en observant notamment les photographies des différents récipients proposés.

Question 3

- Complétez le tableau et choisissez le matériau le plus adéquat en vous aidant des informations données dans les *documents 1* et *3,* et en réalisant le calcul du prix maximum pour le récipient.

Question 4

- Finalisez le programme proposé en relevant notamment dans le *document 4* les trois premiers chiffres représentant le code du Canada, qui est le pays de l'entreprise commercialisant le sirop d'érable.

1 Le design est associé à l'exigence « Forme » dans le diagramme et influe plus particulièrement sur l'attrait du consommateur.
La contrainte à respecter liée au design est donc **« Donner envie au consommateur »**.

L'astuce du prof
La question demande de préciser une seule contrainte à respecter. N'en donnez surtout pas plusieurs !

2 **a.** **Le récipient 2** est la solution adéquate qui répond à toutes les exigences de forme et d'environnement extérieur pour le conditionnement et le stockage du sirop d'érable.

b. Le récipient 2 est la solution adéquate car, d'après la photographie, ce récipient est **stable.** De plus, il est **fermé hermétiquement** grâce à son **bouchon vissé en plastique** et il permet une **conservation facile** au réfrigérateur. Le récipient 1 n'est quant à lui pas hermétique, et le récipient 3 ne permet pas de conserver le sirop au réfrigérateur une fois ouvert, car il ne se referme pas.

3 **a.** Le tableau présentant les propriétés des trois matériaux envisageables pour le récipient peut être complété de la manière suivante :

	Forme	Prix maximum à l'unité	Propriété du tableau	Environnement extérieur
Fer blanc	Type conserve	0,19 € < 0,42 €	Recyclable Alimentaire	Non hermétique après ouverture
PP	Toute forme possible	0,25 € < 0,42 €	*Difficile à recycler* Alimentaire Rigide	Résistant aux températures nécessaires
Verre	Toute forme possible	0,30 € < 0,42 €	Recyclable Alimentaire *Fragile* *Lourd*	Inerte Imperméable

En *italique* sont indiqués les inconvénients.
Pour le verre, le fait d'être fragile et lourd ne s'oppose pas aux exigences exposées.
Remarque : le prix du récipient doit être inférieur à 15 % du prix de vente, c'est-à-dire inférieur à $2{,}80 \times 15\ \% = 2{,}80 \times \frac{15}{100} = 0{,}42$ €.

Gagnez des points !
Le calcul du prix maximum du récipient peut être effectué soit ici, soit dans la réponse à la question **3** **a.** ou **b.**.

b. Le matériau qui convient le mieux est le **verre,** notamment car :
– le **prix répond aux exigences** : 0,30 € < 0,42 € ;
– il n'y a **pas d'altération de l'aliment,** même à forte température ;
– il est **facilement recyclable**.

4 a. et **b.** Le programme permettant d'identifier le pays de provenance et d'afficher l'information sur l'écran LCD ainsi que la fonction de l'instruction fléchée dans la case « commentaires » peuvent être complétés de la façon suivante :

Remarque

Le nom choisi pour la variable peut être « pays », « provenance » ou « origine », tant que le même mot est utilisé dans chaque « case » de la variable, c'est-à-dire ici pour les trois occurrences.

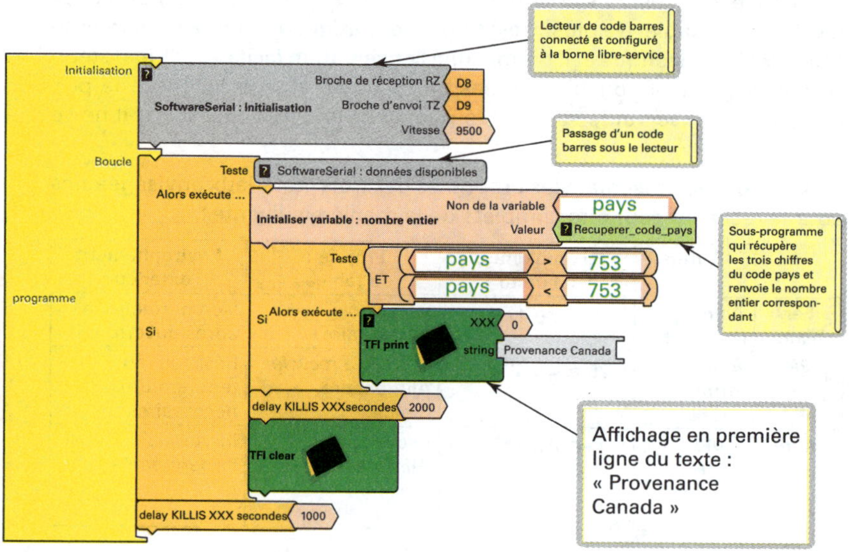

Sujet 36 Enceinte *Bluetooth*

25 pts 30 min

Sujet inédit

Après une enquête d'opinion, l'entreprise Audiovite souhaite développer une enceinte Bluetooth pour les jeunes. Elle cherche des solutions innovantes qui pourraient intéresser les adolescents.
Voici ci-dessous un extrait du cahier des charges du produit.

Doc. 1 Extrait du cahier des charges de l'enceinte *Bluetooth*

Repère	Fonction	Critère	Niveau
FP1	Permettre à un ou plusieurs utilisateurs d'écouter de la musique	Rayon audible	Cercle de 5 m autour de l'enceinte
FC1	Doit fournir un son d'une qualité et d'un niveau sonore suffisant tout en respectant la législation	– Puissance – Niveau sonore maximum	– 2 W +/– 0,5 W – 85 dB max
FC2	Doit se connecter à la majorité des appareils informatiques	– Type de connexion – Portée de la connexion avec la source audio	– Bluetooth – 5 m
FC3	Doit être dans une gamme de prix accessible à un jeune	Prix abordable	30 € maxi
FC4	Doit résister aux agressions extérieures et être d'une bonne stabilité	– Imperméabilité – Solidité – Assise	– Résiste à un taux d'humidité de 80 % – Résiste à une chute de 1 m – Stable sur un plan
FC5	Doit fonctionner de manière fiable et autonome	– Autonomie – Charge	– 2 heures mini – 6 heures maxi

Doc. 2 Antériorité des tâches du projet

N°	Tâche	Durée	Antériorité
1	Rédaction du cahier des charges	1 semaine	x
2	Recherche de solutions	3 semaines	1
3	Fabrication du prototype	3 semaines	2
4	Simulations numériques	2 semaines	2
5	Tests et validation	2 semaines	3
6	Lancement de la fabrication	1 semaine	4 ; 5

1 **a.** Après la lecture des documents, réaliser le diagramme d'expression du besoin (bête à cornes).
b. Quel est le besoin satisfait par cette enceinte Bluetooth ?
c. Quels sont les utilisateurs ciblés par ce produit ?

2 Les contraintes et fonctions identifiées dans ce cahier des charges peuvent être classées en plusieurs catégories : les contraintes de fonctionnement, les contraintes de sécurité et les contraintes commerciales.
a. Associer chaque fonction du cahier des charges à une catégorie de contrainte.
b. Pour quelle raison la législation impose-t-elle un niveau sonore maximal de 85 dB ?

3 En vous aidant du *document 2*, compléter le planning prévisionnel de la semaine 1 à la semaine 10, sous la forme habituelle de tableau en indiquant les tâches en lignes et les semaines en colonnes.

Semaines	1	2	3	4	5	6	7	8	9	10
Rédaction du cahier des charges	■									
Recherche de solutions										
Fabrication du prototype										
Simulations numériques										
Tests et validation										
Début de la fabrication										

Sujet 36 Corrigé

Les clés pour réussir

L'essentiel à connaître

- « Exprimer un besoin » signifie formuler le besoin de manière claire.
- Pour **exprimer le besoin**, il faut répondre aux questions suivantes :

– À quoi ou à qui le produit va-t-il servir ?
– Que va-t-il modifier ou apporter à son utilisateur ?
– Dans quel but sera-t-il utilisé ?

- Le **cahier des charges** prend souvent la forme d'un tableau avec quatre colonnes :

– les **repères** associés à chaque fonction ;
– la **fonction** définie sous forme de phrase ;
– les **critères** associés à chacune des fonctions ;
– les **niveaux** permettant de préciser les critères.

- Le **planning** permet de suivre l'avancement d'un projet et d'anticiper d'éventuels retards. Pour être efficace, il doit être régulièrement mis à jour durant le projet.

Analyser l'énoncé et les documents

- Retenez les mots-clés dans l'introduction (jeunes, enceintes Bluetooth, écouter la musique à plusieurs).
- L'antériorité des tâches (dans le *document 2*, colonne 3) identifie le numéro de la (ou des) tâche(s) qui doi(ven)t être terminée(s) avant de pouvoir en commencer une autre. Par exemple, la tâche « Recherche de solutions (n° 2) » ne peut pas débuter avant la fin de la tâche « Rédaction du cahier des charges (n° 1) ».

Bien comprendre les questions

Question 1

- Étudiez attentivement le *document 1*, réalisez le diagramme d'expression du besoin (bête à cornes) et répondez ensuite aux deux questions posées.

Question 2

- Lisez attentivement l'extrait du cahier des charges et classez les fonctions dans les catégories de contraintes. Pour la question sur la législation, faites appel à votre culture générale, la réponse ne se trouve pas dans les documents.

Question 3

- Utilisez une couleur différente par ligne (par tâche) pour compléter le tableau.

1 **a.** Le diagramme d'expression du besoin (bête à cornes) est le suivant :

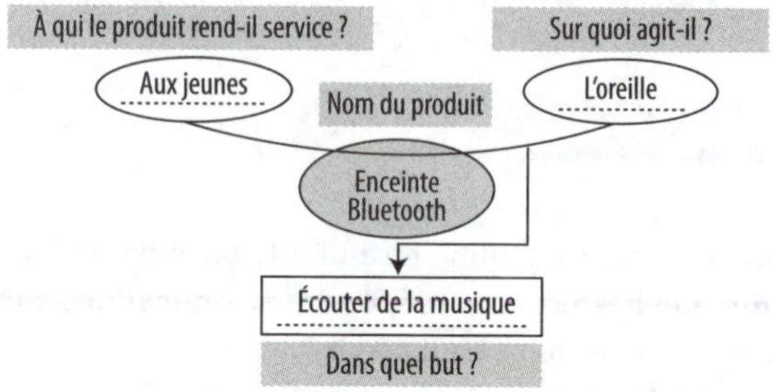

b. L'enceinte Bluetooth **rend service aux jeunes pour leurs permettre d'écouter à plusieurs de la musique.**

c. **Les jeunes (entre 13 et 25 ans par exemple) sont ciblés par l'entreprise.** Il faudra donc adapter la communication et concevoir un design et des fonctionnalités qui pourraient plaire à cette cible de consommateurs.

> **L'astuce du prof**
> Servez-vous du diagramme d'expression du besoin pour formuler l'expression du besoin.

2 **a.** Les différentes fonctions du cahier des charges peuvent être associées aux catégories de contraintes suivantes :

Contraintes de fonctionnement	FP1 ; FC2 ; FC4 ; FC5
Contraintes de sécurité	FC1
Contraintes commerciales	FC3

b. La législation impose un niveau sonore maximal de 85 dB **pour préserver l'audition des utilisateurs.**

> **Pensez-y !**
> Lorsque c'est possible, on peut réaliser deux tâches simultanément, cela permet de gagner du temps.

3 Le planning prévisionnel optimum est le suivant :

Semaines	1	2	3	4	5	6	7	8	9	10
Rédaction du cahier des charges	■									
Recherche de solutions		■	■	■						
Fabrication du prototype					■	■	■			
Simulations numériques					■	■				
Tests et validation								■	■	
Début de la fabrication										■

Sujet 37 Évolution de la mesure du temps

25 pts — 30 min

Sujet inédit

La mesure du temps est un des premiers problèmes technologiques auxquels l'homme a été confronté.

Doc. 1 Schéma de principe du calcul de la longitude

Mesurer le temps pour se repérer en mer

En 1714, face aux nombreux naufrages dus aux erreurs de navigation, le gouvernement britannique décida d'offrir une grosse somme d'argent à la personne capable de trouver une méthode précise de détermination de la position géographique des bateaux. La méthode la plus simple consistait à déterminer la position du bateau grâce au décalage horaire (en heure solaire) entre le lieu de départ et la position du bateau. Pour exécuter ce calcul, il fallait garder sur le bateau une horloge réglée précisément sur l'heure de la position de départ. Celle-ci fut réalisée par l'horloger John Harrison, qui remporta le prix après de nombreuses tentatives. Afin d'améliorer la précision de son horloge, il construisit un mécanisme utilisant de nouveaux alliages de laiton et d'acier, et des ressorts d'un nouveau type.

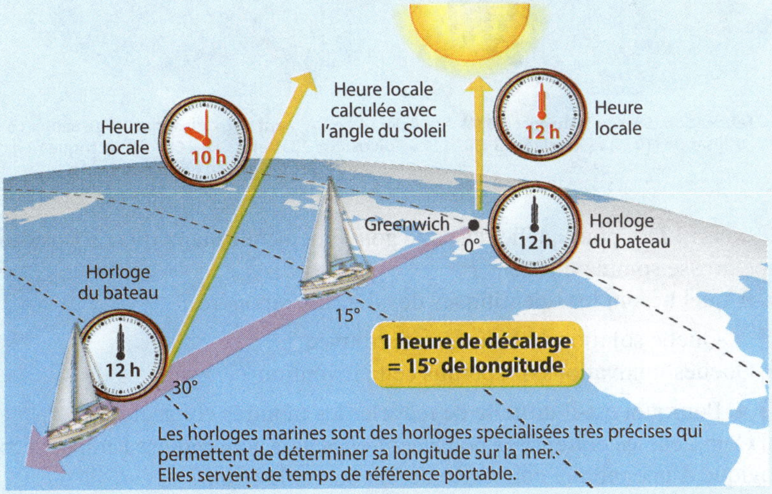

Les horloges marines sont des horloges spécialisées très précises qui permettent de déterminer sa longitude sur la mer. Elles servent de temps de référence portable.

TECHNOLOGIE

Doc. 2 Chronologie des appareils de mesure du temps et de leur niveau de précision

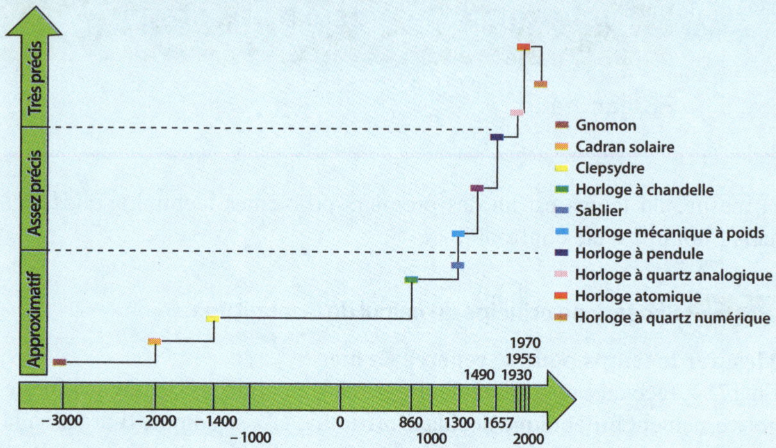

Doc. 3 Impact environnemental d'une montre connectée

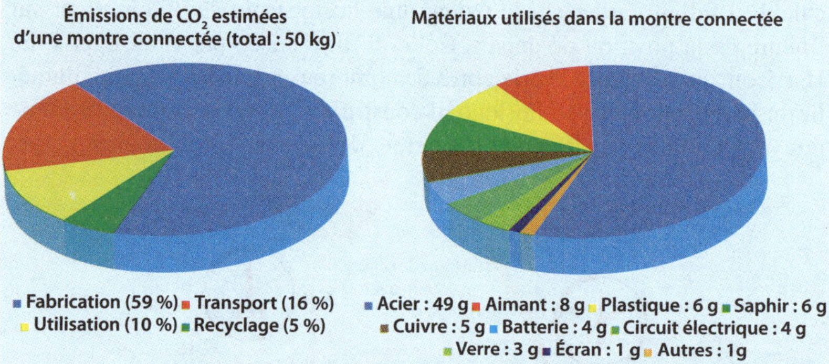

1 **a.** En 1715, pour quelle raison le gouvernement britannique proposa-t-il une grosse somme d'argent ?
b. À quel besoin les scientifiques devaient-ils répondre ?

2 **a.** Quelle solution technique a été trouvée ?
b. Quelles innovations ont permis cette invention ?

3 **a.** Pourquoi est-il difficile de recycler les montres connectées ?
b. Comment les entreprises pourraient-elles agir pour réduire l'impact écologique d'une montre connectée durant son utilisation ?

Sujet 37 Corrigé

Les clés pour réussir

L'essentiel à connaître

- Les **inventions** et les **innovations** naissent toujours pour **répondre à un besoin.**
- L'histoire et la technologie sont intimement liées, les **évolutions techniques ont engendré des grands changements dans les sociétés.**
- Une **solution technique** est la manière dont sont réalisées une ou plusieurs **fonctions techniques** qui constituent un objet. Elle s'appuie sur un principe technique mis en œuvre par des matériaux, des dimensions, des formes, des mouvements. Par exemple, la solution technique pour la propulsion d'un vélo est généralement l'ensemble : chaîne-plateau-pignon-pédalier.
- Une **innovation** est une **solution nouvelle et plus performante** apportée pour améliorer la réponse à un besoin déjà existant.
- L'**impact environnemental** d'un produit doit être considéré en prenant en compte toutes les étapes de son **cycle de vie** (de l'extraction des matières premières au recyclage du produit).

Analyser l'énoncé et les documents

- Pour comprendre le principe de la mesure du temps inventé par John Harrison, aidez-vous de l'illustration, elle reprend les éléments du texte de façon imagée.
- Le diagramme circulaire (appelé aussi « camembert ») s'analyse rapidement, il permet d'identifier rapidement la part que représente chaque catégorie et de voir si certaines parts sont prédominantes.
- Dans les documents, tous les éléments sont importants : le titre, la légende, le schéma.

Bien comprendre les questions

Question 1

- Utilisez l'énoncé et le document pour identifier le besoin auquel répond l'horloge marine.

Question 2

- La deuxième partie du texte décrit la solution inventée par John Harrison, les innovations techniques y sont également présentées.

Question 3

- Servez-vous du *document 2* et de votre bon sens pour répondre à ces questions.

TECHNOLOGIE

- Pensez à ce qui se passe entre le moment où vous jetez l'objet et celui où les matériaux sont récupérés.
- Durant la phase d'utilisation d'un produit, c'est généralement la consommation d'énergie qui représente la part la plus importante de l'impact environnemental.

1 **a.** **Les naufrages de bateaux** dus aux erreurs de navigation étaient très courants au XVIIIe siècle et entraînaient d'importantes pertes humaines et matérielles. Souvent, il s'agissait d'**erreurs de jugement sur la position géographique** des bateaux. Le gouvernement britannique offrit une grosse somme d'argent à celui qui trouverait un moyen de résoudre ce problème.

Conseil

Le concours mentionné dans l'énoncé portait le nom de « Longitude act ». De nombreux documents sont disponibles sur ce sujet passionnant.

b. Les scientifiques devaient répondre au besoin de **connaître avec précision sa position géographique sur l'eau**. Sur la mer, pour éviter les récifs, y trouver sa route, y suivre les courants et les vents, connaître précisément sa position était et demeure encore primordial. De nos jours, les bateaux utilisent la géolocalisation par satellite (GPS).

2 **a.** La solution trouvée est **l'utilisation d'une horloge** pour mesurer précisément le décalage horaire en heure solaire avec le lieu de départ. En effet, en connaissant le décalage horaire avec un lieu, on connaît également la distance longitudinale de ce lieu.

Remarque

L'horloge de John Harisson s'appelle H5 et fonctionne toujours.

b. Les innovations qui ont permis cette invention sont **les nouveaux alliages de laiton et d'acier, et les nouveaux ressorts en spirale**. En effet, les conditions en mer étant difficiles (forts mouvements et variations de températures), les mécanismes des horloges précédentes se déformaient et se déréglaient, ce qui entraînait des erreurs dans la mesure du temps.

3 **a.** Il est difficile de recycler les montres connectées, car **elles comportent de nombreux matériaux très différents** qu'il faut parvenir à séparer pour pouvoir les recycler indépendamment.

Remarque

L'éco-participation est une taxe payée notamment à l'achat des objets électroniques, afin de financer leur recyclage.

b. Pour réduire la consommation énergétique d'une montre connectée durant son utilisation, il existe plusieurs solutions envisageables.
On peut tout d'abord trouver une solution pour que **la montre produise sa propre énergie** : panneau solaire, mécanisme qui récupère l'énergie des mouvements du bras, etc.
Il est également possible de chercher à **réduire la consommation énergétique** de la montre : mode veille, composants qui consomment moins d'énergie, écran moins lumineux ou moins grand...

Sujet 38 Du boulier au supercalculateur

25 pts 30 min

Sujet inédit

Depuis très longtemps, les êtres humains ont eu besoin d'effectuer des opérations mathématiques. En effet, le commerce, la construction, la gestion des populations ont toujours nécessité de manipuler des nombres (additions, soustractions, divisions…).

Doc. 1 Histoire des machines à calculer

Dans l'histoire des machines à calculer, deux principes techniques ont longtemps cohabité. Le premier consiste à utiliser divers objets (cailloux, jetons…) pour effectuer des calculs. C'est le cas par exemple des bouliers inventés en Chine au XIIe siècle. Le second consiste à écrire les nombres sur un support (papyrus, papier, bâtonnets de bois…).

À la fin du XVIIe siècle, les premières machines à calculer mécaniques apparaissent. Elles utilisent les engrenages à roues dentées déjà employés dans l'horlogerie pour effectuer les calculs.

C'est au XIXe siècle avec la révolution industrielle et le développement des mouvements bancaires internationaux que la machine à calculer s'impose réellement. Les machines à calculer mécaniques gagnent en précision, et leur utilisation est simplifiée afin d'être accessible au plus grand nombre. Les calculateurs mécaniques seront utilisés jusqu'à l'arrivée des calculatrices électroniques dans les années 1970.

Les premiers calculateurs électroniques sont développés à partir de 1935 par l'armée américaine qui les utilise pour calculer les trajectoires de ses missiles. S'en suivront alors de nombreux modèles de calculateurs toujours plus rapides.

Les supercalculateurs bien plus rapides et moins encombrants que les calculateurs électroniques apparaissent à la fin des années 1950 et doivent leur existence à l'invention des transistors qui remplacent alors les tubes cathodiques. Ils sont très utilisés de nos jours et servent notamment à la médecine, aux modèles de climatologie ou de mouvements de la croûte terrestre.

TECHNOLOGIE

Doc. 2 **Extrait de l'article « Pourquoi la France doit rester dans la course des supercalculateurs ? », *La Tribune*, 1er mai 2015**

Tous les dix ans, la puissance de calcul des supercalculateurs est multipliée par 1 000. Quant à la durée de vie d'un supercalculateur, elle n'est que de quatre à cinq ans. Passé ce laps de temps, il est bien plus rentable d'installer une machine plus moderne plutôt que de conserver l'ancienne. En 2005, un supercalculateur consommait 5 MW (mégawatts) contre 17 MW en 2014. Avec la prochaine génération, on veut limiter la consommation à 20 MW. Sur ses cinq ans de vie, la consommation électrique globale d'un supercalculateur revient aussi chère que la machine elle-même.

1 Après la lecture du *document 1* :

a. Relever quatre lignées d'objets (principes techniques) de la famille des machines à calculer.

b. Quelle est l'invention qui a permis le développement de la lignée des supercalculateurs ?

c. Quelle rupture technologique a entraîné la fin de l'utilisation des calculateurs mécaniques ?

d. À quel besoin répondaient les premiers calculateurs électroniques ?

2 À l'aide du *document 1*, compléter le tableau ci-dessous.

	Boulier chinois  BIS/Ph. Silkstock	**Arythmomètre mécanique**  Ezrdr/wikimedia	**Calculateur IBM**  dingo/1.2.3 rf
Siècle		XXe	
Énergie		Énergie mécanique	
Lignée	Calcul par manipulation d'objets		

3 À partir du *document 2*, répondre aux questions suivantes :

a. Quels sont les deux grands facteurs qui évoluent avec le développement des supercalculateurs ?

b. Quelle phase du cycle de vie des supercalculateurs est particulièrement énergivore ?

Sujet 38 Corrigé

Les clés pour réussir

L'essentiel à connaître

- L'**évolution des techniques** permet de faire évoluer les objets dans de nombreux domaines.
- Les objets qui répondent au même besoin sont regroupés en **familles**.
- Une **lignée** regroupe les objets d'une même famille qui utilisent le même principe technique pour répondre au besoin.
- Le **cycle de vie** peut être différent suivant le produit, mais on retrouve souvent les mêmes étapes : l'extraction des matières premières, la fabrication de l'objet, son transport, la distribution, l'utilisation et la fin de vie.

Analyser l'énoncé et les documents

- Retrouvez dans les documents le nom des produits, les périodes d'utilisation, les principes techniques qu'ils utilisent.
- Dans le *document 1*, chaque paragraphe correspond à une période.

Bien comprendre les questions

Question 1

- Il faut connaître la définition des mots « lignée » et « principe technique ».

Question 2

- Relevez tout d'abord le principe technique utilisé par chaque objet afin de retrouver le paragraphe du *document 1* qui parle de ce type d'objet.
- Les matériaux et le design des objets peuvent aussi vous guider pour trouver leur époque.
- Observez les images afin d'en déduire l'énergie utilisée.

Question 3

- Certains des facteurs qui évoluent sont souhaités ; d'autres sont des conséquences de l'évolution et sont donc subis.
- Il faut connaître les étapes du cycle de vie et relever quelle étape est évoquée dans le *document 2*.

1 **a.** Les quatre lignées (principes techniques) de calculateurs présentées dans ce document sont : **les calculateurs à manipulation d'objets ; les machines à calculer mécaniques ; les calculateurs électroniques** et **les supercalculateurs.**

b. Les supercalculateurs ont pu être développés grâce à l'**invention des transistors** qui ont remplacé les tubes cathodiques.

c. **L'invention de la calculatrice électronique** a entraîné la fin de l'utilisation des calculateurs mécaniques.

d. Les premiers calculateurs électroniques répondaient au besoin qu'avait l'armée américaine de **calculer la trajectoire de ses missiles.**

Gagnez des points !

Une mauvaise réponse ne retire pas de points, proposez donc une réponse même si vous n'êtes pas sûr qu'elle soit juste.

2 Voici le **tableau complété** :

	Boulier chinois 	**Arythmomètre mécanique** 	**Calculateur IBM** 
Siècle	XIIe	XXe	XXe
Énergie	Énergie mécanique	Énergie mécanique	Énergie électrique
Lignée	Calcul par manipulation d'objets	Calculateur mécanique	Calculateur électronique

3 **a.** Les deux facteurs qui évoluent avec le développement des supercalculateurs sont **la puissance de calcul et la consommation énergétique des supercalculateurs.**

b. C'est **la phase d'utilisation** des supercalculateurs qui est particulièrement énergivore.

Sujet 39 Portique automatique de lavage de voiture

25 pts — 30 min

Sujet zéro, janvier 2018

Les stations de lavage proposent des portiques de lavage automatiques simples et faciles d'utilisation (voir *document 1*). Elles proposent ainsi aux usagers un service leur permettant de mieux respecter l'environnement en diminuant :
– de 80 % la consommation d'eau, par rapport à un lavage à la maison, en utilisant la haute pression ;
– la pollution grâce à des savons biodégradables et par le traitement de 100 % des déchets (boues de lavage, résidus d'hydrocarbures et eaux usées) issus du lavage par l'utilisation d'une fosse de décantation, d'un séparateur et déshuileur, et d'un traitement des eaux usées.

Doc. 1 Extrait de la charte environnementale d'une enseigne de stations de lavage

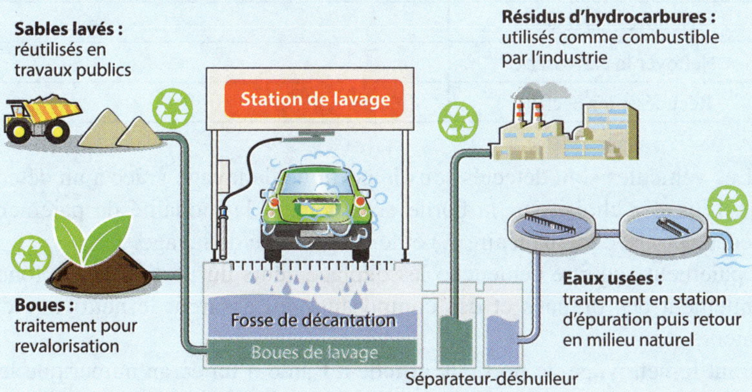

1 À partir du texte de présentation et du *document 1*, indiquer les solutions techniques utilisées par la station de lavage décrite qui participent à la préservation de l'environnement.

Doc. 2 **Descriptif d'un portique automatique de lavage**

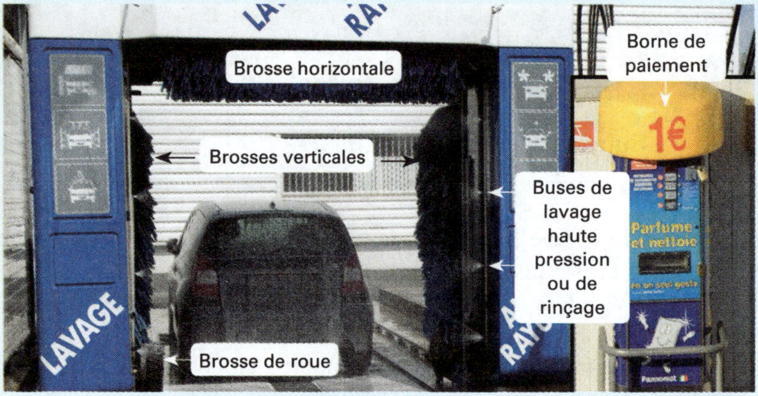

2 À l'aide du texte de présentation et du descriptif fournis, associer les composants du portique de lavage automatique aux fonctions techniques.

Fonctions techniques	Composants
Dialoguer avec l'usager	
Nettoyer les roues	
Nettoyer la carrosserie	
Récupérer les déchets	

3 Les véhicules sont détectés sous le portique de lavage grâce à un détecteur. L'usager choisit sur la borne de paiement la modalité de paiement (pièces, jetons, carte bancaire…) et le programme de lavage.
Le paiement acquitté déclenche les déplacements du portique et le fonctionnement des organes et des composants qui assurent le nettoyage du véhicule.
Durant le nettoyage, le portique affiche à l'aide d'un écran numérique les étapes du lavage et la durée restante.
À partir du texte ci-dessus, identifier les informations utiles au fonctionnement du portique automatique de lavage et compléter la chaîne d'informations ci-après.

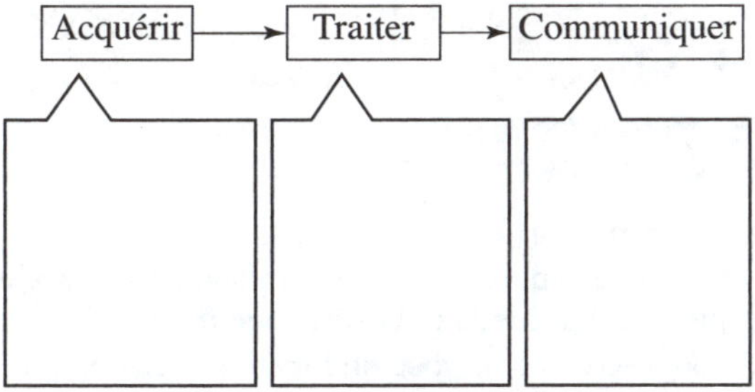

4 La borne de paiement du portique automatique propose un choix de plusieurs programmes de lavage et plusieurs solutions de paiement : par pièces ou jetons, par carte bancaire…

Doc. 3 **Extrait du programme implanté dans la borne de paiement**

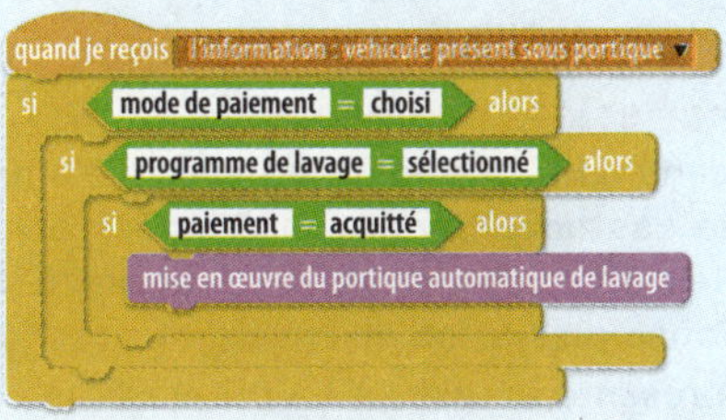

À l'aide du *document 3*, indiquer dans le tableau ci-dessous l'ordre (1, 2, 3, 4) dans lequel la borne de paiement examine les conditions de mise en œuvre du portique automatique de lavage.

	Programme de lavage sélectionné
	Moyen de paiement choisi
	Paiement acquitté
	Véhicule présent sous le portique

5 Le *document 4* présente un particulier essayant différents nettoyeurs haute pression pour l'entretien d'une terrasse. Indiquer un contexte d'utilisation professionnelle de ces nettoyeurs à haute pression, ainsi que le métier associé.

Doc. 4

Contexte d'utilisation professionnelle
Métier

Sujet 39 Corrigé

Les clés pour réussir

L'essentiel à connaître

- Un **système**, comme le portique automatique de lavage de voiture, est un objet complexe qui possède plusieurs **fonctions**.
- Un système peut être décomposé en **fonctions techniques**. Une fonction technique est un sous-ensemble qui a un rôle précis dans le fonctionnement du système.
- Une **solution technique** est un ensemble de composants qui permet de réaliser une fonction technique.
- Un **programme** est un ensemble d'opérations destinées à être exécutées par un ordinateur, implanté ici dans la borne de paiement d'une station de lavage automatique.

Analyser l'énoncé et les documents

- Le texte de présentation au début de l'exercice ainsi que le schéma et la photographie des *documents 1* et *2* ne servent pas uniquement à contextualiser les questions posées. Ils donnent des informations essentielles à la bonne résolution de l'exercice.
- Le *document 3* présente un extrait de programme écrit avec Scratch. En réalité, le programme implanté dans la borne de paiement d'un portique automatique de lavage de voiture utilise un autre langage informatique, plus complexe.

Bien comprendre les questions

Question 1

- Relisez attentivement le texte de présentation pour répondre à cette question.

Question 2

- Les composants du portique de lavage automatique sont nommés sur le *document 2*.

Question 3

- Complétez la chaîne d'informations sachant que l'opération « Acquérir » est généralement effectuée par des capteurs, mais aussi par des interfaces de commandes utilisateur (clavier, boutons).

Question 4

- Reprenez l'ordre indiqué dans l'extrait du programme implanté dans la borne de paiement et présenté dans le *document 3*.

Question 5

- Ne confondez pas contexte d'utilisation professionnelle et contexte d'utilisation personnelle.

1 Pour préserver l'environnement, les portiques automatiques de lavage de voiture utilisent :

– **de l'eau à haute pression,** ce qui permet de diminuer de 80 % la consommation d'eau par rapport à un lavage à la maison ;

– une **fosse de décantation**, un **séparateur-déshuileur** et un **traitement des eaux usées** ;

– **des savons biodégradables.**

Remarque

Aujourd'hui, il est essentiel de prendre en compte l'impact environnemental, quel que soit le système.

2 Les fonctions techniques du portique automatique de lavage de voiture sont associées aux composants suivants :

Fonctions techniques	Composants
Dialoguer avec l'usager	Borne de paiement
Nettoyer les roues	Brosse de roue, buses de lavage et de rinçage
Nettoyer la carrosserie	Brosses verticales, brosses horizontales, buses de lavage ou de rinçage
Récupérer les déchets	Fosse de décantation

3 La chaîne d'informations peut être complétée de la façon suivante :

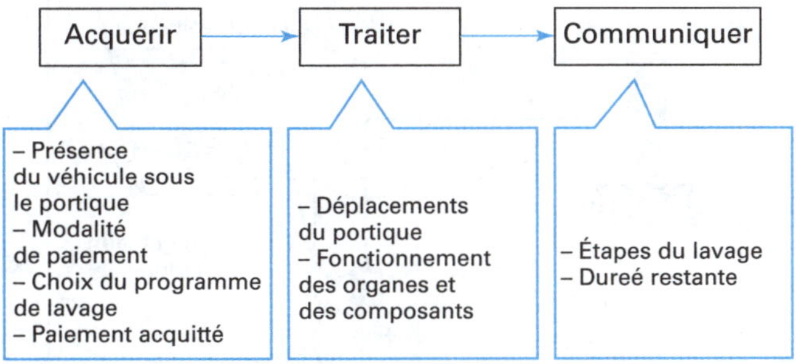

4 D'après le *document 3*, l'ordre dans lequel la borne de paiement examine les conditions de mise en œuvre du portique automatique de lavage est :

3	Programme de lavage sélectionné
2	Moyen de paiement choisi
4	Paiement acquitté
1	Véhicule présent sous le portique

5 Les nettoyeurs à haute pression peuvent être utilisés dans différents contextes :

– **entretien des sols, des surfaces, entretien des locaux** et **respect des normes d'hygiène** ;

– **nettoyage et entretien des voiries** ;

– **entretien des espaces extérieurs**...

Les métiers associés sont liés à l'hygiène et à l'entretien : **agent de propreté, agent technique, technicien de voirie, employé agricole**...

Gagnez des points !

N'indiquez qu'un seul contexte d'utilisation professionnelle et qu'un seul métier associé pour ne pas perdre de temps.

TECHNOLOGIE

Sujet 40 — L'eau : système de captage et distribution

25 pts — 30 min

France métropolitaine, septembre 2017

L'accès à l'eau en Afrique occidentale est difficile, car elle est en sous-sol, et l'énergie pour la puiser est peu disponible.
L'étude porte sur les solutions techniques qui permettent d'optimiser un système de captage d'eau et sa distribution. L'eau est acheminée du puits à la surface par l'intermédiaire d'une pompe immergée. Cette dernière est alimentée en électricité par un panneau photovoltaïque. Celui-ci est fixé au sol dans une zone bien exposée au soleil.

Doc. 1 Schéma du système initial

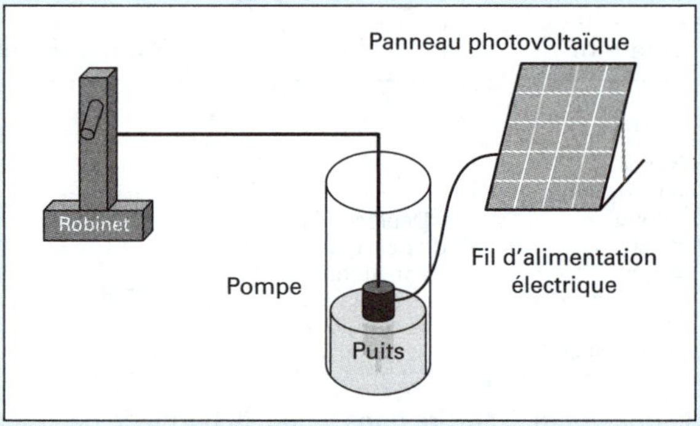

Doc. 2 Influence de l'inclinaison du panneau sur la production électrique

La quantité d'énergie électrique produite par un panneau photovoltaïque varie essentiellement en fonction de deux paramètres :
– la luminosité ambiante au cours de la journée ;
– l'orientation du panneau par rapport au sol, qui se traduit par l'angle d'inclinaison (*figure 2*).
Des relevés de production électrique d'une installation de panneaux photovoltaïques située à Abidjan en Côte d'Ivoire montrent l'influence de ces deux paramètres (*figure 1*). Cette installation a une surface de panneaux de 15 m² orientés plein sud.

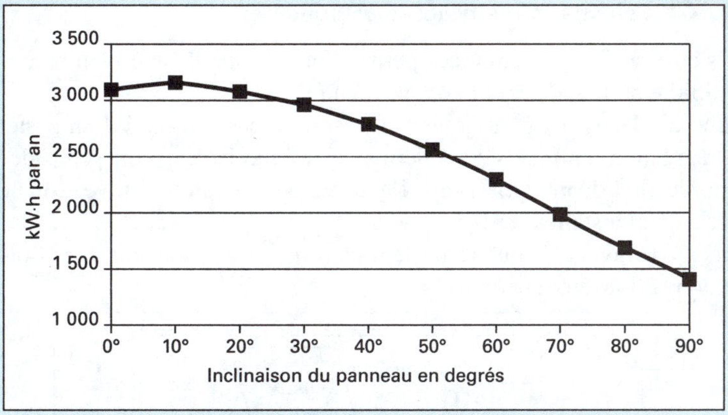

Figure 1 – Production annuelle d'électricité en fonction de l'inclinaison des panneaux

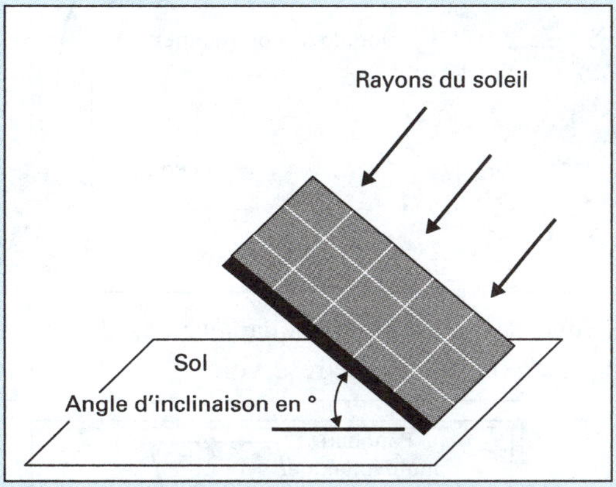

Figure 2

1 Afin d'optimiser la production d'énergie électrique du panneau photovoltaïque, déterminer à l'aide du *document 2* l'angle d'inclinaison du panneau photovoltaïque permettant de produire une énergie électrique maximale.

2 Les ingénieurs agronomes recommandent d'irriguer les cultures lorsque le soleil est couché afin d'éviter une évaporation trop importante de l'eau. Proposer une solution technique à ajouter au système (*document 1*) qui permet de stocker l'énergie électrique produite pendant la journée afin de faire fonctionner la pompe pendant la nuit.

Doc. 3 Schémas de l'amélioration proposée

Plusieurs solutions techniques permettent de garantir une meilleure disponibilité de l'eau, de jour comme de nuit.
L'une d'elles consiste à ajouter un réservoir accompagné d'un système de régulation automatisé. Ce dernier évite que le réservoir soit vide ou déborde lors du remplissage à l'aide de deux capteurs (niveau haut et niveau bas) installés sur le réservoir.
Lorsque le niveau de l'eau dans le réservoir atteint le capteur haut, l'ordre est donné d'arrêter la pompe.

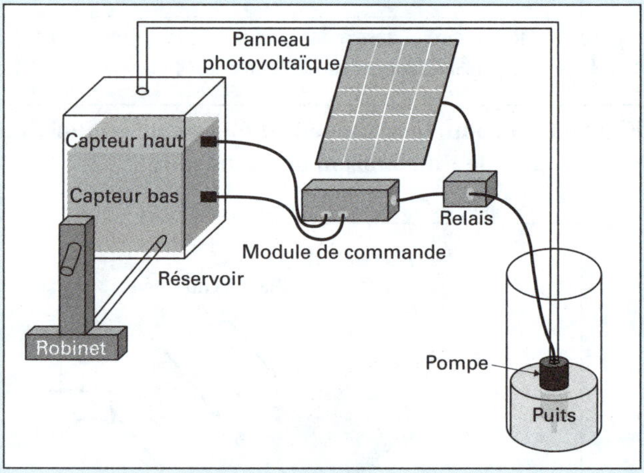

Lorsque le niveau de l'eau atteint le capteur bas, l'ordre est donné de démarrer la pompe pour remplir le réservoir.

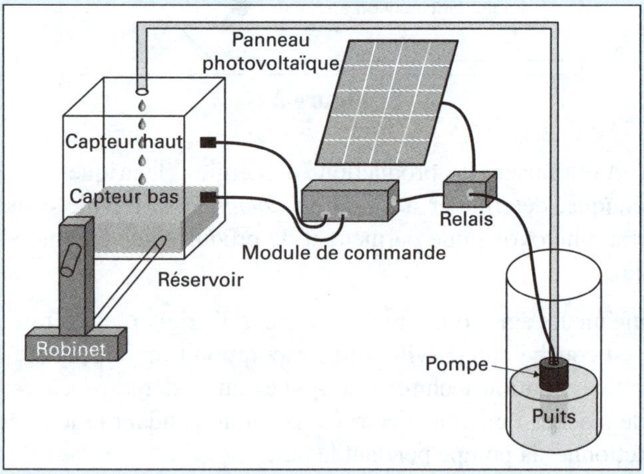

3 À l'aide des informations (*document 3*), compléter l'algorithme de régulation du niveau du réservoir ci-dessous, avec les indications suivantes : capteur haut atteint ; capteur bas atteint ; désactiver la pompe.

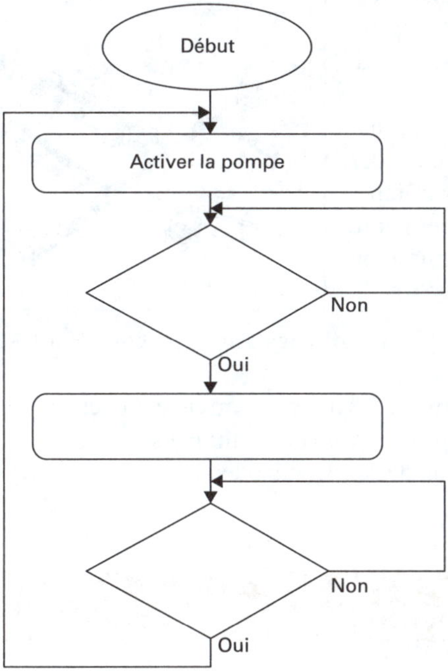

4 Pour optimiser la gestion de l'eau d'irrigation, les ingénieurs agronomes préconisent également d'irriguer au plus près des racines des plantes. Une irrigation de nuit en goutte à goutte, fractionnée en petites périodes de temps d'arrosage, permet d'économiser l'eau.
À l'aide de la description du fonctionnement (*document 4*), compléter la modélisation du pilotage de cette installation ci-dessous.

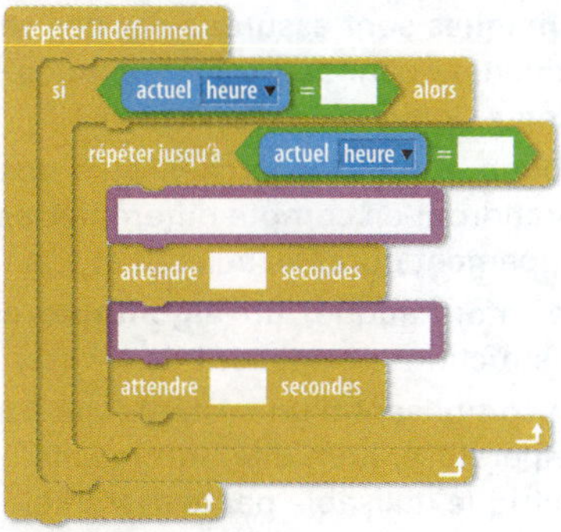

Doc. 4 **Principe de l'irrigation goutte à goutte**

Un système d'irrigation goutte à goutte est constitué de tuyaux micro-percés disposés au pied des plantes.
L'eau est distribuée par gouttelettes pendant des périodes courtes et répétitives afin de permettre sa meilleure infiltration dans le sol.

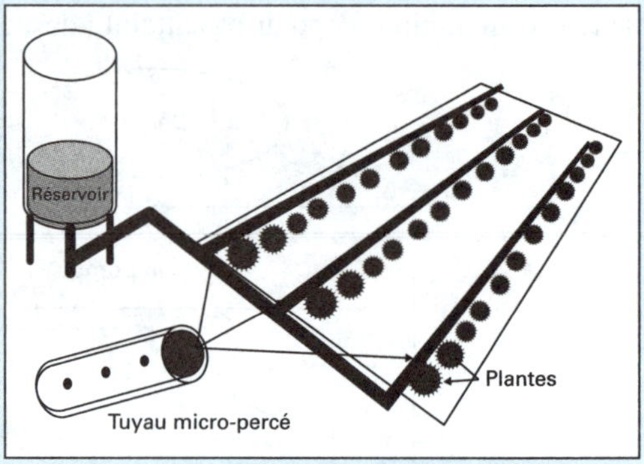

Un programme horaire d'irrigation peut être décrit selon le principe suivant :
– le cycle démarre à 21 heures et s'arrête à 23 heures ;
– irrigation des plantes pendant 10 minutes ;
– puis interruption durant 15 minutes.

Sujet 40 Corrigé

Les clés pour réussir

L'essentiel à connaître

- Un panneau photovoltaïque (parfois appelé panneau solaire) est un objet technique qui **convertit** l'énergie **solaire** en énergie **électrique**.
- Pour répondre aux fonctions et contraintes du cahier des charges, le concepteur définit les différentes fonctions techniques.
- Ces **fonctions techniques** sont assurées par des **solutions techniques** concrètes. Par exemple, le panneau solaire est une **solution technique** qui assure la **fonction** « Conversion d'énergie ».
- Lors de la conception, il faut rechercher, puis tester, et enfin **choisir des solutions** qui prendront en compte différentes **contraintes** liées à la sécurité, au développement durable, au coût et à la faisabilité.
- Dans le domaine informatique, un **algorithme** est une succession d'opérations et d'instructions permettant de réaliser une tâche.
- Un **capteur** est un composant d'un système qui **transforme** une grandeur physique (température, humidité, luminosité...) en une grandeur ou un message électrique utilisable par le système.

Analyser l'énoncé et les documents

- Le sujet est assez long. Prenez le temps de lire toutes les pages et d'analyser les documents (titre, nature, informations importantes).
- Utilisez un surligneur pour repérer les informations essentielles.
- Assurez-vous de bien avoir compris les fonctions principales du système : « Capter » (c'est-à-dire pomper en profondeur) et « Distribuer de l'eau » grâce à un système autonome en énergie.

Bien comprendre les questions

Question 1

- Dans le graphique présenté dans la *figure 1* du *document 2*, repérez les grandeurs représentées sur chaque axe et les unités.
- Notez ensuite sur la courbe la valeur maximale de la production d'électricité et lisez sur l'axe des abscisses la valeur correspondante.

Question 2

- Identifiez la fonction technique à réaliser : « Stocker l'énergie ».
- La réponse à cette question fait appel à vos connaissances.

Question 3

- N'utilisez que les indications proposées dans l'énoncé de la question. Parmi elles, distinguez les conditions (capteur haut atteint, capteur bas atteint) et les actions (désactiver la pompe).
- Souvenez-vous que dans la représentation graphique d'un algorithme, les losanges sont des conditions et les rectangles des actions. Le texte explicatif vous servira ensuite à placer correctement les actions et les conditions pour que le système fonctionne comme désiré.

Question 4

- Repérez le rôle des différents blocs de ce programme de type *Scratch* (répéter indéfiniment, répéter jusqu'à, si ... alors, attendre) et n'oubliez pas de convertir les minutes en secondes.

1 D'après la *figure 1* du *document 2*, l'angle d'inclinaison du panneau photovoltaïque pour produire une énergie électrique maximale est **10°**.

2 La solution technique permettant de répondre au besoin de stocker l'énergie produite par le panneau est une **batterie**.

3 L'**algorithme de régulation du niveau du réservoir** doit être complété de la manière suivante :

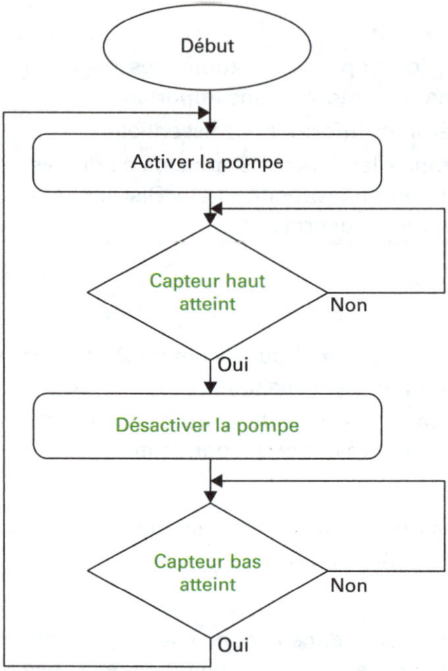

Gagnez des points !

Il y a 3 éléments de réponse proposés et 3 cases vides. Même si vous n'êtes pas sûr de vous, tentez votre chance !

4 D'après la description du fonctionnement du système d'irrigation goutte à goutte (*document 4*), la **modélisation du pilotage de cette installation** doit être complétée de la façon suivante :

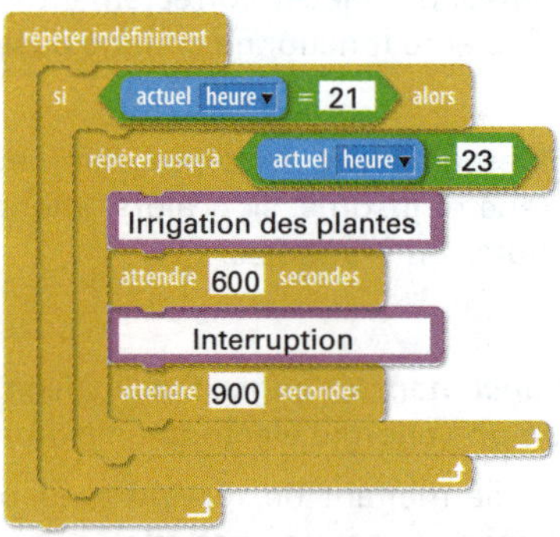

Conversion des minutes en secondes (1 min = 60 s) :
- 10 min = 10 × 60 s = 600 s ;
- 15 min = 15 × 60 s = 900 s.

L'astuce du prof

Vérifiez plusieurs fois votre calcul, car des erreurs sont vite arrivées lors des conversions d'unités.

Sujet 41 — Le dispositif de freinage sans blocage des roues (Anti Blocage System, ABS)

25 pts — 30 min

Sujet zéro, avril 2016

- Lors d'un freinage, il est important pour la sécurité de ne pas bloquer les roues, car cela permet de conserver de bonnes conditions d'adhérence avec la route et d'éviter la perte du contrôle du véhicule en cas de changement de trajectoire ou de conditions différentes de contact des roues avec le sol (une roue sur une flaque d'eau et les autres sur le bitume sec).
- La structure matérielle de l'équipement ABS est représentée sur le *document 6*.
- Le principe du freinage ABS est le suivant. Lorsque le chauffeur appuie sur la pédale de frein, le maître-cylindre alimente en huile le groupe hydraulique qui régule la pression d'huile dans le circuit hydraulique. Les pistons portés par les étriers et disposés de part et d'autre du disque sont poussés par l'huile sous pression, ils pincent fortement le disque solidaire de la roue qui ralentit. Si le pincement est trop fort, la roue peut se bloquer. Pour éviter cela, un capteur détecte la vitesse de la roue et délivre cette information au calculateur. Si la vitesse devient trop faible et proche du blocage, le calculateur donne l'ordre au groupe hydraulique de diminuer la pression. Ainsi, grâce à l'ensemble capteur de vitesse-calculateur-groupe hydraulique, la pression est régulée lors d'un appui sur la pédale de frein pour obtenir la meilleure efficacité du freinage sans blocage.

1 Expliquer pourquoi il est indispensable de doter les quatre roues d'un capteur de vitesse.

2 À partir de l'analyse du *document 6*, compléter le *document 7* en associant un composant matériel à chaque fonctionnalité.

Doc. 1 Principe d'un système antiblocage ABS

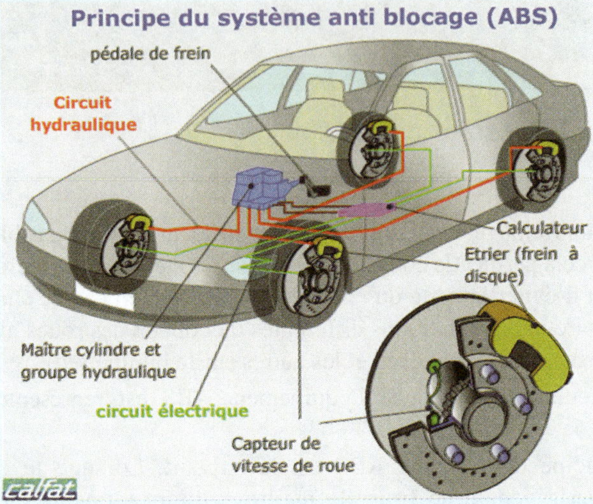

Doc. 2 Chaînes d'énergie et d'information d'un ABS

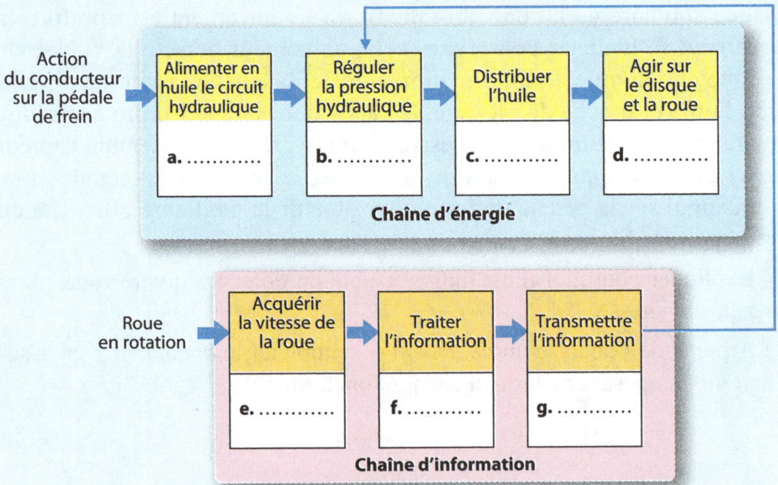

3 Le *document 8*, ci-après, présente l'algorithme du freinage ABS pour une roue. Compléter les parties manquantes.

Doc. 3 **Algorithme d'un ABS**

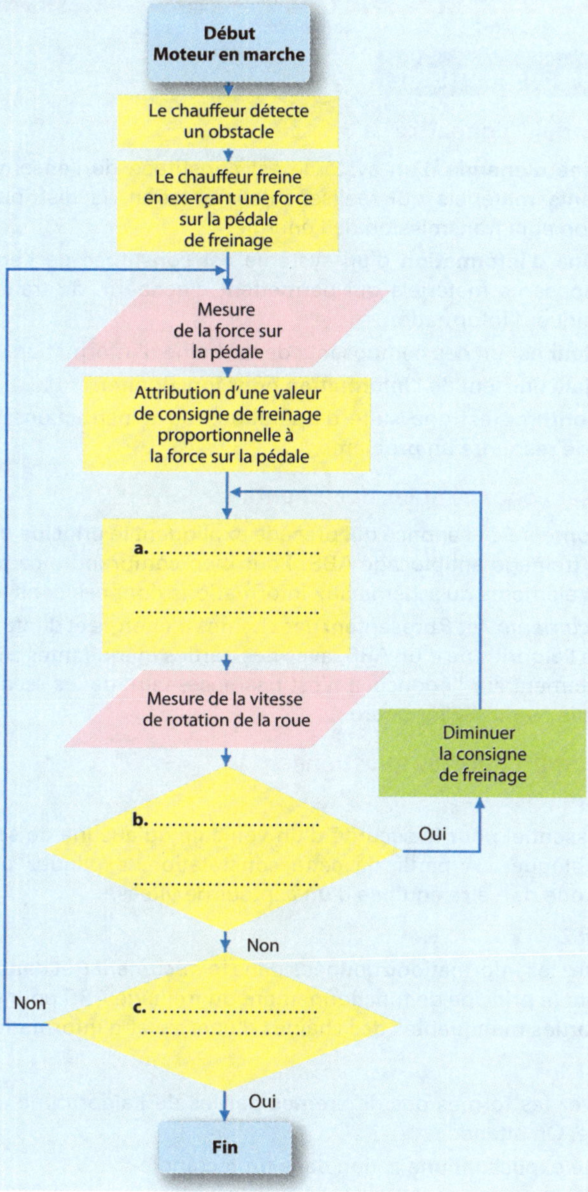

Sujet 41 Corrigé

Les clés pour réussir

L'essentiel à connaître

- La **chaîne d'énergie** d'un système est constituée de l'ensemble des composants matériels qui réalisent l'alimentation, la distribution, la conversion et la transmission de l'énergie.
- La **chaîne d'information** d'un système est constituée de l'ensemble des composants matériels qui permettent d'acquérir, de traiter et de communiquer l'information.
- Le **capteur** est un des composants de la chaîne d'information.
- Les objets utilisent de l'**information** pour fonctionner.
- Un **algorithme** est une suite d'opérations ou d'instructions qui permettent de résoudre un problème.

Analyser l'énoncé et les documents

- Le *document 6* et l'énoncé qui précède expliquent le principe d'un système de freinage antiblocage ABS. Pour bien comprendre ce principe, reliez les éléments du schéma aux informations données dans le texte.
- Les *documents 7* et *8* présentent des chaînes d'énergie et d'information ainsi que l'algorithme d'un ABS, avec des parties manquantes à compléter directement sur l'énoncé. Il n'est pas nécessaire de les recopier sur votre copie avant d'y répondre.

Bien comprendre les questions

Question 1

- Il est essentiel pour la sécurité d'un véhicule qu'aucune de ses roues ne soit bloquée. À partir de cette constatation, expliquez pourquoi chaque roue doit être équipée d'un capteur de vitesse.

Question 2

- Exploitez les informations données dans le *document 6* et dans le texte explicitant le principe de fonctionnement du freinage ABS pour compléter les parties manquantes des chaînes d'énergie et d'information.

Question 3

- Observez les formes des différentes parties de l'algorithme avant de répondre. On attend :

– un texte explicitant une action dans un rectangle ;

– une question à laquelle on peut répondre par « oui » ou par « non » dans un losange.

1 Il est indispensable de doter les quatre roues d'un capteur de vitesse. En effet, le rôle du capteur de vitesse pour chaque roue dans le système ABS est de **vérifier si la roue est en train de se bloquer ou pas**, et il est essentiel pour la sécurité du véhicule qu'**aucune roue ne soit bloquée.**

2 Les éléments manquants dans la chaîne d'énergie et la chaîne d'information d'un ABS sont les suivants :

a. **Maître cylindre**
b. **Groupe hydraulique**
c. **Circuit hydraulique**
d. **Pistons portés par les étriers**
e. **Capteur**
f. **Calculateur**
g. **Groupe hydraulique**

3 Les trois parties manquantes dans l'algorithme du freinage ABS pour une roue sont :

a. **Pincement du disque par les pistons proportionnel à la valeur de consigne de freinage.**
b. **La vitesse mesurée est-elle proche de zéro ?**
c. **La force exercée sur la pédale est-elle nulle ?**

Gagnez des points !
Les deux dernières parties de cet algorithme sont forcément des questions.

TECHNOLOGIE

Sujet 42 Lyre à LED de spectacle

25 pts — 30 min

Sujet inédit

La lyre à LED de spectacle est une lumière de couleur commandée qui peut être dirigée dans plusieurs directions depuis le pupitre de contrôle du technicien lumière.
Sa fonction d'usage est de créer un spectacle de lumières en mouvement et de différentes couleurs avec projection de formes.

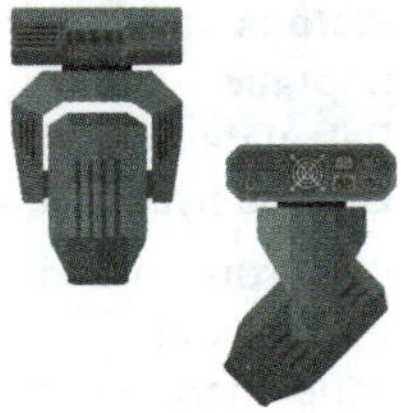

Lyre à led
al4k/1.2.3 rf

Doc. 1 Extrait de la documentation technique

Le SpotLyre 250 est un projecteur électrique à effets sur lyre motorisée d'une puissance de 250 W, fonctionnant en mode automatique musical (capteur intégré), automatique ou DMX.

- Il est muni d'une lampe à LED 250 W/24 V, d'une roue de couleur à 9 positions (8 couleurs + blanc) et d'une roue de gobos (calques à motifs placés devant la LED) à 8 positions interchangeables.
- Les mouvements sont commandés par quatre moteurs pas à pas (deux moteurs pour les axes et deux pour les roues d'effets et de couleur).

Exemple de gobo
al4k/1.2.3 rf

Doc. 2 Le protocole DMX512

Le DMX512 est un protocole de commande d'appareils d'éclairage et d'animation de scène très largement répandu dans le milieu du spectacle.

- Le protocole DMX512 (norme RS 485) permet de contrôler 512 canaux en affectant à chacun une valeur comprise entre 0 et 255. Chaque appareil reçoit l'ensemble des 512 valeurs (appelées « trame » DMX) et renvoie cette trame à l'appareil suivant.
- La norme prévoit la mise en série d'au maximum 32 appareils sur une même ligne DMX, et un appareil DMX512 peut avoir de 1 à 16 canaux maximum, accessibles dans un ordre défini par le fabricant.

1 Après la lecture des documents, compléter le diagramme de fonctionnement ci-dessous :

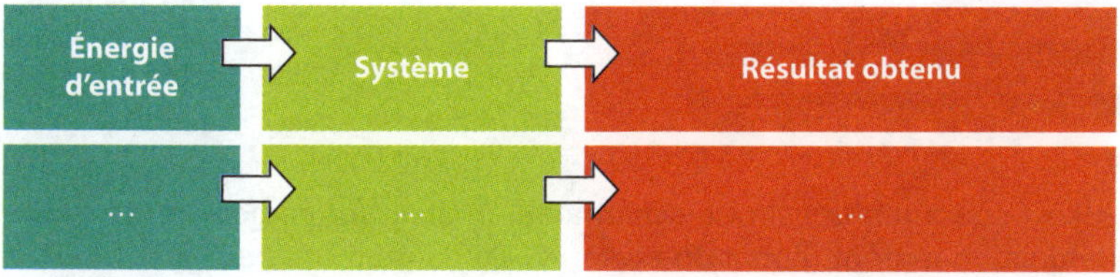

2 Compléter le diagramme d'analyse fonctionnelle ci-dessous en y ajoutant les solutions techniques utilisées ou la fonction technique associée.

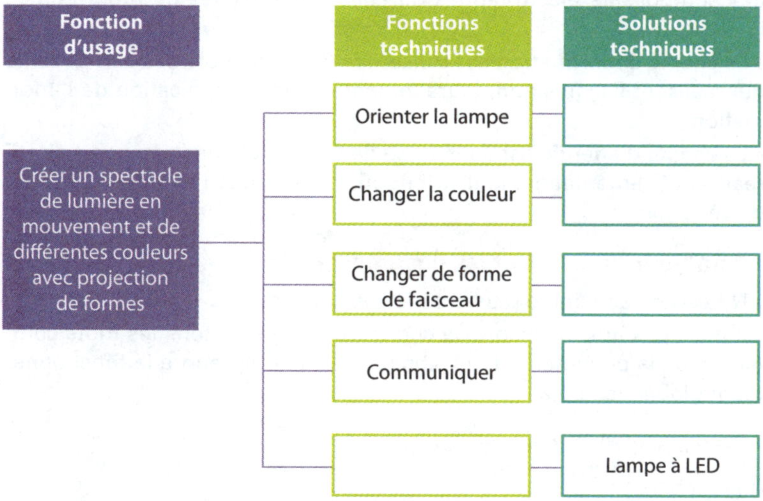

3 Classer les solutions techniques dans le tableau ci-dessous :

Éléments de la chaîne d'énergie	
Éléments de la chaîne d'information	

TECHNOLOGIE

Sujet 42 Corrigé

Les clés pour réussir

L'essentiel à connaître

- Il est courant d'utiliser un **schéma** ou un **diagramme** pour représenter le fonctionnement global du système. Ce diagramme peut être plus ou moins détaillé.
- Chaque **fonction technique** est réalisée à l'aide de **composants** dédiés à cette fonction. Ces composants peuvent être des pièces mécaniques, des composants électroniques ou encore des parties de programmes informatiques.
- La **chaîne d'information** est constituée de l'ensemble des composants qui réalisent l'acquisition, le traitement et la communication de l'information.
- La **chaîne d'énergie** est constituée de l'ensemble des composants qui réalisent l'alimentation, la distribution, la conversion et la transmission de l'énergie.

Analyser l'énoncé et les documents

- N'hésitez pas à relire plusieurs fois les documents.
- Il n'est pas indispensable de connaître le sens de tous les mots complexes de la documentation technique pour comprendre le fonctionnement global de l'objet.

Bien comprendre les questions

Question 1

- Aidez-vous de la fonction d'usage pour remplir le diagramme de fonctionnement.
- Cherchez l'énergie d'entrée dans la documentation technique (*document 1*).

Question 2

- L'analyse fonctionnelle rentre dans le détail du fonctionnement de l'objet. Identifiez les parties du texte qui traitent de la fonction pour laquelle vous cherchez la solution retenue.

Question 3

- Aidez-vous des définitions de la chaîne d'énergie et de la chaîne d'information pour reconnaître les éléments à trier.

1 Voici le **diagramme de fonctionnement** de la lyre de spectacle :

Énergie d'entrée	→	Système	→	Résultat obtenu
Entrée électrique	→	Lyre de spectacle	→	Lumière en mouvement et changement de couleur et de forme

2 Voici le **diagramme d'analyse fonctionnelle** de la lyre de spectacle, il détaille les fonctions et solutions techniques retenues.

Fonction d'usage	Fonctions techniques	Solutions techniques
Créer un spectacle de lumière en mouvement et de différentes couleurs avec projection de formes	Orienter la lampe	Moteur pas à pas
	Changer la couleur	Roue de couleur à 9 positions
	Changer de forme de faisceau	Roue de gobos à 8 formes
	Communiquer	Protocole DMX
	Émettre de la lumière	Lampe à LED

3 Les solutions techniques sont classées dans le tableau ci-dessous :

Éléments de la chaîne d'énergie	Moteur pas à pas Roue de couleur et roue de Gobos
Éléments de la chaîne d'information	Protocole DMX

Pensez-y !
Les moteurs et les lampes sont des actionneurs, ils sont toujours dans la chaîne d'énergie.

Sujet 43 Pilote automatique

25 pts — 30 min

France métropolitaine, septembre 2018

Lors d'une course à la voile, les vents et les courants marins ont un impact sur le comportement du bateau et sur sa trajectoire.
Pendant la course, le navigateur ne peut pas rester en permanence à la barre de son voilier, car il doit se déplacer pour effectuer des réglages de voilure en raison des variations des conditions météorologiques et climatiques. Il est donc nécessaire d'avoir un système automatisé qui dirige le bateau, sans l'action du skippeur sur la barre du gouvernail. Ce système est nommé « pilote automatique de bateau pour barre franche ».
L'étude porte sur l'efficacité du pilote automatique à garantir un cap malgré les perturbations météorologiques (vents, pluie, orages…) et climatiques (courants marins…) que subit le voilier.

Doc. 1 Description du fonctionnement d'un pilote automatique simple

Le skippeur indique le cap (direction) à suivre sur la console du pilote automatique.
Le pilote automatique compare alors le cap souhaité avec la direction réelle du voilier.
Si la direction du voilier est différente du cap saisi sur la console, le vérin du pilote automatique tire ou pousse la barre du voilier. Ainsi, le gouvernail oblige le bateau à changer de direction.

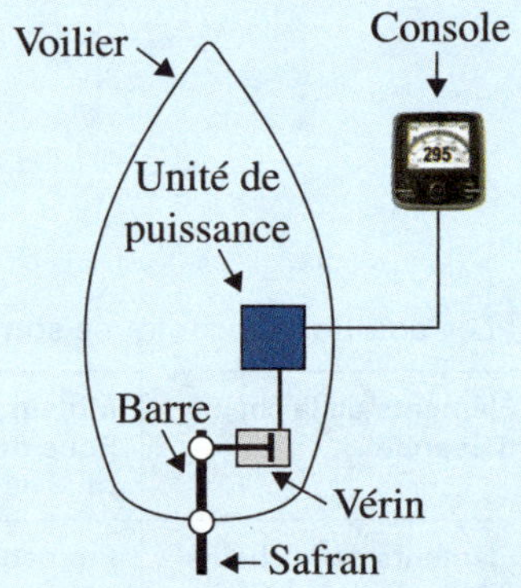

Un propriétaire de voilier souhaite équiper son voilier d'un pilote automatique pour participer à une course au large. Le voilier pèse 6,5 tonnes.

1 À l'aide de la formule $P = U \times I$ et des données du *document 2*, calculer la puissance électrique consommée par chaque vérin. Choisir le type de vérin ayant le moins d'impact sur la consommation de l'énergie électrique stockée sur le voilier et le meilleur temps de réponse.
Argumenter la réponse.

Doc. 2 Caractéristiques techniques

Type de vérin	Intensité *I* (en ampères)	Tension *U* (en volts)	Masse maximale du bateau à déplacer (en tonnes)	Temps de déplacement de la tige du vérin (en secondes)
Vérin électrique	0,08	12	9	8
Vérin hydraulique	0,04	12	11	6,9

Les vents et les courants marins varient en direction et en force. Le voilier dérive donc de la trajectoire programmée et s'écarte de son cap.
La console de pilotage intègre un programme qui commande la sortie ou la rentrée de la tige du vérin en fonction de la dérive du bateau. La dérive est la différence entre le cap à suivre et la direction que prend le voilier. Elle se mesure en degrés d'angle.

2 À l'aide de la description d'un exemple de cycle de fonctionnement du pilote automatique du *document 3*, compléter la modélisation du programme de fonctionnement simplifié du pilote automatique ci-après.

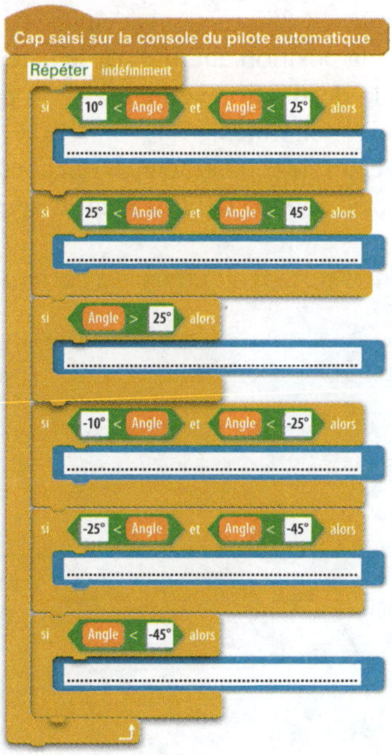

TECHNOLOGIE

Doc. 3 Exemple de cycle de fonctionnement du pilote automatique

Le cycle décrit ci-après est un exemple de programme :
- si la différence est comprise entre 0° et 10° alors la tige du vérin ne bouge pas ;
- si la différence est comprise entre 10° et 25° alors la tige du vérin sort de 100 mm ;
- si la différence est comprise entre 25° et 45° alors la tige du vérin sort de 200 mm ;
- si la différence est supérieure à 45° alors la tige du vérin sort de 300 mm ;
- si la différence est comprise entre 0° et – 10° alors la tige du vérin ne bouge pas ;
- si la différence est comprise entre – 10° et – 25° alors la tige du vérin rentre de 100 mm ;
- si la différence est comprise entre – 25° et – 45° alors la tige du vérin rentre de 200 mm ;
- si la différence est supérieure à – 45° alors la tige du vérin rentre de 300 mm.

Lorsque le voilier dérive de la trajectoire programmée pendant un temps long, il s'écarte trop de la position souhaitée, ce qui provoque un retard dans la course.

3 Sur le *document 4*, tracer la trajectoire du bateau qui dérive sur une distance de 13 miles (1 mile = 1 852 mètres) avec une dérive vers l'Est de 15°. Marquer par une croix la position atteinte par le bateau.
Mesurer l'écart entre la destination souhaitée et la position atteinte par le voilier et donner sa valeur en miles.
Afin de minimiser cet écart, les constructeurs ont conçu des pilotes automatiques plus perfectionnés, comme détaillés par le *document 5*.

Doc. 4 Tracé simplifié de la trajectoire du bateau

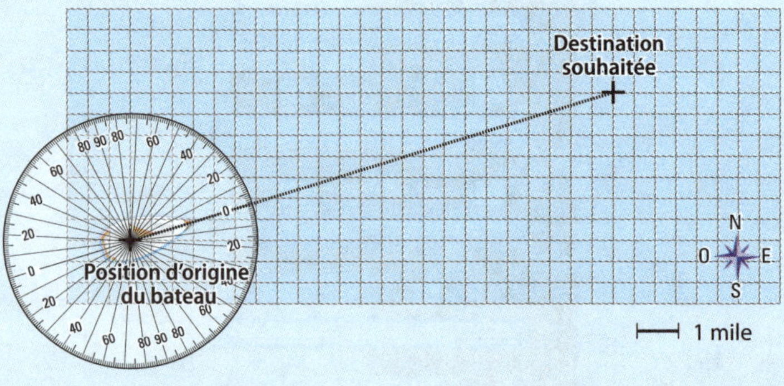

4 À l'aide du *document 5*, nommer les capteurs mis en œuvre dans le pilote perfectionné et qui permettent au calculateur de prendre en compte les phénomènes météorologiques.
Argumenter la réponse.

Doc. 5 Diagramme des blocs d'un pilote perfectionné

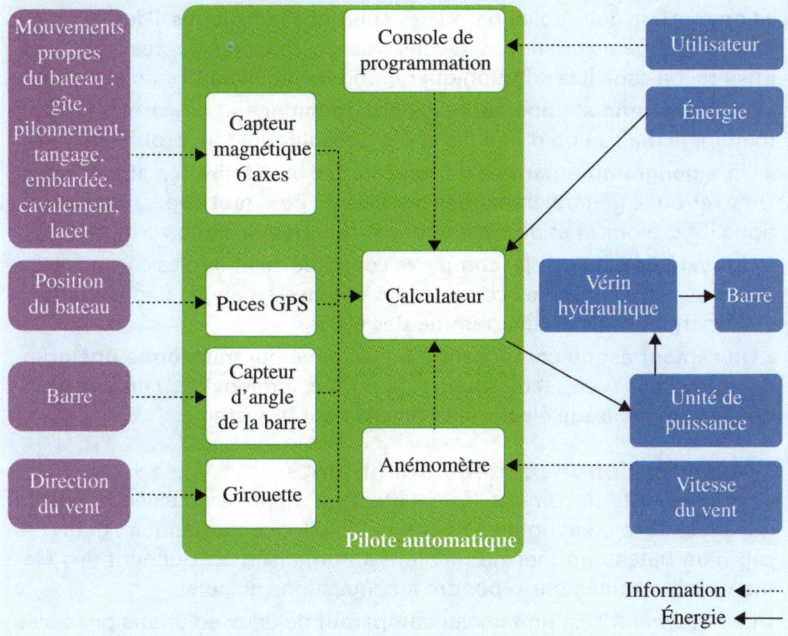

Sujet 43 Corrigé

Les clés pour réussir

L'essentiel à connaître

- Lorsque l'on doit choisir parmi des **solutions techniques**, il faut d'abord étudier les caractéristiques techniques de chacune de ces solutions. Ensuite, on choisit la solution qui répond le mieux au besoin exprimé.
- Un **algorithme** est une succession d'opérations et d'instructions permettant la réalisation d'une tâche ou la résolution d'un problème.
- Un **algorigramme** permet de **représenter** et d'**écrire les algorithmes**. On y retrouve généralement des boucles (Faire… tant que…), des conditions (Si… alors…) et des instructions (Allumer, Sortir le vérin…).
- Un **système** est un objet complexe constitué de multiples composants. On peut représenter ces composants et leurs échanges d'informations et d'énergies dans un **diagramme des blocs**.
- Un **capteur** est un composant d'un système qui **transforme** une grandeur physique (vent, température, humidité, luminosité…) en une grandeur ou un message électrique utilisable par le système.

Analyser l'énoncé et les documents

- L'énoncé et le *document 1* présentent de manière détaillée le besoin qui a justifié la création de ce système de pilote automatique : garder le cap d'un bateau en mer de manière automatisée. Ils donnent des éléments importants pour répondre aux questions du sujet.
- Le *document 2* est un tableau comparatif de deux solutions possibles (les deux lignes). Les caractéristiques techniques sont représentées en colonnes.
- Le *document 3* permettra de compléter l'algorigramme. Il présente sous forme de texte ce que doit faire le programme du pilote automatique.

Bien comprendre les questions

Question 1

- Utilisez la formule donnée dans l'énoncé pour répondre à la première partie de la question.
- Comparez ensuite les caractéristiques techniques pour choisir entre les solutions « vérin électrique » et « vérin hydraulique ».

Question 2

- Tous les cas décrits dans le *document 3* ne seront pas forcément représentés dans la modélisation du programme.

Question 3

- Il s'agit d'un exercice de traçage sur un graphique. Repérez bien l'échelle utilisée et convertissez la distance mesurée en miles.

Question 4

- Pour répondre à cette question, vous devez avoir identifié les phénomènes météorologiques indiqués dans l'énoncé.
- Ensuite, retrouvez dans le schéma les composants permettant d'acquérir ces phénomènes.

1 La puissance électrique consommée par le vérin électrique est de 0,08 × 12 = **0,96 W** tandis que le vérin hydraulique consomme 0,04 × 12 = **0,48 W**.

Le **vérin hydraulique** semble le **plus approprié**, car il consomme **moins de puissance** (0,48 W < 0,96 W). De plus, son **temps de réponse est plus rapide** que celui du vérin électrique. La masse maximale déplaçable par ce vérin est **inférieure à la masse du voilier**. Il répond donc complètement au besoin exprimé.

> **Gagnez des points !**
> Attention, il y a deux questions dans l'énoncé. Séparez bien vos deux réponses.

2 La modélisation du programme de fonctionnement simplifié du pilote automatique est la suivante :

TECHNOLOGIE

3 D'après le tracé ci-dessous, l'écart entre la destination souhaitée et la position atteinte est d'environ **3,6 miles** (en prenant 1 mile = deux carreaux).

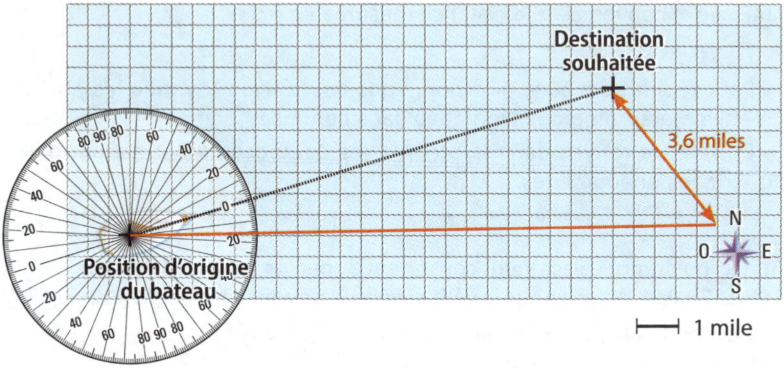

4 Deux capteurs permettent de prendre en compte les phénomènes météorologiques :
– la **girouette**, qui mesure la direction du vent ;
– l'**anémomètre**, qui mesure la vitesse du vent.

L'astuce du prof

Identifiez bien la signification des flèches (type de trait et sens) sur le diagramme à l'aide de la légende.

Sujet 44

25 pts — 30 min

Laboratoire automatisé d'analyse ADN

Pondichéry, mai 2018

L'analyse de l'acide désoxyribonucléique (ADN) est utilisée dans de nombreuses situations (détection de maladies génétiques, identification de lien de parenté), notamment par la police scientifique lors de recherches de preuves. Les laboratoires en charge de ces analyses sont équipés de systèmes automatisés permettant un traitement d'échantillons en grande quantité.

Description du système automatisé existant

Le système est constitué d'un bioanalyseur, un ordinateur portable et une imprimante autonome. L'ordinateur est connecté via un câble *Universal Serial Bus* (USB) à un bioanalyseur qui réalise l'analyse de l'ADN.
L'ordinateur pilote l'analyseur et archive les données sur son disque dur.

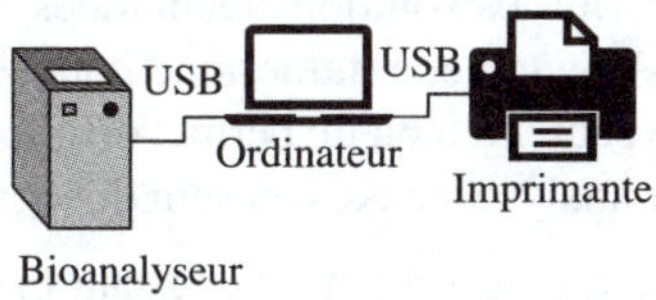

Il est également relié à une imprimante permettant l'impression de certaines données pour le client.

Le constructeur du bioanalyseur souhaite faire évoluer le système pour s'adapter aux nouvelles exigences des utilisateurs dans les laboratoires.
L'étude porte sur les solutions techniques qui répondent aux améliorations souhaitées, notamment la réalisation d'un réseau informatique intégrant tous les éléments de l'analyse et une interface Homme-machine.

1 Afin de répondre aux améliorations souhaitées décrites dans le *document 1*, cocher ci-après les solutions techniques à envisager.

Doc. 1 Améliorations souhaitées pour le système

Le service marketing a rassemblé les améliorations souhaitées par les utilisateurs :
- besoin 1 – permettre le pilotage, la visualisation et le suivi de l'avancement de l'analyse depuis n'importe quel emplacement du laboratoire sans rester à côté de l'analyseur ;
- besoin 2 – imprimer les résultats sur l'imprimante connectée au réseau informatique du laboratoire ;

• besoin 3 – garantir la sauvegarde des résultats d'analyse de façon sécurisée sur le réseau ;
• besoin 4 – transmettre de manière sécurisée les résultats des analyses à des clients via Internet.

Solutions techniques envisageables :
☐ **a)** Ajouter un modem-routeur au réseau informatique.
☐ **b)** Ajouter une imprimante réseau au réseau informatique.
☐ **c)** Acheter une tablette et créer une application de pilotage du bioanalyseur pour tablette.
☐ **d)** Ajouter un point d'accès Wi-Fi au réseau.
☐ **e)** Ajouter une carte réseau au bioanalyseur pour le relier au réseau informatique du laboratoire par un câble Ethernet.
☐ **f)** Ajouter un écran tactile sur le bioanalyseur.
☐ **g)** Ajouter un serveur de fichier sécurisé sur le réseau.

Parmi les solutions techniques retenues, le constructeur valide l'intégration d'une tablette numérique pour réaliser l'interface entre l'utilisateur et l'analyseur. La tablette permet de piloter le bioanalyseur et d'accéder aux résultats d'analyse stockés au sein du serveur de fichiers du réseau informatique.

2 Sur le schéma du réseau ci-dessous et à l'aide du *document 2*, représenter le trajet du flux d'informations entre la tablette et le bioanalyseur lorsque l'utilisateur pilote le démarrage de l'analyse. Le trajet est représenté par un symbole :

))))) si la liaison est réalisée sans fil

—▶—▶—▶ si la liaison est réalisée par câble

Doc. 2 Composants d'un réseau informatique

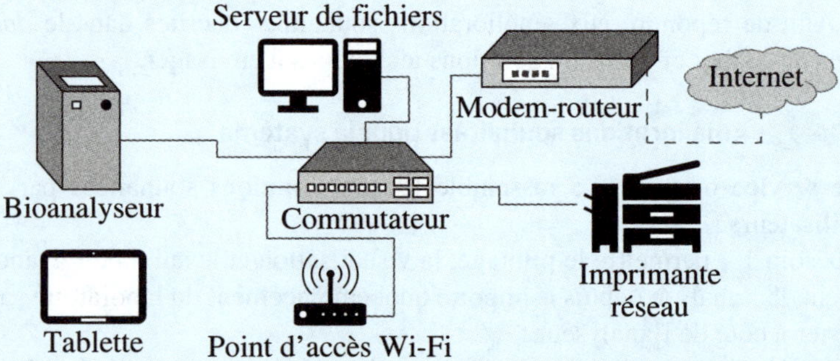

Schéma du réseau informatique du laboratoire

• Un commutateur réseau (switch) est un équipement qui permet de relier plusieurs ordinateurs par des câbles Ethernet.
• Un point d'accès Wi-Fi permet de relier sans fil des ordinateurs au réseau.
• Un modem-routeur assure la liaison entre un réseau et Internet.

3 Le serveur de fichiers contient un logiciel qui protège les données contre le piratage d'un réseau informatique. Ce logiciel est nommé « pare-feu ». À l'aide du schéma de la question **2**, justifier l'utilisation d'un logiciel « pare-feu » sur le serveur en précisant :

- les données qui sont sensibles ;
- les constituants du réseau par lesquels un hacker peut s'introduire pour pirater les données sensibles ;
- l'utilisation abusive et interdite que le hacker peut en faire.

La tablette reçoit des informations provenant du bioanalyseur et les stocke dans une variable nommée « État ». Certaines d'entre elles indiquent l'état de son fonctionnement par 3 caractères distinctifs :

- prêt à fonctionner (caractère = P) ;
- incapable de fonctionner (caractère = E) ;
- en cours d'analyse (caractère = A).

L'écran de la tablette affiche une zone de message qui traduit l'état de fonctionnement du bioanalyseur par un texte évocateur :

- caractère P → Prêt ;
- caractère E → Erreur ;
- caractère A → Analyse.

4 À l'aide du *document 3*, compléter ci-après la modélisation du programme de gestion de la zone de texte « Affichage état ».

TECHNOLOGIE

Doc. 3 **Diagramme d'activité de la zone de texte « Affichage état »**

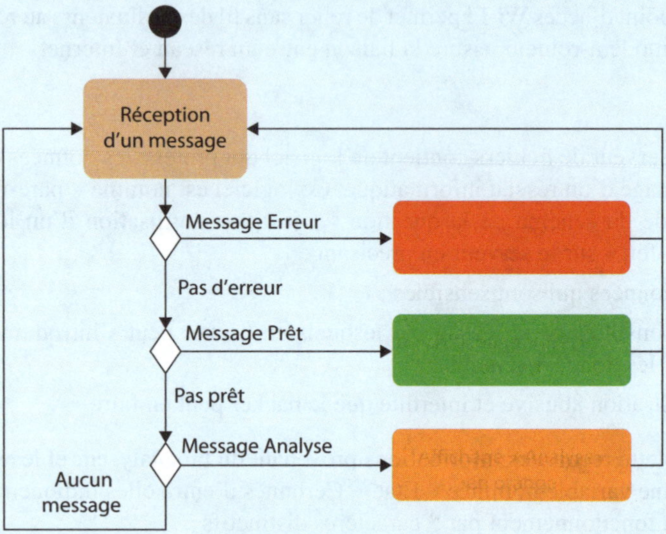

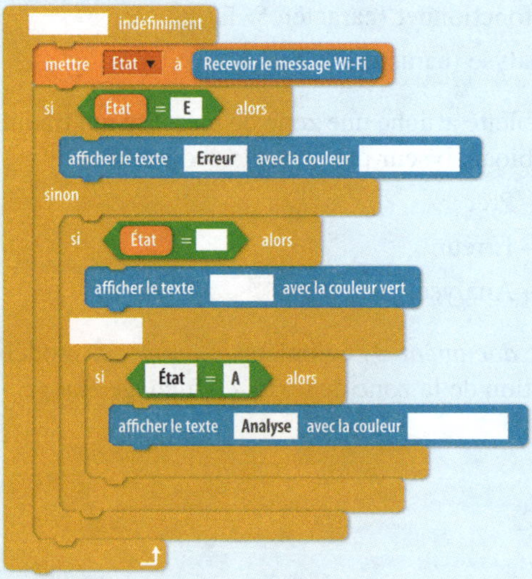

Sujet 44 Corrigé

Les clés pour réussir

L'essentiel à connaître

- Plusieurs **solutions techniques** sont envisageables pour améliorer nos systèmes et objets techniques. Lors de la conception, il faut choisir des solutions techniques en réponse aux contraintes techniques définies par le client.
- Un **réseau informatique** est un ensemble d'ordinateurs ou de terminaux (imprimantes, téléphones, objets connectés…) reliés entre eux pour échanger des données.
- Pour **connecter les ordinateurs** d'un réseau, on peut utiliser des moyens **câblés ou filaires**. Les moyens filaires les plus utilisés sont le câble Ethernet et la fibre optique. Il existe également des moyens de connexion sans fil. Les **moyens sans fil** les plus utilisés sont le Wi-Fi et le réseau téléphonique mobile (GSM, 3G, 4G…).
- Un **serveur de fichier** est un ordinateur spécialement dédié au stockage et à la mise à disposition de fichiers informatiques sur un réseau. Les serveurs doivent être protégés par un **« pare feu » qui contrôle les accès** depuis l'extérieur du réseau, car les fichiers peuvent contenir des **données sensibles (informations personnelles, médicales)**.
- Un **diagramme d'activité** permet de représenter le déroulement d'un programme à l'aide de boîtes « Actions » (rectangles) et « Conditions » (losanges). Le point de départ du programme est le cercle noir.

Analyser l'énoncé et les documents

- Le sujet est riche, il contient de nombreux documents : lisez dans un premier temps les questions avant de vous intéresser aux titres des documents et d'analyser leur contenu.
- Étudiez bien les différentes solutions techniques envisageables avant de commencer à répondre aux questions.

Bien comprendre les questions

Question 1

- Dans cette question, faites le lien entre les fonctions techniques exprimées dans le *document 1* et les solutions techniques proposées.
- Les solutions proposées sont des éléments matériels qui seront ajoutés au système existant.
- Pour réaliser une amélioration du système, plusieurs solutions techniques peuvent être nécessaires.

TECHNOLOGIE

Question 2

- Les données informatiques qui circulent sur un réseau sont des flux d'informations qui peuvent emprunter des moyens de connexion filaires ou sans fil.
- Le *document 2* fournit des précisions sur le rôle de certains composants dans un réseau.

Question 3

- Le piratage informatique est le fait de voler des fichiers pour un usage détourné, il est souvent opéré par des hackers à partir du réseau Internet.
- Il faut traiter séparément les trois points, qui peuvent être considérés comme des sous-questions.

Question 4

- La tablette reçoit un message du bioanalyseur indiquant son état (prêt à fonctionner, incapable de fonctionner, en cours d'analyse).
- Ce message est stocké dans une variable appelée « État » qui sera testée (si ... alors ...) pour afficher le texte sur la tablette.

1 D'après le *document 1*, **les solutions techniques** à envisager sont les suivantes.

Améliorations souhaitées pour le système	Solutions techniques envisageables
• **Besoin 1** – permettre le pilotage, la visualisation et le suivi de l'avancement de l'analyse depuis n'importe quel emplacement du laboratoire sans rester à côté de l'analyseur.	**c)** Acheter une tablette et créer une application de pilotage du bioanalyseur pour tablette. **d)** Ajouter un point d'accès Wi-Fi au réseau. **e)** Ajouter une carte réseau au bioanalyseur pour le relier au réseau informatique du laboratoire par un câble Ethernet.
• **Besoin 2** – imprimer les résultats sur l'imprimante connectée au réseau informatique du laboratoire.	**b)** Ajouter une imprimante réseau au réseau informatique.
• **Besoin 3** – garantir la sauvegarde des résultats d'analyse de façon sécurisée sur le réseau.	**g)** Ajouter un serveur de fichier sécurisé sur le réseau.
• **Besoin 4** – transmettre de manière sécurisée les résultats des analyses à des clients via Internet.	**a)** Ajouter un modem-routeur au réseau informatique.

2 Sur ce diagramme, il manquait un **flux d'informations sans fil entre la tablette et le point d'accès Wi-Fi.**
Pour atteindre le bioanalyseur, le flux d'informations en provenance de la tablette passera d'abord par le **point d'accès Wi-Fi, puis par le commutateur**.

L'astuce du prof
Même si le sujet est assez complexe à analyser, la plupart des réponses sont données dans les documents.

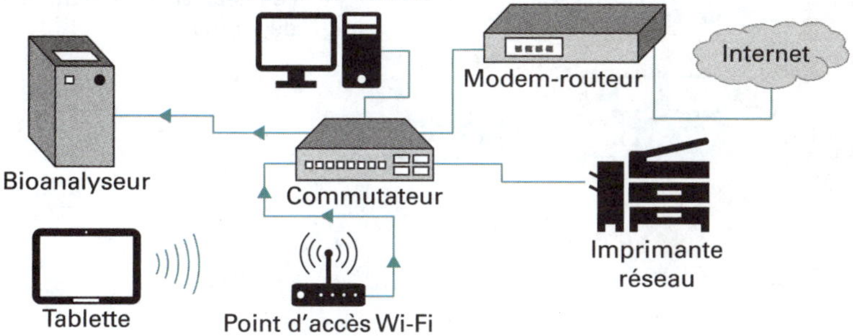

Schéma du réseau informatique du laboratoire

3 Le schéma de la question précédente permet de justifier l'utilisation d'un logiciel « pare-feu » sur le serveur. En effet :
– les données ADN des personnes qui font l'objet d'une enquête de la police scientifique sont des **données personnelles et des preuves d'une enquête policière** : ce sont donc des données sensibles ;
– les hackers peuvent s'introduire par le point d'accès Wi-Fi, car le réseau Wi-Fi **peut être accessible même à l'extérieur** du laboratoire. Ils peuvent également s'introduire par le **modem routeur**, car il est connecté à Internet ;
– un hacker pourrait **supprimer les preuves ADN** stockées sur le serveur ou **modifier l'identité des personnes pour accuser à tort une autre personne**. Il pourrait également s'en servir pour faire du **chantage ou revendre** les informations personnelles recueillies.

4 Pour que le programme réponde aux besoins énoncés, il faut qu'il se **répète indéfiniment**, c'est le cas de nombreux programmes informatiques. **Si le caractère reçu (État) est « P »**, cela signifie que le bionalyseur est **prêt**, il faut donc afficher cette information sur la tablette.
Sinon, si le **caractère reçu (État) est « A »,** alors il faut afficher le texte « Analyse » en **orange.**

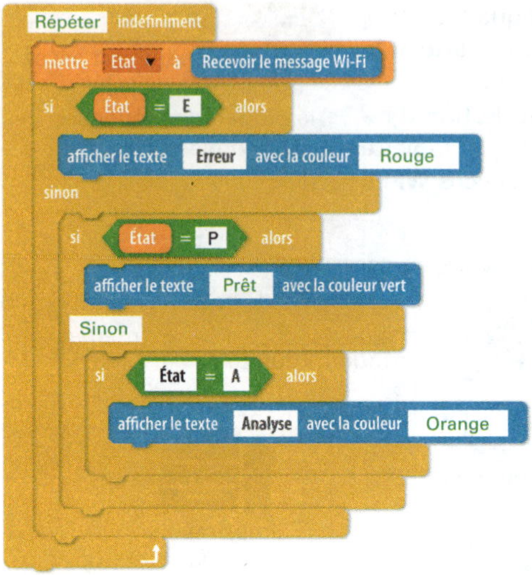

Gagnez des points !

Les questions **1**, **3** et **4** ne demandent pas de réponse rédigée. Commencez donc par celles-ci, si vous manquez de temps.

Sujet 45 Réseau de capteurs domestiques

25 pts 30 min

Sujet inédit

Dans l'habitat d'aujourd'hui, surveiller sa consommation d'énergie et de ressources est devenu capital. Le système Dom@lin utilise un réseau de capteurs sans fil qui surveillent votre habitat (consommation d'eau, d'électricité, température…). Ces modules sont en communication avec un serveur qui stocke et met en forme les données recueillies.
L'utilisateur peut accéder à ces données via un PC client installé dans son domicile ou via son *smartphone* relié à Internet.

Doc. 1 Schéma de l'installation

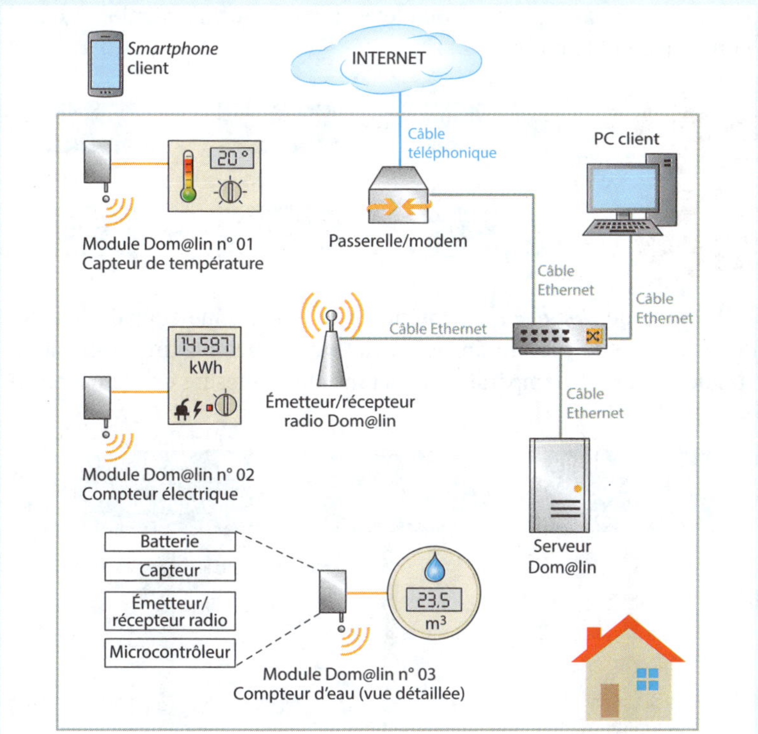

TECHNOLOGIE

Doc. 2 **Protocole de communication Dom@lin**

Lorsque le serveur Dom@lin souhaite obtenir une information d'un module Dom@lin, il adresse un message « **Requête mesure xx** » à l'émetteur/récepteur Dom@lin *(xx : numéro du module)*.
L'émetteur/récepteur effectue le routage et transmet la requête au module concerné via les ondes radio.
Lorsqu'il reçoit la requête, le module y répond par un message « **mesure module xx : yy** » *(yy : valeur mesurée)*.
L'émetteur/récepteur reçoit le message et le transmet au serveur.
Le serveur traite alors le message reçu et stocke l'information.

1 **a.** Quel est le moyen de connexion utilisé par les modules Dom@lin pour communiquer ? Justifier l'utilisation de ce moyen de connexion dans un réseau de capteurs domestiques.
b. Proposer un moyen de connexion entre le *smartphone* client et le réseau Internet.
c. Quel est le rôle du commutateur dans ce réseau ?

2 À l'aide du *document 1*, compléter la chaîne d'information du module Dom@lin compteur d'eau.

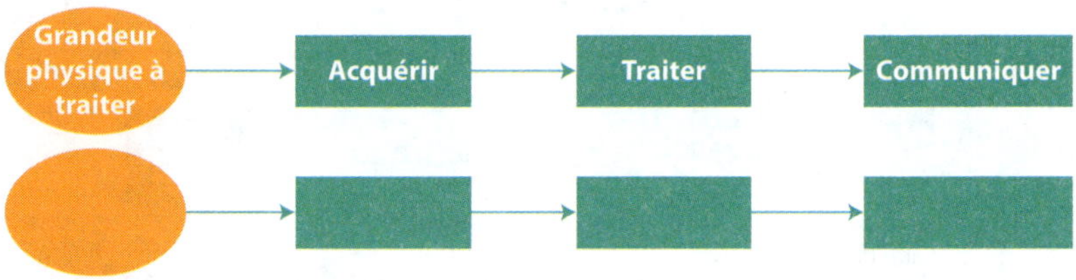

3 À l'aide du *document 2*, compléter le diagramme suivant dans le cas d'une requête de mesure émise par le serveur Dom@lin à l'intention du module capteur de température (à cet instant, il mesure une température de 19 °C).

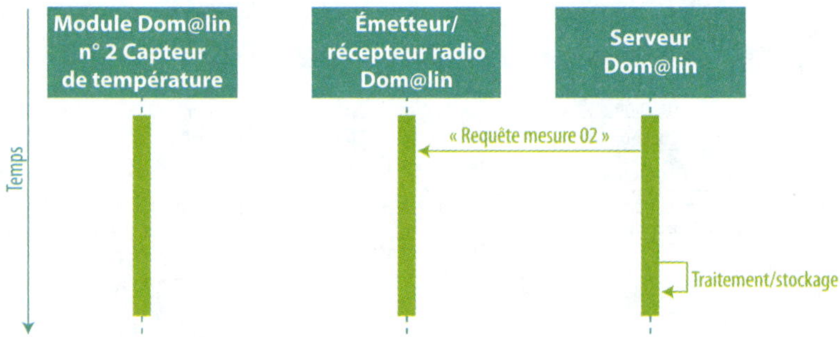

Sujet 45 Corrigé

Les clés pour réussir

L'essentiel à connaître

- Pour **connecter** les ordinateurs d'un réseau, on peut utiliser des **moyens filaires** (câbles Ethernet, téléphoniques) ou des **moyens non filaires**. Les ondes radio (3G, 4G, Wi-Fi...) sont très utilisées pour les communications non filaires.
- Il existe plusieurs types de matériels utilisés pour interconnecter les machines. Le **commutateur (ou *switch*)** permet de connecter plusieurs ordinateurs dans un LAN. La passerelle permet d'interconnecter deux réseaux (souvent un LAN à Internet).
- La **chaîne d'information** est constituée de l'ensemble des composants qui réalisent l'acquisition, le traitement et la communication de l'information.
- En informatique, un **protocole de communication** est un ensemble de règles fixées afin que plusieurs machines puissent communiquer (échanger des données).

Analyser l'énoncé et les documents

- Prenez bien le temps d'analyser et de comprendre le schéma en observant les connexions et les matériels. En effet, il est primordial de comprendre le fonctionnement global du système avant de commencer à répondre aux questions.
- Une partie du *document 1* « Compteur d'eau (vue détaillée) » détaille la composition d'un module, cela vous sera utile pour la question 2.

Bien comprendre les questions

Question 1

- La réponse n'est pas dans le texte, mais dans le *document 1*.
- Pensez à l'installation de ce système dans une maison déjà existante.
- On peut déduire la fonction du commutateur en observant le schéma.

Question 2

- La chaîne d'information comprend très souvent des capteurs qui réalisent la fonction « Acquérir » et une carte programmable (ou microcontrôleur) qui traite l'information d'un élément communiquant.

TECHNOLOGIE

Question 3

- Transposez le texte expliquant le protocole en un schéma, les flèches représentant les messages échangés entre les composants.
- Attention à l'axe du temps qui est de haut en bas dans ce schéma.
- Pensez à remplacer les xx et les yy par les valeurs appropriées.

1 **a. Le système communique avec les modules via une liaison radio sans fil.** L'utilisation d'une communication sans fil rend **l'installation du système moins complexe et moins coûteuse**, surtout si les pièces où se situent les différents modules sont éloignées.

b. Pour communiquer avec le réseau Internet, un *smartphone* peut utiliser le **réseau téléphonique mobile (GPRS, 3G, 4G) ou se connecter à un réseau Wi-Fi.**

c. Le commutateur sert à interconnecter les différents périphériques à l'aide de câbles Ethernet.

Pensez-y !

La fonction « Traiter » est souvent réalisée par le microcontrôleur, le microprocesseur ou la carte programmable.

2 Voici la chaîne d'information du module capteur d'eau :

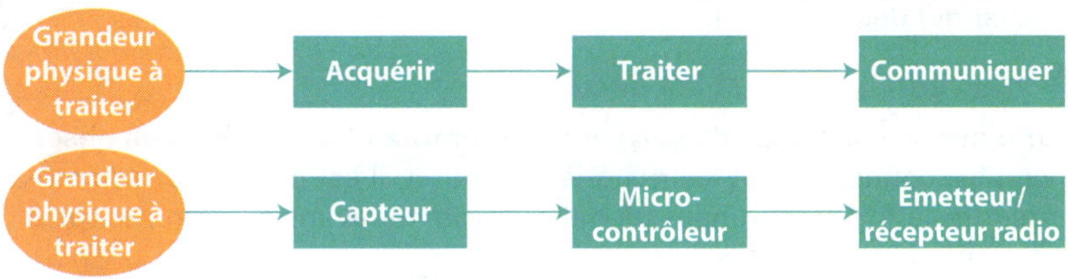

3 La correction du diagramme est la suivante :

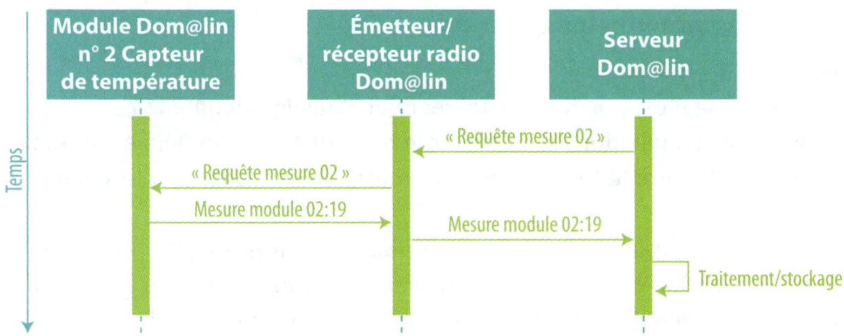

Sujet 46 ROAR, un projet de robot éboueur

25 pts 30 min

Sujet inédit

ROAR est un projet de recherche mené par trois universités. Il vise à robotiser le ramassage des ordures. Contrairement aux solutions déjà utilisées par quelques villes dans lesquelles un bras robot est monté sur un camion classique, les chercheurs ont mis au point une solution plus souple, qui combine un drone et un robot autonome.

Doc. 1 Fonctionnement du système

Lorsque le camion s'arrête, un drone décolle de sa base qui se situe sur le toit du camion. À l'aide d'une caméra, le drone communique la position des poubelles et des éventuels obstacles au robot. Le robot calcule alors sa trajectoire. Il utilise ses pinces pour porter la poubelle jusqu'au camion, puis la vide avant de la remettre en place.

Doc. 2 Trajectoire du robot, vue du drone

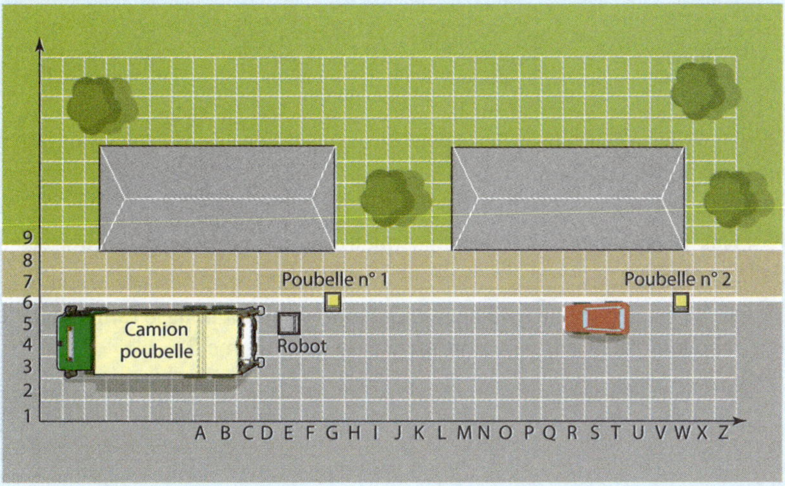

TECHNOLOGIE

Doc. 3 **Proposition de programmes de ramassage de la poubelle n° 1 (au départ, le robot est dans la case E5)**

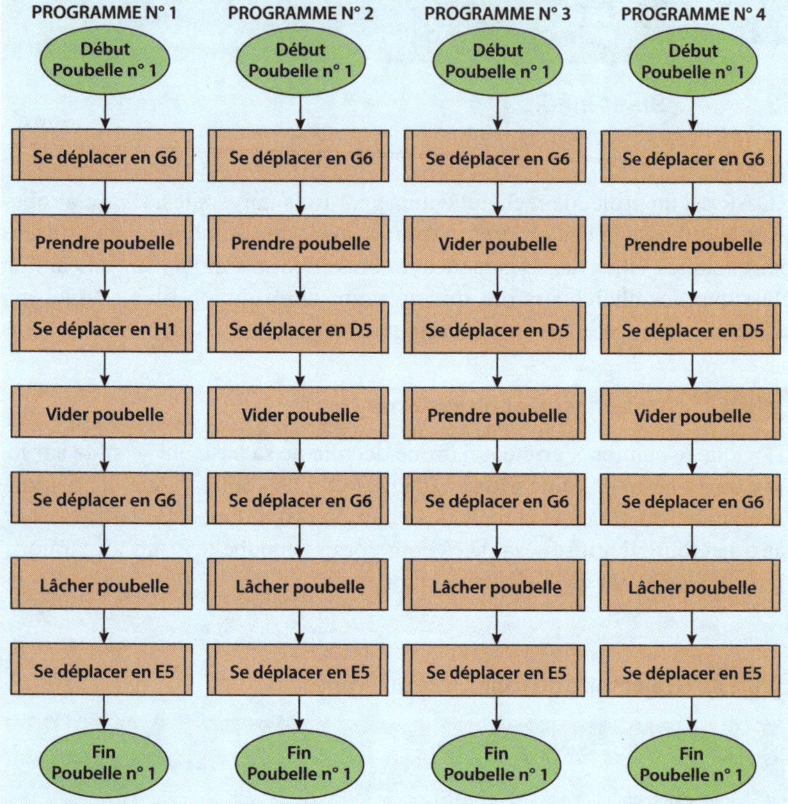

1 **a.** Quelle solution technique peut être considérée comme une alternative au système ROAR ?

b. Quelle est la fonction du drone dans le système ROAR ?

2 Dans le *document 3*, déterminer quel programme permet le ramassage de la poubelle n° 1.

3 Quelle est la particularité de la trajectoire du robot pour le ramassage de la poubelle n° 2 ? Cela va-t-il influencer le programme ?

Sujet 46 Corrigé

Les clés pour réussir

L'essentiel à connaître

- **Un capteur acquiert une grandeur physique** (température, vitesse, présence d'une personne...) et la transforme en une information compréhensible par un ordinateur.
- **Un actionneur transforme l'énergie** qui lui est transmise **en une action**. Cette action peut être un signal lumineux, un mouvement, une production d'énergie thermique, un son...
- Les **interfaces utilisateurs** permettent à l'homme et à la machine de **communiquer**. Ce sont des capteurs et actionneurs particuliers.
- Une **carte programmable** est un système électronique qui exécute un programme enregistré dans sa mémoire.
- Un **objet connecté** est composé d'une carte programmable avec une fonction supplémentaire qui lui permet de communiquer avec un réseau (Internet, GSM, GPS...). Il est dit connecté, car il peut se connecter au réseau Internet.
- Un **programme informatique** est un ensemble d'opérations destinées à être exécutées par un ordinateur.
- Un **algorithme** est une succession d'opérations et d'instructions permettant la réalisation d'une tâche ou la résolution d'un problème.

Analyser l'énoncé et les documents

- Le texte et les schémas permettent de bien saisir les particularités du système. Il faut lire attentivement les textes et analyser de manière approfondie les illustrations.
- Pour le *document 3*, prenez le temps de bien lire les algorigrammes. Parcourez-les de haut en bas en lisant le texte dans les cases et en suivant les flèches avec votre doigt.

Bien comprendre les questions

Question 1

- Les réponses se trouvent dans l'énoncé. Rappelez-vous qu'une solution technique est la manière dont la fonction est réalisée. Une fonction technique peut se définir par un verbe.

Question 2

- Il faut suivre les déplacements ordonnés par les algorithmes sur le *document 3* en vous aidant de la grille.

Question 3

- Imaginez la trajectoire la plus courte du robot ramasseur et identifiez les obstacles qu'il peut rencontrer.

1 **a.** Plusieurs solutions de ramassage automatisé des ordures ménagères existent. La solution du **bras robot monté sur un camion poubelle** est une alternative au système ROAR. Ces systèmes permettent de réduire le nombre d'agents nécessaires à la collecte.

Remarque
La robotisation des tâches permet aussi de réduire les coûts de fonctionnement d'un système.

b. Lorsque le camion s'arrête, le drone décolle. Avec sa caméra, **il cartographie le sol** pour indiquer au système le nombre et la position des poubelles à collecter.

Le drone détecte également les obstacles qui pourraient modifier la trajectoire du robot ramasseur. La position de l'obstacle est transmise, et le système adapte la trajectoire du robot pour contourner l'obstacle. Pour que le système fonctionne, le drone doit connaître sa position précise (hauteur et position de vol, position par rapport au camion). Nous pouvons donc facilement imaginer qu'il communique par ondes radio avec le système électronique sur le camion et qu'il utilise plusieurs capteurs pour effectuer ces tâches.

2 Le **programme n° 4** permet le ramassage de la poubelle n° 1.

Le programme utilise la grille du drone (voir trajectoire du robot) pour demander au robot d'effectuer des déplacements.

Il dirige le robot ramasseur jusqu'à la poubelle pour qu'il la soulève avec ses pinces et la ramène au camion. Le camion vide la poubelle et le robot ramasseur la remet à sa place d'origine.

Le programme présenté ici est un ensemble de successions de sous-programmes, reconnaissables par leur double bordure, comme sur le schéma ci-contre.

Remarque
Lisez de haut en bas chaque programme et tracez la trajectoire au crayon sur la grille.

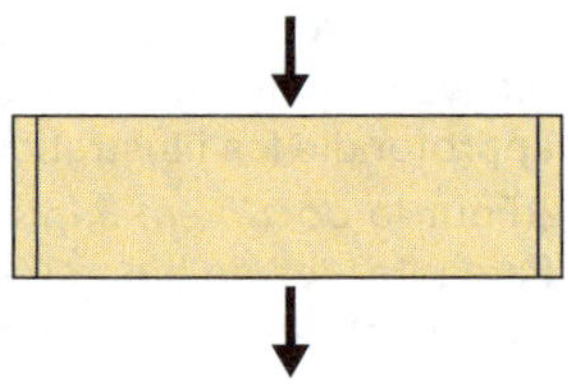

3 Pour ramasser la poubelle n° 2, le robot **rencontre sur sa trajectoire normale une voiture garée** (un obstacle), le programme doit alors être **modifié pour contourner cet obstacle**. Pour des questions de sécurité, la trajectoire du robot doit être corrigée en permanence. En effet, il est facile d'imaginer qu'une personne puisse surgir : un cycliste, un enfant, un ballon...

Pour garantir une sécurité optimale, il sera donc important de calculer le temps de réaction du système et la taille minimale des obstacles qu'il est capable de détecter.

Remarque
Les contraintes de sécurité sont primordiales pour ce type de système. En cas de dysfonctionnement, le robot doit s'arrêter.

Sujets d'oral

Sujet 47 L'accès à l'eau potable

100 pts 15 min – 25 min

Sujet inédit

Exposé

Si individuel : 5 min Si collectif : 10 min

Projet

Parmi les parcours et les EPI que nous avons étudiés tout au long du cycle 4, nous avons choisi de vous expliquer pourquoi l'accès à l'eau potable est une nécessité pour les êtres humains. Puis nous avons étudié ce qui pourrait être fait pour améliorer l'accès à l'eau potable dans les camps pour réfugiés ou migrants.

EPI Sciences, technologie et société
Disciplines Physique-Chimie et SVT
Titre du projet L'accès à l'eau potable
Contenu du projet Recherche et exploitation de documents scientifiques liés à une problématique sociétale

Doc. 1 Les camps pour réfugiés ou migrants dans le monde

Fotolia/aalutczenko

Traquées par la guerre, la misère ou les tragédies humanitaires, douze millions de personnes vivent regroupées dans des camps pour réfugiés ou migrants partout dans le monde [...] « De la bâche plastique à l'ingénierie urbaine, en passant par les villages consolidés ou les quartiers pérennisés, les camps sont l'enjeu d'une architecture spécifique et variée », estime l'anthropologue Michel Agier. Contre toute attente, l'urgence humanitaire ne rime pas nécessairement avec anarchie et désordre. Ainsi, agissant en véritable maître d'œuvre, le Haut-Commissariat des Nations Unies pour les réfugiés (HCR) requiert désormais l'intervention de spécialistes dès la fondation d'un camp, afin de rationaliser au mieux les installations.

D'après « Recherches : Camps et réfugiés : un monde de transformations, décembre 2014-janvier 2015 », *Sciences au Sud*, n° 77.

Doc. 2 Les actions des associations humanitaires

En Somalie comme dans d'autres pays, l'eau potable manque dans les camps pour réfugiés ou migrants. Des actions sont alors mises en œuvre par des associations humanitaires :
– travaux et actions permettant aux populations d'avoir accès à de l'eau potable (construction et réhabilitation de puits, distribution de filtres en céramique, distribution d'eau par camion, création et maintenance d'un stock de plaquettes de chlore distribuées en cas d'urgence) ;
– travaux assurant aux populations une meilleure situation sanitaire (construction de latrines[1], organisation de séances de promotion à l'hygiène, distribution de kits de première nécessité non alimentaires).

1. Latrines : W.-C.

D'après www.solidarites.org/missions/Somalie/action-humanitaires.html

Doc. 3 Les maladies liées à l'eau

Dans la nature, l'eau n'est pas toujours source de vie, loin s'en faut. Elle véhicule en particulier nombre de micro-organismes, bactéries et virus en tout genre, qui y vivent et s'y développent, ainsi que nombre de parasites qui ont besoin d'eau pour vivre ou se reproduire. Or de tels organismes peuvent engendrer des maladies parfois graves lorsqu'ils pénètrent dans le corps humain. L'eau est ainsi le vecteur de transmission privilégié de ces maladies que l'on dit hydriques.
Les micro-organismes abondent dans les eaux souillées par les déjections animales et humaines, et leur transmission à l'Homme se fait par simple ingestion d'eau infectée. Ils se propagent donc rapidement dans les pays qui ne disposent pas de bonnes conditions d'hygiène. Certaines bactéries

déclenchent de fortes diarrhées. Aujourd'hui, ces épidémies sont surtout le drame des pays chauds qui ne disposent pas de latrines septiques, ni de traitements des eaux. Dans ces conditions en effet, les matières fécales des personnes malades contaminent rapidement les eaux de boisson consommées par les personnes saines [...].
Ces maladies hydriques sont à l'origine de la mortalité très élevée des populations des pays en voie de développement. Dans le monde, environ 6 millions d'enfants meurent chaque année des suites de gastro-entérites et 100 millions de personnes souffrent en permanence de gastro-entérites hydriques. La raison principale de cette situation catastrophique est la pauvreté. Nombre de populations ne disposent pas d'eau potable, les aménagements indispensables aux traitements des eaux usées et à la fabrication d'eau potable étant trop coûteux, ni même des soins que ces affections nécessitent, les infrastructures médicales n'étant pas suffisantes.

D'après http://www.cnrs.fr, CNRS : Centre national de recherches scientifiques

Doc. 4 Dispositifs de traitement de l'eau

Les filtres céramiques pour le traitement des eaux sont en usage depuis plusieurs siècles [...] Ils ont souvent la forme d'un pot de fleur ou d'un bol et sont imprégnés de fines particules colloïdales[1] en argent servant de désinfectant et empêchant la prolifération des bactéries dans le filtre. [...] Les tests en laboratoire ont montré que ces dispositifs, s'ils sont bien conçus et bien fabriqués, peuvent éliminer ou désactiver presque toutes les bactéries et parasites protozoaires. Leur efficacité contre les virus est inconnue.
Le nettoyage et la maintenance du filtre sont critiques : [...] il est recommandé d'y joindre un programme éducatif sur un stockage salubre, le nettoyage du filtre et d'autres actions recommandées.
Les avantages des filtres céramiques sont leur facilité d'emploi, leur longue durée de vie (s'ils ne se cassent pas) et leur coût relativement bas. Les inconvénients comprennent une possible recontamination de l'eau conservée sans chlore résiduel et un débit faible, en général un à deux litres par heure.

---

1. Colloïdale : solution liquide contenant un corps dispersé sous forme de particules minuscules en suspension.

D'après http://drinking-water.org, site Internet de l'Académie nationale des sciences, Washington, USA

Doc. 5 **Quelques paramètres de potabilité d'une eau**

Pour être consommée, l'eau doit répondre à des critères de qualité très stricts :

Paramètres	Critères de qualité	Normes
Micro-biologiques	– Parasites – Virus – Bactéries	Présence non tolérée
Chimiques	– Sels minéraux – Substances chimiques toxiques	– Présence possible – Normes très sévères (quantités très limitées)
Physiques et gustatifs	– Aspects – Saveur, odeur	– Limpide – Non désagréables

D'après http://www.lesagencesdeleau.fr

Entretien avec les examinateurs

Voici des questions que pourrait vous poser le jury :

1. Où y a-t-il des camps pour réfugiés ou migrants ?
2. Pourquoi ne doit-il pas y avoir de parasites dans une eau potable ?
3. Pourquoi les filtres céramiques ne permettent-ils pas d'éliminer les virus ?

Sujet 47 Corrigé

Les clés pour réussir

L'essentiel à savoir

- Les **critères de potabilité** d'une eau portent sur les **paramètres microbiologiques, chimiques, physiques et gustatifs** de cette eau.
- Les **micro-organismes** sont des organismes microscopiques, généralement unicellulaires, tels que les bactéries et les levures.
- Certains micro-organismes sont **pathogènes** et peuvent provoquer des maladies.
- Les **virus** sont de taille beaucoup plus petite que les micro-organismes.
- Un **parasite** vit aux dépens d'un individu chez lequel il provoque des troubles plus ou moins importants en consommant ses tissus et ses molécules.
- La **contamination** est l'envahissement d'un organisme vivant ou d'un milieu par des micro-organismes.

- Des **filtres céramiques** peuvent être employés pour traiter l'eau dans les pays en voie de développement. Ils permettent d'éliminer la plupart des parasites et des bactéries, mais leur efficacité sur la destruction des virus présents dans l'eau n'est pas démontrée.
- Des **pastilles de chlore** permettent d'éviter une **contamination** trop rapide de l'eau traitée.

Exploiter les documents

Doc. 1 : sa lecture permet de se rendre compte du nombre de réfugiés ou de migrants en 2015. Ce nombre a malheureusement augmenté aujourd'hui.

Doc. 2 : il précise quelques actions menées par des associations humanitaires dans des camps pour réfugiés ou migrants.

Doc. 3 : il décrit les maladies dues à l'eau polluée et donne des informations sur les modes de contamination de cette eau.

Doc. 4 : plusieurs dispositifs de traitement de l'eau adaptés aux pays en voie de développement sont détaillés dans ce document.

Doc. 5 : plusieurs paramètres de potabilité d'une eau sont donnés dans ce document.

Préparer un exposé

Exposer la problématique et la méthodologie suivie

Expliquez pourquoi vous avez choisi d'étudier l'accès à l'eau potable dans les camps pour réfugiés ou migrants, puis comment vous avez travaillé pour rechercher et analyser les documents présentés précédemment.

Répondre à la problématique

Le jury attend un exposé en deux parties :

I. Pourquoi l'accès à l'eau potable est-il une nécessité pour les êtres humains ?

II. Comment améliorer l'accès à l'eau potable dans les camps pour réfugiés ou migrants ?

Exposé

Comme vous le savez, **plus de douze millions de personnes**, traquées par la guerre, la misère ou les tragédies humanitaires, **doivent vivre dans des camps pour réfugiés ou migrants**. La **situation** de ces populations est **souvent préoccupante en matière d'accès à l'eau potable**. Nous avons donc décidé d'étudier l'importance de l'accès à l'eau potable pour les

L'astuce du prof

Prenez le temps de bien expliquer pourquoi vous avez choisi de présenter cet EPI.

êtres humains avant de nous intéresser à son acheminement dans les camps pour réfugiés ou migrants de certains pays du Sud notamment. Pour cela, nous avons recherché des documents portant sur ce sujet avant de les analyser et d'en faire une synthèse que nous vous présentons aujourd'hui.

La consommation d'eau non potable entraîne de très **nombreuses maladies graves** comme des gastro-entérites et des diarrhées qui **tuent** énormément de **personnes**, déjà affaiblies par la dénutrition. D'après un document du CNRS traitant des maladies liées à l'eau, environ **6 millions d'enfants meurent chaque année dans le monde suite à ces maladies hydriques**. En effet, les habitants de certains pays disposent de très peu de latrines septiques et ne sont pas en mesure de traiter l'eau, ce qui explique les micro-organismes, les parasites et les virus retrouvés dans l'eau consommée, en raison notamment de la présence dans l'eau de matières fécales de personnes malades.

Gagnez des points !

Reprenez dès que possible les données chiffrées des documents.

Malheureusement, dans les pays du Sud, comme la Somalie, l'eau potable manque souvent dans les camps pour réfugiés et migrants, et l'eau utilisée par les populations pour boire ou se laver peut être souillée. Les normes de potabilité ne sont pas respectées et des parasites, des virus et des bactéries sont présents dans l'eau. Il est donc indispensable de traiter cette eau souillée qui est un vecteur très important de maladies. Pour cela, **des filtres céramiques** peu coûteux et relativement simples d'utilisation permettent d'éliminer la plupart des parasites et des bactéries dans l'eau. Leur efficacité sur la destruction des virus présents dans l'eau n'est toutefois pas démontrée, et des intervenants doivent être formés pour éduquer la population à l'utilisation correcte de ce matériel. De plus, l'envoi de ce matériel doit être accompagné de **plaquettes de chlore** qui permettent de **mieux conserver l'eau déjà filtrée** et qui peuvent peut-être mieux traiter l'eau en éliminant éventuellement les virus (des tests devront être mis en place pour le vérifier). Cependant, si l'envoi de ce matériel pour traiter les eaux polluées est indispensable pour pallier les situations d'urgence, ce traitement des eaux avec des filtres à céramiques et du chlore n'est pas satisfaisant à long terme. En effet, l'eau traitée contient encore des virus et peut-être d'autres substances chimiques toxiques. Pour améliorer cette situation à plus long terme et pour éviter au maximum la pollution des eaux, il est alors nécessaire :

– de **construire des latrines** afin d'éviter que les déjections polluent l'eau et de limiter la propagation de germes d'origine fécale ;

– de **construire ou** de **réhabiliter des puits** pour augmenter le nombre d'accès directs à l'eau potable. Cela permettrait aussi de mieux irriguer les cultures afin d'améliorer

L'astuce du prof

Ne mélangez pas les différentes parties de votre argumentation : parlez d'abord des mesures d'urgence avant de développer les solutions plus pérennes.

le rendement des surfaces agricoles ;
– de **distribuer des notices d'éducation** à l'hygiène pour que les habitants comprennent mieux le lien entre les déjections dans l'environnement, la pollution des eaux et les maladies hydriques ;
– d'**augmenter le nombre de personnels** soignants et non soignants dans les camps pour réfugiés et migrants afin d'accompagner, de soigner et de former les populations.

En espérant vous avoir convaincu de l'urgence de la situation, nous vous remercions pour votre écoute attentive.

Entretien avec les examinateurs

Les réponses aux questions posées par les examinateurs peuvent être les suivantes :

1 Il y a malheureusement des camps de réfugiés ou migrants **partout dans le monde** : en Afrique, en Europe, en Asie, en Amérique...

2 Il ne doit pas y avoir de parasites dans une eau potable, car ils occasionnent des **troubles plus ou moins importants** dans les organismes des êtres vivants en consommant leurs tissus et leurs molécules.

3 Les filtres céramiques ne permettent pas d'éliminer les virus, car ces derniers sont **beaucoup plus petits** que les micro-organismes.

Sujet 48 Les métiers de l'informatique

100 pts

15 min – 25 min

Sujet inédit

Exposé

Si individuel : 5 min Si collectif : 10 min

Projet

Parmi les parcours et les EPI que nous avons étudiés tout au long du cycle 4, nous avons choisi de reprendre le travail que nous avons effectué dans le cadre des parcours Avenir en vous présentant différents métiers dans le domaine de l'informatique, ainsi que les compétences à acquérir au collège pour les exercer.

Parcours Avenir

Titre du projet Les métiers de l'informatique

Contenu du projet Connaître les compétences à acquérir pour travailler dans l'informatique

Doc. 1 Technicien(ne) de maintenance en informatique

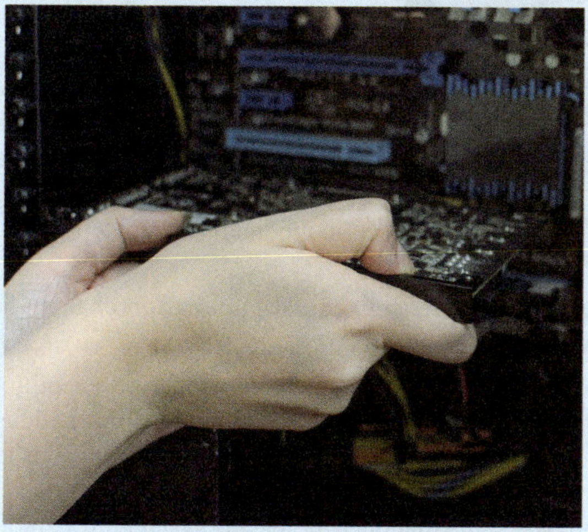

Fotolia/Dmitrimaruta

Une carte son à changer ? Un ordinateur à installer ? Un écran noir ? Polyvalent, le technicien de maintenance en informatique est capable de faire face à de nombreux problèmes. Et ce, avec le plus de rapidité et d'efficacité possible.

Pour devenir technicien de maintenance en informatique, un métier qui ne connaît pas la crise, les formations se situent à deux niveaux : bac professionnel et bac + 2. Actuellement, ce dernier a souvent la préférence des recruteurs. La maîtrise de l'anglais technique est requise.

Après la 3e : Bac pro SEN (systèmes électroniques numériques), spécialité télécommunications et réseaux.

Après le baccalauréat :
– BTS systèmes numériques ou services informatiques aux organisations ;
– DUT informatique, réseaux et télécommunications ou génie électrique et informatique industrielle ;
– DEUST maintenance et installation de réseaux ;
– Licence professionnelle, mention métiers de l'informatique.

D'après http://www.onisep.fr/Ressources/Univers-Metier/Metiers/technicien-technicienne-de-maintenance-en-informatique

Doc. 2 **Entretien avec un ingénieur informatique dans le domaine du traitement d'images**

Dans le domaine du traitement d'images, Pierre, ingénieur informatique en recherche et développement, est amené à développer des algorithmes, des applications et à concevoir des systèmes d'acquisition (éclairage, caméra). Les applications sont variées : réalité augmentée, robotique, biométrie, imagerie médicale, etc.

Quelles sont les compétences requises pour exercer le métier d'ingénieur informatique ?

L'informaticien résout des problèmes techniques et scientifiques tout en utilisant le travail réalisé par des millions d'autres informaticiens à travers le monde. L'évolution constante et l'émergence de nouvelles technologies imposent de se former en continu et d'acquérir de nouvelles compétences : nouveau langage informatique, nouveau système d'exploitation, etc.

Dans ce métier, il est également très important de savoir chercher de l'information sur Internet et de maîtriser l'anglais scientifique, qui est la langue d'échange dans ce milieu.

Quelle formation avez-vous suivie ?

Après un baccalauréat scientifique, j'ai continué mes études à l'université. J'y ai obtenu un Master en « Systèmes Intelligents et Communicants » recouvrant des domaines tels que l'informatique embarquée et le traitement du signal et de l'image.

En quoi vos connaissances scientifiques sont-elles utiles dans votre pratique quotidienne ?

Je travaille dans le secteur de la biométrie et plus particulièrement dans celui de la reconnaissance d'iris de l'œil. Le système d'acquisition utilisé pour la reconnaissance d'iris est constitué d'une caméra et d'un éclairage spécifique, ce qui permet de distinguer la texture de l'iris, même pour les gens ayant les yeux sombres. S'en suit une étape de détection de l'iris dans l'image, basée sur des algorithmes de traitement d'images. D'autres algorithmes permettent de comparer cet iris à un ou plusieurs millions d'autres iris sur un *smartphone*, un ordinateur ou un supercalculateur.

Qu'aimez-vous dans votre métier ?

La diversité : je peux travailler sur des sujets très variés, dans différents domaines d'application et pour différents supports (téléphones, robots, caméras, etc.). Au quotidien, je développe de nouvelles applications qui seront utilisées par des centaines de personnes.

Entretien avec les examinateurs

Voici des questions que pourrait vous poser le jury :

1. Faut-il forcément suivre des études scientifiques pour travailler dans l'informatique ?
2. Les métiers de l'informatique sont-ils réservés aux garçons ?
3. Qu'est-ce que la biométrie ?

Sujet 48 Corrigé

Les clés pour réussir

L'essentiel à savoir

- Une **carte son** est une carte d'extension d'un ordinateur. La principale fonction de cette carte est de gérer tous les sons reçus ou émis par l'ordinateur, pour les envoyer vers les haut-parleurs. Cette carte se présente sous la forme d'un périphérique que l'on peut connecter à l'ordinateur.
- Un **algorithme** est une suite d'opérations ou d'instructions qui permettent de résoudre un problème.
- Un **système d'exploitation** est un ensemble de programmes qui dirige l'utilisation des capacités d'un ordinateur. C'est l'intermédiaire entre le système informatique et les logiciels utilisés par les êtres humains.
- Un **œil** est constitué notamment d'un **iris**, qui limite la lumière pénétrant dans l'œil par la pupille.

Exploiter les documents

Doc. 1 : ce document de l'Onisep précise les différentes formations que l'on peut suivre pour devenir technicien(ne) de maintenance informatique.

Doc. 2 : l'entretien avec Pierre, ingénieur informatique, permet de mieux comprendre la réalité de son métier.

Préparer un exposé

Exposer la problématique et la méthodologie suivie

Expliquez pourquoi vous avez choisi d'étudier les métiers de l'informatique, puis comment vous avez travaillé dans votre parcours Avenir pour rechercher des documents et pour réaliser l'entretien avec Pierre, ingénieur informatique.

Répondre à la problématique

Pour cet exposé, le jury attend un exposé en deux parties :

I. Les différents métiers de l'informatique

II. Les compétences à acquérir au collège pour pouvoir travailler plus tard dans l'informatique

Exposé

L'informatique recrute ! Nous nous sommes donc intéressé(e)s à ce **secteur porté par des innovations constantes** : robots programmés en médecine, logiciels de commande d'avion, système de commerce électronique... Pour cela, nous avons recherché des documents au CDI avec le professeur documentaliste sur les métiers de l'informatique et nous avons également rencontré Pierre, un ingénieur informatique dans le domaine du traitement d'images.

> **Gagnez des points !**
> N'hésitez pas à insister sur les initiatives que vous avez prises en dehors du collège, par exemple la rencontre avec un ingénieur informatique.

Présent dans tous les domaines et porté par les innovations technologiques, le secteur informatique **génère de nombreux débouchés. Du niveau baccalauréat au niveau bac + 5**, les informaticiens sont recherchés pour leurs connaissances pointues dans un domaine en **perpétuelle évolution.**

En effet, des bureaux d'étude aux services administratifs, en passant par les usines et les hôpitaux, les entreprises ne fonctionneraient plus sans l'informatique. Les logiciels interviennent pendant la conception et la fabrication des produits et gèrent également des flux d'information à travers le monde (achats de matières, stocks, ventes, congés, paies, etc.). Internet a également permis le développement du commerce électronique, du multimédia et des jeux vidéo. Ainsi, de nombreuses embauches sont attendues dans les années à venir, notamment dans le Web et le e-commerce. Aujourd'hui, près de la moitié des informaticiens travaillent pour des éditeurs de logiciels ou des sociétés de services. Les autres exercent pour des entreprises qui mettent l'informatique au service de leurs métiers, notamment le secteur public avec l'e-administration (déclaration sur Internet, dossier médical informatisé dans les hôpitaux...), la bancassurance, les transports, l'énergie... **Derrière le terme « informaticien » se cache donc aujourd'hui une multitude de métiers, au niveau technicien ou ingénieur.**

> **L'astuce du prof**
> Ne cherchez pas à être exhaustif. Le but n'est pas de faire la liste de tous les métiers existants liés à l'informatique.

Si l'on souhaite s'orienter vers les métiers de l'informatique, il faut **acquérir dès le collège de nombreuses compétences.** Par exemple, **en mathématiques et en technologie**, il est indispensable de comprendre toutes les parties du programme sur la **programmation informatique.** Il est nécessaire de **savoir écrire, mettre au point et exécuter un programme,** mais aussi de **comprendre le fonctionnement d'un réseau informatique**, c'est-à-dire d'être capable :

– d'analyser les composants et l'architecture d'un réseau ;
– d'**étudier les notions de protocole, d'organisation de protocoles en couche, d'algorithme de routage ;**
– de comprendre le fonctionnement d'Internet...

De plus, si l'acquisition de ces compétences scientifiques est indispensable, cela n'est pas suffisant. Il faut absolument **travailler le français mais aussi l'anglais** pour être **capable de communiquer** convenablement avec l'ensemble de ses interlocuteurs. Enfin, de façon générale, il est important de travailler l'ensemble des disciplines enseignées au collège, car il est nécessaire aujourd'hui d'avoir au minimum le baccalauréat ou un bac + 2 pour travailler dans le secteur informatique.

En conclusion, ce travail sur les métiers de l'informatique a conforté notre idée de travailler dans ce secteur plus tard, ce qui nous a motivé(e)s encore davantage pour obtenir de bons résultats au collège !

Entretien avec les examinateurs

Les réponses aux questions posées par les examinateurs peuvent être les suivantes :

1 Pour travailler dans l'informatique, il faut **suivre des études scientifiques** pour être ingénieur, technicien ou développeur informatique. Cependant, il existe des **exceptions** : une personne ayant fait des études artistiques peut travailler dans le domaine informatique pour rédiger un scénario ou pour créer les personnages d'un jeu vidéo par exemple.

2 Comme quasiment tous les métiers aujourd'hui, l'informatique n'est **pas réservée aux garçons**. Les filles peuvent réussir aussi bien que les garçons dans ce milieu.

3 La biométrie signifie « **mesure du vivant** » ; elle désigne dans un sens très large l'étude quantitative des êtres vivants. L'usage de ce terme se rapporte aujourd'hui de plus en plus à l'usage de techniques informatisées à des fins de **reconnaissance, d'authentification et d'identification**, comme par exemple la reconnaissance de l'iris d'un œil, tel que cela est expliqué par Pierre, l'ingénieur informatique.

Révisions

▸ En flashant cette page, des exercices interactifs sur tous les thèmes du programme.

1 La constitution et les états de la matière

Les états de la matière

- **Un mélange** contient **plusieurs espèces chimiques** différentes, qui peuvent être solides, liquides ou gazeuses. Au niveau microscopique, l'état solide est compact et ordonné, l'état liquide est compact et désordonné, tandis que l'état gazeux est dispersé et désordonné.
- **Un corps pur** est constitué d'**une seule espèce chimique.**
- **Les températures de changement d'état sont caractéristiques d'un corps pur** dans les conditions de l'expérience :
  - **la vaporisation d'un corps** est le passage de l'état liquide à l'état gazeux de ce corps ;
  - **la liquéfaction d'un corps** est le passage de l'état gazeux à l'état liquide de ce corps ;
  - **la solidification d'un corps** est le passage de l'état liquide à l'état solide de ce corps ;
  - **la fusion d'un corps** est le passage de l'état solide à l'état liquide de ce corps.
- **Les changements d'état** s'accompagnent de **transferts d'énergie.** Durant un **changement d'état, la masse** du corps **se conserve** mais son **volume varie.**

Dissolutions dans une solution

- **Une solution** est un mélange liquide homogène.
- **Les solutés** sont les espèces chimiques dissoutes dans un liquide.
- **Le solvant** est la solution dans laquelle les solutés sont dissous.
- **Un corps est soluble** dans un solvant si le mélange obtenu, la solution, est **homogène. La solubilité** de cette espèce chimique dans le solvant est la masse maximale de cette espèce que l'on peut dissoudre dans un litre de solution.
- **Deux liquides sont miscibles** si le mélange de ces deux liquides est **homogène**. Lorsque le mélange est **hétérogène**, les liquides sont **non miscibles.**
- **La solubilité des gaz dans l'eau dépend de la nature du gaz et de paramètres physiques**, par exemple la température.
- **La masse volumique** ρ d'une espèce chimique est le quotient de la masse ***m*** d'un échantillon de cette espèce par son volume ***V*** :

$$\rho = \frac{m}{V}$$

- ρ : en kilogrammes par mètre cube (kg/m^3)
- m : en kilogrammes (kg)
- V : en mètres cubes (m^3)

2 Les transformations chimiques

Description de la matière

- La matière est constituée de particules extrêmement petites, **les atomes.**
- **L'atome** est constitué d'un **noyau** et **d'électrons** en mouvement autour du noyau. La charge électrique négative des électrons compense la charge positive du noyau : ainsi, **l'atome est électriquement neutre.**
- **Une molécule** est un assemblage d'atomes.
- **Un ion positif** est un atome qui a perdu 1, 2 ou 3 électrons.
- **Un ion négatif** est un atome qui a gagné 1, 2 ou 3 électrons.

Symbole de l'atome de fer → Fe^{2+} ← Indique le nombre d'électron(s) perdu(s) par l'atome : 2

Symbole de l'atome de chlore → $C\ell^{-}$ ← Indique le nombre d'électron(s) gagné(s) par l'atome : 1

Identification et interprétation d'une transformation chimique

- **Dans une transformation chimique, il y a redistribution des atomes** qui constituent les réactifs pour former de nouvelles molécules ou de nouveaux ions que l'on nomme **les produits.**
- **Les ions** peuvent être mis en évidence grâce à **des tests caractéristiques.**
- Au cours d'une **transformation chimique, la masse totale se conserve** : la valeur de la masse des réactifs disparus est égale à la valeur de la masse des produits formés.

Propriétés acido-basiques d'une solution

- **Le pH est un nombre sans unité compris entre 0 et 14.**
- Il est possible de **mesurer le pH** d'une solution à l'aide de **papier pH** ou d'un **pH-mètre.**
- Une solution est **acide** si son **pH est inférieur à 7, neutre** si son **pH est égal à 7, basique** si son **pH est supérieur à 7.**
- **Le pH d'une solution** est lié aux **quantités respectives d'ions hydroxyde HO^{-} et hydrogène H^{+}.** Une solution acide contient plus d'ions hydrogène que d'ions hydroxyde, tandis qu'une solution basique contient plus d'ions hydroxyde que d'ions hydrogène.
- **Une solution acide** et **une solution basique peuvent réagir** entre elles pour former **de nouvelles espèces chimiques.**
- **Les solutions acides** peuvent réagir avec **certains métaux** en formant notamment du **gaz dihydrogène $H_{2(g)}$**.
- Si on approche une allumette enflammée de l'ouverture d'un tube contenant du dihydrogène gazeux, une **petite détonation, caractéristique de la présence de dihydrogène,** se produit.

3 L'organisation de la matière dans l'Univers

Structure de l'Univers et du système solaire

- **Le système solaire est constitué d'une étoile, le Soleil, autour de laquelle tournent huit planètes** : Mercure, Vénus, la Terre, Mars, Jupiter, Saturne, Uranus et Neptune.
- **Le Soleil** n'est qu'une étoile moyenne dans une **galaxie** contenant environ 100 milliards d'étoiles. Notre galaxie est nommée **la Voie Lactée.**
- Dans les galaxies, il existe d'autres systèmes planétaires extrasolaires constitués de planètes, **les exoplanètes, qui gravitent autour d'une étoile autre que le Soleil.**

Les ordres de grandeur en astronomie

- **Le mètre, de symbole m, est l'unité de longueur dans le système international.**
- **L'écriture scientifique d'un nombre est l'écriture sous la forme $a \times 10^n$** avec a un nombre décimal tel que $1 \leq a < 10$ et n un entier positif ou négatif.
- **Les distances qui séparent les étoiles ou les galaxies sont considérables.** Le mètre et le kilomètre sont des unités beaucoup trop petites à cette échelle. On utilise **l'année-lumière** (ou année de lumière), **de symbole al, qui est la distance parcourue par la lumière dans le vide, en une année.**

Diamètre du système solaire	Distance Soleil-étoile la plus proche	Diamètre de la Voie Lactée	Distance Voie Lactée-galaxie la plus proche
10^{10} km	4,3 al → ordre de grandeur 1	100 000 al = 10^5 al	10^6 al

- Dans le vide (ou dans l'air), la vitesse de propagation de la lumière est souvent notée c (**$c = 3{,}00 \times 10^8$ m/s**).
- L'ordre de grandeur d'une longueur est la puissance de dix la plus proche de cette longueur.

La matière dans l'Univers

- **La matière observable est partout de même nature et obéit aux mêmes lois.**
- À la mort d'une étoile, **les éléments qui la constituent sont dispersés dans l'Univers** et forment des nébuleuses qui vont donner naissance à de nouveaux systèmes planétaires.
- **Les atomes sont les constituants élémentaires de la matière. Ils sont électriquement neutres.** Ils sont constitués **d'un noyau, chargé positivement, et d'électrons, chargés négativement.**
- Le noyau contient des nucléons : **les neutrons**, particules sans charges électriques, **et les protons**, particules chargées positivement.

4 Mouvement et interactions

Caractérisation d'un mouvement

- **La trajectoire d'un point d'un objet** est la ligne formée par l'ensemble des positions successives occupées par ce point.
- **Lorsque la trajectoire d'un point d'un corps est une droite,** on dit que le mouvement du point est **rectiligne.**
- **Pour caractériser un mouvement,** il est nécessaire de préciser la **vitesse** de l'objet étudié, en indiquant notamment la **direction**, le **sens** et la **valeur** de cette vitesse.
- **Un même mouvement** peut être caractérisé de **manière très différente par plusieurs observateurs.** Il faut préciser **par rapport à quel objet ou observateur** la description d'un mouvement est effectuée.

Mouvements uniformes et non uniformes

- Par rapport à un observateur donné, un **mouvement est uniforme** s'il s'effectue avec **une valeur de vitesse constante.**
- **Pour un mouvement uniforme,** la valeur de la vitesse peut s'écrire : $\boldsymbol{v} = \frac{\boldsymbol{d}}{\boldsymbol{t}}$, avec v la valeur de la vitesse en m/s, d la distance parcourue par un point de l'objet en m et t la durée du déplacement en s.

Modélisation d'une interaction

- **Deux corps sont en interaction** si le mouvement de l'un dépend de la présence de l'autre, et réciproquement. Chacun de ces deux corps **exerce une action mécanique sur l'autre,** modélisée (représentée) par **une force** caractérisée par un point d'application, une direction, un sens et une valeur exprimée en newtons (N).
- Les **interactions à distance** ne nécessitent pas de contact entre les deux corps pour exister, contrairement aux **interactions de contact**.
- **L'interaction gravitationnelle** entre deux corps de centres A et B, de masses respectives m_A et m_B séparés d'une distance d, est modélisée par **des forces d'attraction gravitationnelle** ayant comme :
  - point d'application : le centre de l'astre qui subit la force ;
  - direction : la droite AB ; sens : vers le corps qui exerce la force ;
  - valeur : $F = G \times \frac{m_A m_B}{d^2}$ avec F en N, m_A et m_B en kg, d en m et $G = 6{,}67 \times 10^{-11}\ \text{N} \cdot \text{m}^2/\text{kg}^2$ la constante de gravitation.
- Un objet proche de la surface d'un astre subit **une force d'attraction gravitationnelle** exercée par l'astre nommée poids ou force de pesanteur : $\boldsymbol{P} = \boldsymbol{m} \times \boldsymbol{g}$ avec P le poids en N, m la masse de l'objet en kg et g l'intensité de la pesanteur sur l'astre en N/kg.

5 L'énergie et l'électricité

Énergie et puissance

- **Les sources d'énergie renouvelables** peuvent être exploitées de façon illimitée à l'échelle humaine. **Les sources d'énergie non renouvelables** ont des stocks limités, qui ne peuvent pas se renouveler à l'échelle humaine.
- **L'énergie existe sous différentes formes** : énergie chimique, énergie nucléaire, énergie thermique, énergie lumineuse, énergie électrique, énergie cinétique ($E_c = \frac{1}{2} mv^2$), énergie potentielle (dépendant de la position)...
- **Une forme d'énergie peut être convertie en une autre forme** d'énergie ou être **transférée d'un objet à un autre objet**. Lors d'une conversion ou d'un transfert, l'énergie **se conserve**.
- **L'énergie** E produite ou consommée par un appareil dépend de la **puissance** P et de la **durée** t de fonctionnement de l'appareil :

en secondes (s)
ou en heures (h)

en joules (J) — $\boldsymbol{E = P \times t}$
ou en kilowattheures (kWh)

en watts (W)
ou en kilowatts (kW)

Lois de l'électricité

- **Dans un circuit électrique à une seule maille, l'intensité du courant électrique est la même** en tout point d'un circuit qui ne compte que des dipôles en série. De plus, d'après **la loi d'additivité des tensions**, la tension entre les bornes du générateur est égale à la somme des tensions entre les bornes des récepteurs.
- **Dans un circuit électrique à plusieurs mailles, d'après la loi d'unicité des tensions, la tension entre les bornes de chaque dipôle en dérivation est la même**. De plus, d'après la **loi d'additivité des intensités**, l'intensité du courant électrique dans la maille principale contenant le générateur est égale à la somme des intensités des courants dans les mailles dérivées.
- **D'après la loi d'Ohm**, la tension U, en volts, aux bornes d'un conducteur ohmique est proportionnelle à l'intensité du courant électrique I, en ampères (A), qui le traverse :

$$\boldsymbol{U = R \times I}$$

avec R la résistance du conducteur ohmique en ohms (Ω).
- **La puissance électrique** P, en watts (W), d'un appareil est égale à : $\boldsymbol{P = U \times I}$ avec U la tension aux bornes de l'appareil en volts (V) et I l'intensité du courant électrique qui traverse l'appareil en ampères (A).

6 Des signaux pour observer et communiquer

Les signaux lumineux

- **Une source primaire de lumière produit elle-même** la lumière qu'elle émet.
- **Un objet diffusant est un objet éclairé qui renvoie dans toutes les directions la lumière qu'il reçoit** et ne produit pas sa propre lumière.
- **L'œil humain est un récepteur de lumière.**
- La lumière visible est une **onde électromagnétique** dont la **fréquence appartient à un domaine très restreint**, compris entre celui des infrarouges (IR) et celui des ultraviolets (UV).
- **Dans un milieu homogène et transparent, comme l'air, la lumière se propage en ligne droite.** Ce phénomène est nommé la propagation rectiligne de la lumière.
- On modélise le trajet rectiligne de la lumière par un **rayon de lumière** qui est une droite munie d'une flèche indiquant le sens de propagation, **de la source de lumière vers l'objet éclairé.**

Modélisation du trajet de la lumière par un rayon de lumière

Les signaux sonores

- **L'oreille humaine est un récepteur sensible à des sons dont la fréquence est comprise entre environ 20 Hz et 20 kHz**, domaine situé entre celui des infrasons et celui des ultrasons.
- **Un son se propage dans un milieu matériel, mais ne peut pas se propager dans le vide.**
- La **vitesse de propagation du son *v*** dépend du milieu matériel.
- La **distance *d* parcourue par un son** pendant la durée t est : $\boldsymbol{d = v \times t}$, avec d en mètres (m), t en secondes (s) et v en mètres par seconde (m/s).

Transport d'informations et sécurité

- **Un signal est défini comme une grandeur physique** (tension, courant), **ou un phénomène ondulatoire** (onde sonore ou lumineuse…) **qui transmet une information.**
- **La transmission d'une information s'effectue le long d'une « chaîne »** comportant au moins un émetteur et un récepteur.
- **Pour des raisons de sécurité**, les sources lumineuses utilisées, et notamment **le laser**, doivent être manipulées avec précaution, car elles peuvent présenter **des dangers pour les yeux**. De même, l'exposition prolongée à certains signaux sonores présente des **risques auditifs parfois irréversibles.**

7 Le système solaire et la Terre

Le système solaire

- Le système solaire est constitué du **Soleil** autour duquel gravitent notamment des **astéroïdes et 8 planètes.**
- Les quatre planètes les plus proches du Soleil, dont la Terre, sont **rocheuses** et les quatre les plus lointaines sont essentiellement **gazeuses.**
- La Terre effectue sa **révolution autour du Soleil** en un peu plus de **365 jours** et réalise **une rotation sur elle-même en une journée.**
- La Terre libère de l'**énergie thermique** par dissipation de l'énergie thermique essentiellement produite par les **réactions nucléaires** qui ont lieu dans le manteau et le noyau.
- Le **flux d'énergie thermique** venant de la planète est généralement faible, sauf dans les zones volcaniques où il est fort. L'énergie libérée par la Terre entraîne **le déplacement des plaques lithosphériques.**

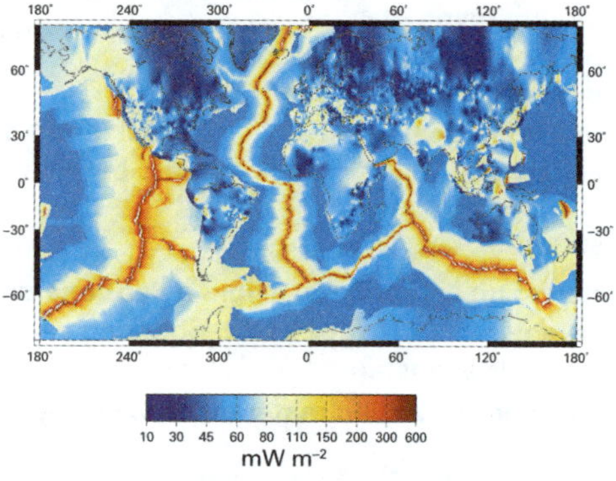

Carte mondiale du flux thermique

Les dorsales océaniques présentent un flux élevé.

L'histoire de la Terre

- La Terre s'est formée il y a **4,4 milliards d'années.** Les premières formes de vie apparaissent seulement au bout de 700 millions d'années.
- L'histoire de la Terre est découpée en 4 grandes ères, dont l'ère précambrienne qui est la plus longue (de – 4,4 milliards d'années à – 540 millions d'années).
- Après le précambrien, trois autres ères se succèdent (**paléozoïque, mésozoïque et cénozoïque**). Elles sont séparées par des événements majeurs qui ont affecté toute la planète et la vie qu'elle portait : **chute de météorite géante et/ou super-volcanisme et/ou changement climatique brutal.**

8 L'environnement et l'action humaine

Climat actuel et climat du passé

- Le **climat** donne des indications sur les températures et les précipitations durant de **longues périodes.**
- La Terre est découpée en **trois grandes zones climatiques** : la **zone polaire,** la **zone tropicale** et la **zone tempérée.**
- Au cours des temps géologiques, les **déplacements des continents et les changements atmosphériques** ont sans cesse modifié les climats régionaux.

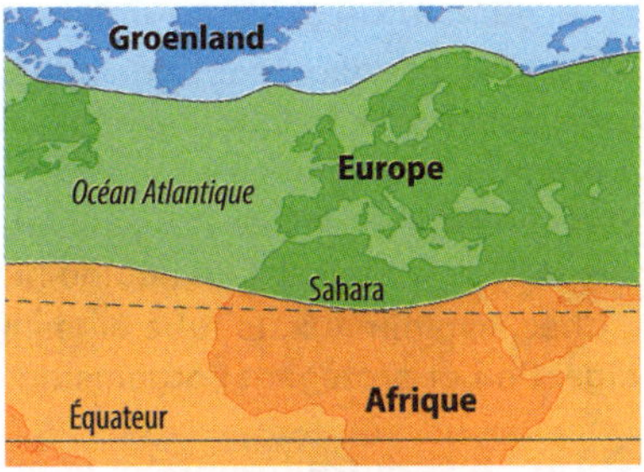

Zones climatiques de l'hémisphère Nord
(bleu) : zone polaire ; (vert) : zone tempérée ; (orange) : zone tropicale.

Influence de l'Homme sur le climat

- Depuis 1880, **la température moyenne** de l'atmosphère et des océans **augmente** plus fortement qu'elle ne l'a jamais fait ces 800 000 dernières années. Cette augmentation de température s'accompagne d'un **changement dans la répartition mondiale des précipitations** : il s'agit donc d'un **changement climatique global.**
- Les activités humaines ont entraîné des rejets massifs de dioxyde de carbone, de méthane et de vapeur d'eau dans l'atmosphère. Or, ces **gaz** sont responsables d'un **effet de serre** qui réchauffe l'atmosphère terrestre.

L'Homme face aux aléas de l'environnement

- Un aléa est un **phénomène imprévisible** qui peut être naturel (séisme, éruption volcanique...) ou artificiel (incident nucléaire, pollution chimique...). De nombreux êtres humains vivent dans des **zones à risque**, c'est-à-dire des endroits dans lesquels un aléa de l'environnement peut survenir.
- Face aux risques naturels, l'Homme a mis en place des mesures de **prévention, de protection et d'atténuation.**

L'exploitation des ressources naturelles par l'Homme

- L'Homme exploite les ressources de la planète pour se procurer des aliments, de l'énergie ou pour réaliser ses constructions, mais de **nombreuses ressources naturelles sont limitées.**
- Différentes solutions sont mises en place pour **préserver ces ressources ou les restaurer** : réduction du gaspillage, utilisation des sources d'énergie renouvelables, changement des habitudes de consommation...

9 L'organisation du monde vivant

Organisation et fonctionnement des animaux

- Tous les animaux sont constitués d'**appareils** qui coopèrent entre eux pour assurer le fonctionnement de l'organisme. Ces appareils sont faits d'**organes**, eux-mêmes faits de **cellules.**
- Toutes les cellules de l'organisme sont approvisionnées par un **système circulatoire** contenant un liquide nutritif.
- Chez les animaux, le tube digestif contient des **microbes qui facilitent la digestion** et protègent l'organisme contre des infections.

Organisation et fonctionnement des végétaux

- De nombreux végétaux présentent des **organes différenciés : des feuilles, des tiges et des racines.**
- Ces organes ont des rôles précis :
  - les **feuilles** élaborent la matière organique dont le végétal a besoin à partir de l'eau et du dioxyde de carbone en **convertissant l'énergie solaire** ;
  - les **racines** absorbent **l'eau et les sels minéraux** dont le végétal a besoin ;
  - les **tiges** contiennent des **systèmes conducteurs des sèves** pour acheminer la matière organique des feuilles aux racines et l'eau minéralisée des racines aux feuilles.

Reproduction sexuée et diversité génétique

- Les animaux et les végétaux possèdent des organes sexuels spécialisés dans la production des cellules reproductrices, **les gamètes.**
- Dans les organes sexuels, des **cellules souches** se divisent pour former des gamètes. Lors de cette division cellulaire, les **chromosomes parentaux se répartissent au hasard** dans les cellules filles, avec un chromosome de chaque paire par gamète.
- Ainsi, chaque individu produit des millions de **gamètes génétiquement différents.**
- Au moment de la fécondation, un spermatozoïde parmi tous ceux qui ont été produits **fusionne au hasard** avec un ovule parmi tous ceux qui ont été produits.
- La cellule-œuf issue de la fécondation contient donc une **recombinaison génétique originale** des chromosomes des deux parents.

10 L'évolution du monde vivant

La biodiversité

- La biodiversité désigne la **diversité des espèces vivantes**, mais aussi la diversité des individus dans une espèce et la diversité des milieux de vie.
- La mesure de la biodiversité est réalisée à partir d'**inventaires** et de **comptages des êtres vivants** qui occupent un milieu de vie.
- La Terre présente une très grande diversité d'**écosystèmes**, c'est-à-dire des milieux de vie différents avec des peuplements différents.

Phénotypes et génotypes des individus

- Le **phénotype** est l'ensemble des **caractères observables ou détectables** d'un individu. Tous les individus d'une même espèce partagent les mêmes caractères.
- Le **génotype** est l'ensemble des **gènes** d'un individu. Tous les individus d'une même espèce possèdent les mêmes gènes.
- Chaque gène est **présent sur les deux chromosomes** d'une même paire, mais il peut être représenté par des **allèles** différents.
- Le phénotype d'un individu dépend de la combinaison des allèles qu'il a reçus de ses parents et de l'**influence de son environnement**.

Les mécanismes de l'évolution biologique

- Les allèles sont les résultats des **mutations des gènes**. Les mutations sont des phénomènes rares et aléatoires.
- Pendant la formation des gamètes, les chromosomes porteurs des allèles sont répartis **au hasard**.
- Lors de la fécondation, les paires de chromosomes porteurs des allèles sont réunies **au hasard**.
- Dans un environnement donné, certains allèles donnent un avantage aux individus qui en sont porteurs. **Les individus avantagés dans une population survivent mieux que les autres** : c'est la **sélection naturelle**.

Les relations de parenté entre les êtres vivants

- Malgré la très **grande diversité** des êtres vivants, la présence de **caractères partagés** permet d'établir des groupes. Les mammifères, par exemple, regroupent tous les animaux possédant un squelette osseux, des poumons avec des alvéoles et des mamelles.
- La présence de caractères partagés entre des espèces sont des indices d'une **histoire commune** lors de l'évolution. Toutes les espèces actuelles sont parentes et possèdent des ancêtres communs. **Les plus proches parents de l'espèce humaine sont les espèces de gorille, de chimpanzé et d'orang-outan.**

11 Le système nerveux, l'appareil digestif et l'activité physique

Perception et traitement des signaux sensoriels

- Le cerveau reçoit en permanence des **informations nerveuses** en provenance des organes des sens et de capteurs internes.
- Le **cortex cérébral** est constitué par plus de **100 milliards de neurones.**
- Les **neurones** sont connectés entre eux par des **fibres nerveuses** terminées par une zone de contact appelée **synapse.**
- Les fibres nerveuses conduisent des **messages** de nature **bioélectrique**. La transmission du message nerveux dans la synapse est de nature **chimique.**

Activité cérébrale et hygiène de vie

- Pour fonctionner correctement, l**es cellules nerveuses nécessitent un approvisionnement constant en nutriments et en dioxygène.**
- Pour fonctionner correctement, l**e cerveau nécessite des phases de repos** pendant lesquelles il réorganise les informations traitées pendant la journée.
- **Les cellules nerveuses communiquent par l'intermédiaire de signaux électriques et chimiques.** Leur fonctionnement est donc particulièrement sensible à l'effet de substances chimiques psychotropes comme l'alcool, le cannabis.

Nutrition et activité physique

- Les aliments sont **digérés**, c'est-à-dire **transformés en nutriments** tout au long du tube digestif.
- Les molécules organiques des aliments sont découpées par l'action d'**enzymes digestives libérées par les glandes salivaires, l'estomac, le pancréas et l'intestin.**
- Les nutriments issus de la digestion et l'eau de boisson traversent la paroi de l'intestin grêle et passent dans la circulation sanguine : c'est l'**absorption intestinale.**
- Toutes les cellules de l'organisme **assimilent** les nutriments du sang et les **convertissent en énergie** ou les utilisent comme matériaux de construction.
- Les apports alimentaires quotidiens couvrent les besoins en matière et en énergie de l'organisme. Si les apports sont supérieurs aux besoins, l'organisme **stocke** les nutriments dans **ses réserves de graisses.**
- **Une pratique sportive régulière** améliore l'équilibre entre les apports et les besoins.

12 L'immunité et la procréation

Vivre avec les microbes

• **Les microbes sont présents partout** dans notre environnement. **La plupart des microbes sont inoffensifs**, certains sont bénéfiques et d'autres encore sont **pathogènes** (ils provoquent des maladies).

• L'organisme produit des cellules spécialisées dans la reconnaissance et l'élimination des microbes : les **leucocytes** ou **globules blancs.**

• Lors de la **vaccination, les leucocytes apprennent à reconnaître des microbes pathogènes.** Ainsi, en cas d'infection réelle, l'organisme réagit plus efficacement.

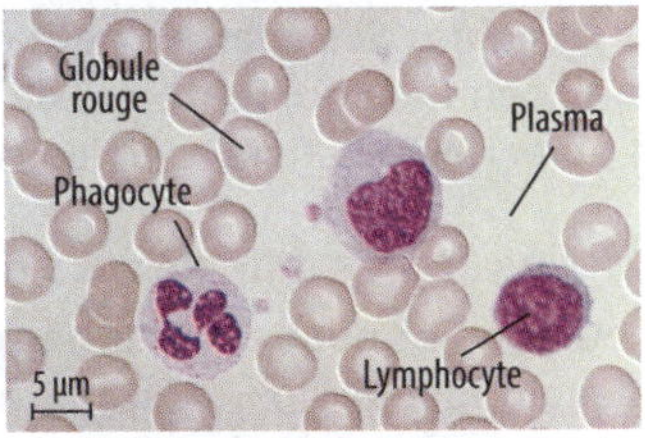

Leucocytes dans un frottis sanguin

Fonctionnement des appareils reproducteurs

• À la puberté, l'organisme produit des **hormones sexuelles : testostérone** pour les testicules, **progestérone** et **œstradiol** pour les ovaires.

• Chez l'homme, la production de testostérone est continue jusqu'à la mort et engendre le **fonctionnement continu** de l'appareil reproducteur, dont la production de spermatozoïdes.

• Chez la femme, la production des hormones sexuelles varie au cours d'un **cycle de 28 jours** en moyenne. Elle est liée à :
- un cycle dans les ovaires, avec **une ovulation par mois** en milieu de cycle ;
- un cycle dans l'utérus, avec le développement de la muqueuse de l'utérus en préparation à l'implantation d'un embryon, puis la **destruction de cette muqueuse** s'il n'y a pas eu d'implantation, qui se manifeste par les **règles.**

Sexualité et responsabilité individuelle

• Pendant le développement de l'embryon puis du fœtus, **la mère approvisionne le futur bébé par voie sanguine** par l'intermédiaire du placenta. Or, le placenta laisse passer **les médicaments, les drogues, les virus** qui pourraient être présents dans le sang de la mère.

• Un couple peut choisir d'avoir ou de ne pas avoir d'enfant en utilisant un moyen de contraception. **La contraception vise à empêcher la fécondation et/ou l'implantation de l'embryon** dans la muqueuse utérine.

• Parmi l'ensemble des moyens de contraception, **seul le préservatif protège des infections sexuellement transmissibles (IST).** La plupart des IST provoquent des symptômes très discrets au début de l'infection.

13 Le design, l'innovation et la créativité

Définition du besoin et rédaction du cahier des charges

• Les objets techniques et les services sont créés pour **répondre à un besoin.** Lorsqu'une entreprise ou une personne souhaite créer un nouveau produit, elle doit définir précisément les attentes des futurs utilisateurs.

• Le **cahier des charges** peut être rédigé lorsque le besoin est défini. C'est un document qui regroupe de façon détaillée l'ensemble des **fonctions** que l'objet devra satisfaire et les **contraintes** qu'il devra respecter.

Les étapes d'un projet

• Un projet peut être de **nature très variée** : construction d'un bâtiment, développement d'une application logicielle, élaboration d'un service...

• Un projet comporte **plusieurs étapes**. Ces étapes guident la création et optimisent le temps passé sur le projet.

• Le **planning prévisionnel** permet d'organiser le projet et d'identifier les antériorités et les tâches pouvant être réalisées simultanément afin de les répartir de façon optimale sur toute la durée du projet. Il permet de **suivre l'avancement** d'un projet et d'**anticiper d'éventuels retards.**

	Semaine 1	Semaine 2	Semaine 3	Semaine 4	Semaine 5
Étude du besoin	■				
Rédaction du cahier des charges		■			
Conception du logiciel			■		
Tests				■	
Publication en ligne					■

Exemple de planning pour la conception et le développement d'un logiciel

Conception et réalisation d'un projet

• Le processus de création de l'objet technique consiste à **rechercher des solutions répondant à chaque fonction technique.**

• À la suite de ces recherches, il faut proposer des **innovations** en s'aidant de croquis et de schémas pour échanger ses idées.

• Avant de réaliser un **prototype**, les logiciels de conception assistée par ordinateur (**CAO**) permettent de réaliser des **modèles numériques.**

14 Évolution et cycle de vie

Évolution des objets

- Les connaissances scientifiques et technologiques progressent tous les jours. L'évolution des techniques permet de faire évoluer les objets dans de nombreux domaines concernant :
  - **les matériaux** : l'objet tend à devenir plus léger, plus résistant et à être composé de matériaux moins coûteux et moins polluants ;
  - **l'énergie** : l'objet consomme moins d'énergie ou bien consomme une énergie plus propre et gagne en autonomie ;
  - **le design/l'ergonomie** : les objets sont plus simples à utiliser, plus intuitifs, les formes et couleurs évoluent pour s'adapter aux usages, à la mode.
- La **rupture technologique** est une nouvelle technologie qui apporte une solution très différente et plus performante à un problème technique déjà existant. Par exemple, l'écran plat est une rupture technologique ayant succédé à l'écran cathodique.

Familles et lignées

- Les objets qui répondent au **même besoin** (usage) sont regroupés en **familles**, cela permet de faciliter leur classement.
- Une **lignée** regroupe **les objets d'une même famille qui utilisent le même principe technique** pour répondre au besoin. Par exemple, la famille des véhicules aériens regroupe les objets qui servent à se déplacer dans les airs. On y retrouve les lignées : avions à réaction, avions à hélice, hélicoptères...

Cycle de vie et impact environnemental

- Les objets ont un **cycle de vie.** Les étapes que l'on retrouve généralement dans le cycle de vie d'un produit sont l'**extraction des matières premières**, la fabrication, le transport, la **distribution**, l'**utilisation**, la **fin de vie.**
- Pour **limiter l'impact environnemental** de nos objets, de nombreuses solutions existent tout au long de leur cycle de vie : diminuer la consommation d'énergie lors de l'extraction des matières premières, réduire la quantité de matériaux utilisée pour fabriquer l'objet, utiliser des procédés de fabrication plus économes en énergie, supprimer les emballages inutiles...

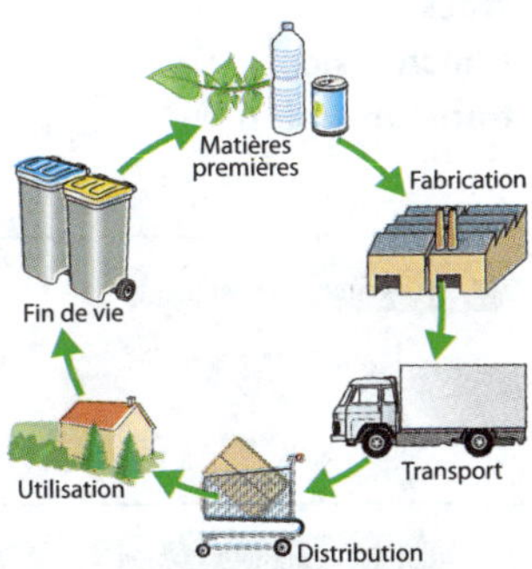

Les principales étapes du cycle de vie

15 La structure et le fonctionnement des objets et systèmes techniques

Analyse fonctionnelle d'un système

- Un **système** est un **objet complexe qui possède plusieurs fonctions**, alors qu'un objet simple dispose d'une seule fonction. Comme un objet, un système est créé pour répondre à un besoin.
- **Un système utilise de l'énergie**. Cette énergie est **transformée** dans le but de satisfaire la fonction d'usage. Par exemple, une tasse est un objet simple, qui dispose d'une seule fonction : contenir un liquide. Une barrière de parking automatique est un système complexe, qui utilise de l'énergie et dispose de plusieurs fonctions.
- Un système peut être décomposé en **fonctions techniques**. Une fonction technique est un sous-ensemble qui a un rôle précis dans le fonctionnement de l'objet.

Choix des solutions techniques

- Une solution technique est un **ensemble de composants** qui permet de réaliser une fonction technique.
- Le **choix d'une énergie et des matériaux** s'effectue en fonction des contraintes définies dans le cahier des charges.

Chaîne d'énergie et chaîne d'information

- Dans un système, un **flux** est un **déplacement d'énergie, de matière ou d'information**. Ce flux a une origine, une destination et suit un trajet.
- Le système effectue des opérations élémentaires sur les flux d'énergie et d'information qu'il utilise :

- **stockage** ;
- **transmission** ;
- **transformation**.

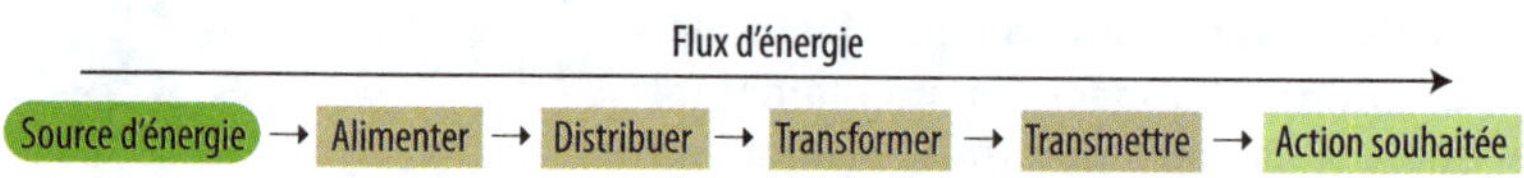

Chaîne d'énergie

Chaîne d'information

16 De la modélisation à la validation du prototype

Modélisation d'un système ou d'un objet technique

- **La modélisation 2D correspond à la représentation d'un objet technique en 2 dimensions**, c'est-à-dire **« à plat »**. Cette représentation se dessine généralement sur un plan.
- **La modélisation 3D, appelée aussi tridimensionnelle, est la représentation d'un objet technique en 3 dimensions** : sa longueur, sa hauteur et sa profondeur, que l'on peut définir selon 3 axes X, Y et Z. La représentation 3D permet de visualiser l'apparence de l'objet ou du système. Elle comprend moins d'informations techniques que le plan.

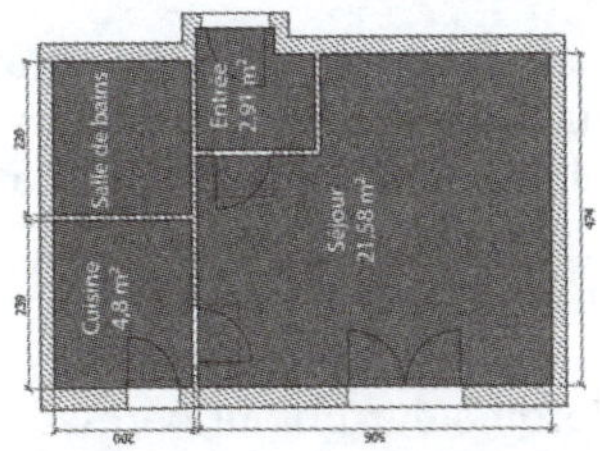

Plan d'un appartement

Vue en 3D d'un appartement

Simulation du comportement d'un système ou d'un objet technique

- **Les outils de simulation peuvent être utilisés pour simuler les efforts sur une structure** (hangar, maison, immeuble), afin d'évaluer sa déformation en fonction du vent, du poids de la neige, des tremblements de terre... Elle permet également de simuler l'usure, les frottements ou la déformation d'une pièce dans un système en mouvement.
- **Les logiciels de simulation permettent de simuler le comportement de composants électroniques ou électriques** pour tester leur fonctionnement.
- **La simulation logicielle permet de corriger les erreurs dans le programme.** On peut visionner l'état des variables, le résultat des tests, les blocages dans les boucles...

Contrôle et validation du prototype

- Au cours de la fabrication, on utilise des **instruments de mesure ou des gabarits pour contrôler les dimensions de l'objet**.
- **Le prototype est l'objet qui va subir des tests.** À l'aide du cahier des charges, un technicien vérifie que les contraintes imposées sont respectées.
- **Si les contraintes sont respectées, le prototype est validé**, et la fabrication en série peut commencer.

17 Les réseaux informatiques

Généralités sur les réseaux

- **Un réseau informatique est un ensemble d'ordinateurs ou de terminaux** (imprimantes, téléphones, objets connectés...) **reliés entre eux** et capables de communiquer ensemble.
- **Internet est le plus grand réseau informatique du monde**, il connecte des milliards d'ordinateurs et de terminaux.
- **Un réseau LAN (*Local Area Network*) est un réseau privé** (entreprise, collège, domicile...). Il peut cependant être relié à Internet par l'intermédiaire d'une passerelle.

Moyens et matériels d'interconnexion

- Pour connecter les ordinateurs d'un réseau, on peut utiliser des **moyens filaires** (câbles Ethernet, téléphonique) ou des **moyens non filaires**. Les ondes radios (3G, 4G, Wi-Fi...) sont très utilisées pour les communications non filaires.
- Il existe plusieurs types de matériels utilisés pour interconnecter les machines :
  - la **carte réseau** est le composant de l'ordinateur qui lui permet de se connecter ;
  - le **commutateur** (ou ***switch***) permet de connecter plusieurs ordinateurs dans un LAN ;
  - la **passerelle** permet d'interconnecter deux réseaux (souvent un LAN à Internet).

Protocoles et routage

- **En informatique, un protocole de communication est un ensemble de règles** fixées afin que plusieurs machines puissent communiquer (échanger des données).
- **Dans les réseaux, le protocole appelé Client-Serveur est couramment employé**. Le client utilise le réseau pour accéder à des services (*streaming* vidéo, partage de fichiers, messagerie...) fournis par le serveur.
- **De nombreux réseaux (comme le réseau Internet) sont dits « maillés »**. Cela signifie que chaque équipement peut avoir un ou plusieurs liens avec les autres équipements du réseau, formant ainsi une sorte de toile.
- **Les protocoles de routage permettent d'acheminer les données** d'un équipement à un autre à travers le réseau.

18 L'écriture, la mise au point et l'exécution d'un programme

Capteurs, actionneurs, interface

- **Un capteur acquiert une grandeur physique** (température, vitesse, présence d'une personne...) et la transforme en une information compréhensible par un ordinateur.
- **Un actionneur transforme l'énergie qui lui est transmise en une action.** Cette action peut être un signal lumineux, un mouvement, une production d'énergie thermique, un son...
- **Les interfaces permettent à l'homme et à la machine de communiquer.**

Cartes programmables et objets connectés

- **Une carte programmable est un système électronique qui exécute un programme** enregistré dans sa mémoire.
- Les principaux composants d'une carte programmable sont le **processeur**, la **mémoire**, les **entrées/sorties**, l'**alimentation**.
- **Un objet connecté est composé d'une carte programmable avec une fonction lui permettant de se connecter au réseau Internet**. La connexion s'effectue le plus souvent sans fil à l'aide du Wi-Fi, du Bluetooth ou par le réseau de téléphonie mobile (3G, 4G). Grâce à cette connexion, l'objet connecté peut échanger des informations avec d'autres objets ou des utilisateurs.

Programmes et algorithmes

- **Un programme informatique,** aussi appelé logiciel ou application, s'exécute sur un ordinateur, il répond à un besoin (traitement de texte, lecteur multimédia).
- **Un algorithme est une succession d'opérations et d'instructions** permettant la réalisation d'une tâche ou la résolution d'un problème.

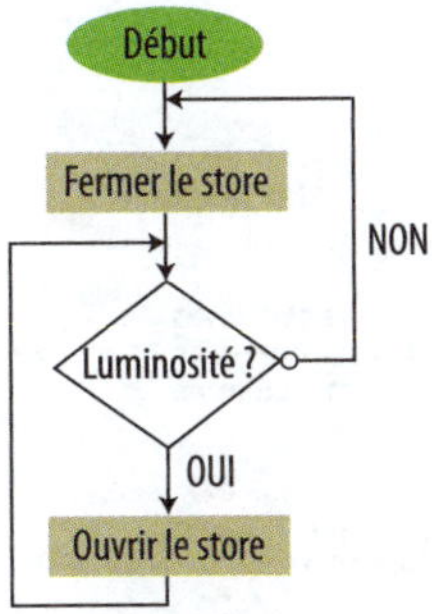

Algorithme qui gère l'ouverture et la fermeture d'un store en fonction de la luminosité

19 Observation du vivant

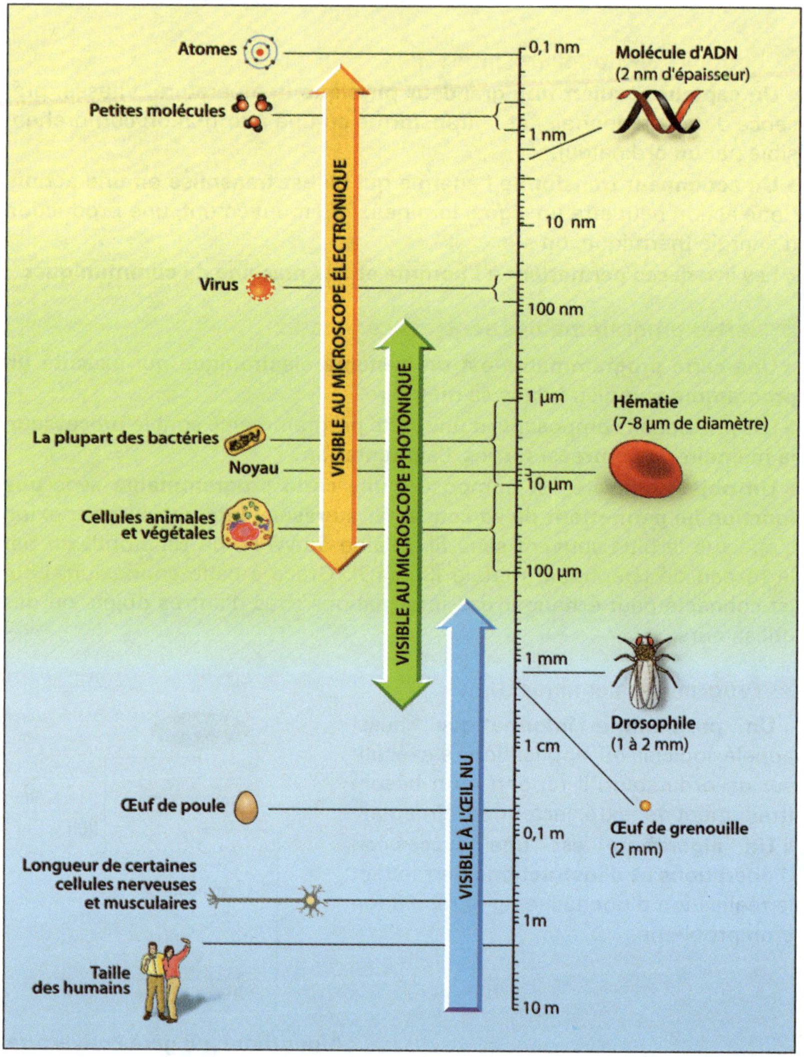

20 Classification périodique des éléments

H 1 hydrogène																	He 2 hélium
Li 3 lithium	Be 4 béryllium											B 5 bore	C 6 carbone	N 7 azote	O 8 oxygène	F 9 fluor	Ne 10 néon
Na 11 sodium	Mg 12 magnésium											Al 13 aluminium	Si 14 silicium	P 15 phosphore	S 16 soufre	Cl 17 chlore	Ar 18 argon
K 19 potassium	Ca 20 calcium	Sc 21 scandium	Ti 22 titane	V 23 vanadium	Cr 24 chrome	Mn 25 manganèse	Fe 26 fer	Co 27 cobalt	Ni 28 nickel	Cu 29 cuivre	Zn 30 zinc	Ga 31 gallium	Ge 32 germanium	As 33 arsenic	Se 34 sélénium	Br 35 brome	Kr 36 krypton
Rb 37 rubidium	Sr 38 strontium	Y 39 yttrium	Zr 40 zirconium	Nb 41 niobium	Mo 42 molybdène	Tc 43 technétium	Ru 44 ruthénium	Rh 45 rhodium	Pd 46 palladium	Ag 47 argent	Cd 48 cadmium	In 49 indium	Sn 50 étain	Sb 51 antimoine	Te 52 tellure	I 53 iode	Xe 54 xénon
Cs 55 césium	Ba 56 baryum	L	Hf 72 hafnium	Ta 73 tantale	W 74 tungstène	Re 75 rhénium	Os 76 osmium	Ir 77 iridium	Pt 78 platine	Au 79 or	Hg 80 mercure	Tl 81 thallium	Pb 82 plomb	Bi 83 bismuth	Po 84 polonium	At 85 astate	Rn 86 radon
Fr 87 francium	Ra 88 radium	A	Rf 104 rutherfordium	Db 105 dubnium	Sg 106 seaborgium	Bh 107 bohrium	Hs 108 hassium	Mt 109 meitnerium	Ds 110 darmstadtium	Rg 111 roentgénium	Cn 112 copernicium	Nh 113 nihonium	Fl 114 flérovium	Mc 115 moscovium	Lv 116 livermorium	Ts 117 tennessine	Og 118 oganesson

Légende : X = Symbole de l'élément ; Z = Numéro atomique ; Nom

L = Lanthanides : 57 à 71   A = Actinides : 89 à 103

D'après www.iupac.org

Lexique

■ **Algorithme** : Succession d'opérations et d'instructions permettant la réalisation d'une tâche ou d'un problème.

■ **Attribut** : Caractère observable d'un organisme permettant de le classer.

■ **Biodiversité** : Toutes les espèces vivant dans un milieu.

■ **Cahier des charges** : Support décrivant l'ensemble des contraintes d'un projet de confection d'un objet technique.

■ **Caractéristique (d'un matériau)** : Qualité physique permettant de comparer les avantages d'un matériau par rapport à un autre.

■ **Chaîne alimentaire** : Succession de relations « mangeur-mangé » entre des êtres vivants. Elle indique qui est mangé par qui.

■ **Contrainte** : Caractéristique ou fonction imposée à un objet technique pour l'adapter à son usage, à son environnement ou à des choix esthétiques.

■ **Conversion d'énergie** : Transformation d'une forme d'énergie en une autre forme d'énergie.

■ **Décantation** : Technique qui consiste à laisser reposer un mélange en attendant que les constituants se séparent spontanément.

■ **Écosystème** : Ensemble composé du milieu de vie et des êtres vivants qui interagissent.

■ **Érosion** : Dégradation et transformation du relief et des roches sous l'action de divers éléments comme l'eau ou le vent.

■ **Espèce** : Ensemble d'êtres vivants ayant des caractères communs et pouvant se reproduire entre eux tout comme leurs descendants.

■ **Filtration** : Séparation des constituants solides et liquides d'un mélange grâce à un filtre.

■ **Fœtus** : Étape du développement à partir de laquelle le jeune ressemble à sa forme adulte.

■ **Fonction technique** : Action réalisable par l'objet technique.

■ **Fossile** : Empreinte ou reste transformé en roche d'un être vivant conservé dans une roche sédimentaire.

■ **Interaction** : Effet qu'exercent l'une sur l'autre deux parties.

■ **Maquette virtuelle** : Modèle numérique qui représente l'objet dans un logiciel de conception assistée par ordinateur (CAO).

■ **Matière organique** : Matière produite par les êtres vivants, qui constitue leurs différents organes.

■ **Micro-organisme** : Organisme microscopique comme les bactéries ou certains champignons.

■ **Nutrition** : Fonction biologique qui permet d'approvisionner les organes selon leurs besoins.

■ **Objet technique** : Objet réalisé ou modifié par l'être humain.

■ **Performance** : Résultat maximal qui peut être atteint.

■ **Planning de fabrication d'un objet technique** : Calendrier qui définit les étapes de fabrication et d'assemblage d'un objet technique.

■ **Procédé de mise en forme** : Technique permettant de donner une forme déterminée à un matériau.

■ **Protection** : Ensemble des méthodes et techniques qui permettent de réduire les dommages causés aux constructions et le nombre de victimes suite à un phénomène naturel.

■ **Prototype** : Premier exemplaire d'un objet sur lequel une série de tests sera effectuée pour valider les solutions techniques retenues.

■ **Puberté** : Passage de l'enfance à l'âge adulte.

■ **Régime alimentaire** : Ensemble des aliments consommés par un animal.

■ **Réseau** : Ensemble de deux ou plusieurs ordinateurs reliés par des câbles ou des ondes (sans fil) pour communiquer.

■ **Révolution** : Mouvement d'un objet tournant autour d'un astre.

■ **Risque naturel** : Possibilité pour une population de subir une catastrophe naturelle.

■ **Rotation** : Mouvement d'un objet tournant sur lui-même, autour d'un axe de rotation qui le traverse.

■ **Source d'énergie non renouvelable** : Source d'énergie dont les stocks sont limités à l'échelle de temps humaine.

■ **Source d'énergie renouvelable** : Source d'énergie dont le renouvellement naturel est assez rapide pour qu'elle puisse être considérée comme inépuisable à l'échelle de temps humaine.

■ **Système solaire** : Système composé du Soleil et d'astres tournant autour de cette étoile, dont les 8 planètes : Mercure, Vénus, Terre, Mars, Jupiter, Saturne, Uranus et Neptune.

■ **Trajectoire** : Ligne décrite par un objet au cours du temps lors de son déplacement.

■ **Valorisation** : Transformation d'un déchet en vue de lui donner une utilisation plus noble.

FSC www.fsc.org
MIXTE
Papier issu de sources responsables
FSC® C022030

Nathan est un éditeur qui s'engage pour la préservation de son environnement et qui utilise du papier fabriqué à partir de bois provenant de forêts gérées de manière responsable.